改訂版

激変する
経営環境・労働環境を
乗り切る処方箋

選ばれる

調剤薬局の

経営と
労務管理

合同会社 のぞみプランニング
社会保険労務士 **水田かほる**

合同会社 のぞみプランニング
特定社会保険労務士 **山中晶子**

共著

日本法令®

本書の初版発行から6年が経過しました。その間も様々な法改正や制度改正が行われ、調剤薬局を取り巻く経営環境・労働環境は、めまぐるしく変化し続けています。このたび、最新の情報をお伝えするため改訂版を発行させていただくことになりました。

今回の改訂では、調剤薬局経営者にとって関心の高い経営環境について、調剤薬局市場の現状、薬剤師の求人や給与の動向についてのデータを更新し、新しく制度化された「かかりつけ薬剤師」「かかりつけ薬局」についても解説を加えました。

薬剤師に求められる役割は新たなフェーズに向かっています。調剤業務は、調剤や監査等の業務の自動化、AIの開発等により、薬そのものに対して薬剤師が直接関わる業務が減る一方で、地域包括ケアシステムの担い手として、医療機関・ケアマネージャー等との連携、在宅医療への対応等、人との関わりがより深く重要になってきています。薬剤師には、人の生命・健康を守る医療人としての「高い志」と「高度な専門性」に加えて「高いコミュニケーション能力」が求められるのです。調剤薬局や薬剤師に求められる役割が「対物業務」から「対人業務」にシフトしていくことにより、調剤薬局における「人の管理」は、より一層重要性を増してくるでしょう。

「患者から選ばれる薬局」として発展していくためには、このような変化にいちはやく対応し、患者と地域から「必要とされる存在」にならなければなりません。言うまでもなく、差別化の鍵は「人材」です。患者からも社員からも評価が高く、業績を上げている調剤薬局の経営者に共通しているのは「いかに気持ち良く働いてもらうか」に一番の注力をされている点です。

働き方改革により、長時間労働の是正、多様で柔軟な働き方の実現、雇用形態に関わらない公正な待遇の確保等様々な施策が進められてい

ます。これらの取組みにおいても、経営者として目指すところは、社員一人ひとりの生産性の向上、社員満足の向上にほかなりません。社員の能力をいかに引き出し、「働きがい」「生きがい」を感じる組織にするかが「選ばれる調剤薬局」としての魅力になります。

　本書は、専門家として数十件以上の医療機関・調剤薬局・介護施設に関与し、就業規則の改定、労務トラブル相談、人事評価制度の策定等のご支援をさせていただく中で、調剤薬局の経営者と一緒に頭を悩ませながら得られたノウハウや情報をアウトプットしたものです。

　第1部では、調剤薬局を取り巻く経営環境を、第2部では、労務管理の土台となるコンプライアンスと就業規則について分かりやすく解説しています。第3部では、選ばれる調剤薬局へのステップとして、社員満足度向上のための働きやすい職場作りに向けての労務管理について取り上げています。また、課題解決と組織開発へのアプローチとして今注目を浴びている対話型組織開発の手法である Appreciative Inquiry（AI）についても新たに取り上げました。今後の調剤薬局経営の一助になれば幸いです。

　最後になりましたが、本書の執筆にあたり貴重なアドバイをくださいました調剤薬局経営者、関係者の皆様、情報・知恵の引用を快諾してくださいました皆様、そして改訂版出版へのご尽力を賜りました株式会社日本法令の飯田義久様、伊藤隆治様にこの場をお借りして深く感謝申し上げます。

令和2年3月

　　　　　　　　合同会社のぞみプランニング
　　　　　　　　　　社会保険労務士　　　水田かほる
　　　　　　　　　　特定社会保険労務士　山中晶子

Contents

Contents

第2部　調剤薬局の労務管理と就業規則　41

第5章　賃金制度　89

Contents

第３部　選ばれる調剤薬局へのステップ　167

第１章　社員満足の高い会社が成長する　168

第２章　現状の把握から組織開発へ　185

第３章　経営理念の浸透で経営者と社員の想いを一つにする　204

第４章　キャリアパスで社員のビジョンをつくる　220

第1部　調剤薬局の経営環境

第1章　調剤薬局とは

1　法律上の決まり

(1)　調剤薬局の位置づけ

　調剤薬局とは、医療機関が交付した処方箋を患者から受け付け、その処方箋に従い、患者に対して医療用医薬品や医療材料を交付（販売）する業を営む者をいいます。法律上は、「薬局」と定義づけられ、「薬局」=「調剤薬局」となります。この本では、一般的な呼称である「調剤薬局」を用いて話を進めますが、法律上どのように定義されているのかを確認しましょう。

　薬局は、「医薬品、医療機器等の品質、有効性及び安全性の確保等に関する法律」（略称：医薬品医療機器等法、旧：薬事法）という法律で定められており、次ページのような許可区分になっています（**図表1-1**）。

　薬局の場合は、管理薬剤師という薬剤師を1名配置する必要があり、また、調剤業務を行う薬剤師が必ず必要です。店舗販売業の場合は、取扱い医薬品によって、薬剤師もしくは登録販売者が必要となります。登録販売者とは、以前は「薬剤師」だけに認められていた「一般用医薬品」の販売資格を、第二類・三類に限り新しく定めた資格保有者にも認めたものです。

(2)　保険薬局と保険薬剤師

　法律上の許可区分で、調剤の業務を行うのが「薬局」ですが、実は「薬局」としての許可を受けただけでは、保険調剤を行うことはできません。保険調剤とは、保険医が発行した処方箋による医療用医薬品を医療保険制度によって調剤することです。保険薬局とは、健康保険法などに基づく保険調剤業務が行える薬局のことをいいます。

■ 図表 1-1　現行の法律上の区分

業態の種類	説明	専門家	取扱い医薬品
薬局	薬剤師が販売または授与の目的で調剤の業務を行う場所	薬剤師	すべての医薬品
店舗販売業	店舗において一般用医薬品を販売または授与することができる医薬品の販売業	薬剤師または登録販売者	薬剤師はすべての一般用医薬品 登録販売者は第一類を除く一般用医薬品
配置販売業	一般用医薬品のうち、経年変化が起こりにくい等厚生労働大臣が定める基準に適合するものを家庭等に配置することにより販売または授与することができる医薬品の販売業		
卸売販売業	専ら薬局開設者、医薬品販売業者、医薬品製造販売業者、医薬品製造業者、医療機関の開設者等にのみ医薬品を販売または授与することができる医薬品の販売業	原則として薬剤師	すべての医薬品 （取り扱う医薬品に応じて必要な人員あり）

　つまり保険薬局は、薬事法に基づく「薬局」の許可を都道府県知事から得て、さらに保険薬局として厚生労働大臣の指定が必要です。保険薬局として指定を受ければすべての保険調剤が行えるかというと少し違います。医療制度は、医療保険と老人保健制度に基づくものだけでなく、公費負担医療制度、労働者災害補償保険、介護保険などがあります。保険薬局に加えてそれぞれの制度の根拠となる法律による指定を受ける必要があります。また、麻薬を処方するためには麻薬小売業者の免許も必要となります。

　よく「すべての病院の処方箋をお受けします」という看板を見かけますが、そうなるためにはすべての保険制度に対する指定、すべての医薬品を扱える許可が必要ということになります。

　薬剤師免許についても同じで、薬剤師免許を持っているだけでは保険調剤は行えません。調剤に従事する保険薬局の所在地の地方社会保

険事務局長に届出をして、保険薬剤師としての登録が必要となります。保険薬剤師は、登録された保険薬局のみで保険調剤を行うことができます。複数の薬局で調剤をする場合は、すべての薬局でそれぞれ登録が必要となります。薬局には必ず「管理薬剤師」という責任者を置かなくてはなりませんが、この管理薬剤師は、その管理する薬局のみでしか登録をすることができません。

2　業態別の区分

　法律上の許可区分で考えると、前述の区分分けになりますが、我々の周りには調剤薬局でありながら、必ずしも調剤を行っているだけではない店舗も多数存在します。

　業態別に下記のように 2 つに分類すると、理解が進みます。

(1)　調剤専門型

　調剤専門型の多くは、病院や診療所のすぐ近くに店舗を構え、処方箋の受付と医薬品の交付に特化した業務を行っている店舗です。「門前薬局」という言葉がありますが、それは法律用語ではなく、一般的に医療機関の隣（門の前）にある薬局という意味で使われている言葉です。医療機関の隣に出店することで、主としてその医療機関の処方箋の調剤業務を行うという目的で出店されています。

(2)　ドラッグストア

　処方箋なしでも購入できる医薬品や、化粧品、食品、雑貨などの幅広い品ぞろえをし、店舗の中に処方箋の受付を行う調剤室を併設しています。今では、街中であたりまえに見かけるようになりましたが、ドラッグストアという業態は、米国のドラッグストアを模倣して日本に持ち込まれた新しい業態で、医薬品、化粧品そして多くの雑貨を取り扱った比較的大きなお店です。店内も綺麗で明るく、数多くの商品が置いてあり、便利で、若い世代や主婦層の心をつかみました。医薬

品小売業、調剤薬局、化粧品小売業を兼ね備えた業態ともいえます。同じドラッグストアであっても、法律上の許可は、調剤室を併設するものは「薬局」、併設しないものは「店舗販売業」となります。また店舗販売業の中でも、取り扱う医薬品によって、配置されている専門家は、「薬剤師」もしくは「登録販売者」となります。

◆参考◆　日本標準産業分類

　総務省が発表している日本標準産業分類という分類があります。これは、統計を産業別に表示する場合の統計基準として、経済活動を分類したものですが、業態の分類として分かりやすいので記載します。

　日本標準産業分類では、別表のように分類されています。薬事法上の許可区分とは切り離された分類の仕方です。

【日本標準産業分類より一部抜粋】

中分類60　その他の小売業

600　管理、補助的経済活動を行う事業所（60 その他の小売業）

601　家具・建具・畳小売業

602　じゅう器小売業

603　医薬品・化粧品小売業（平成19年11月改定）

細分類番号	産業名	説　明
6031	ドラッグストア	主として医薬品、化粧品を中心とした健康及び美容に関する各種の商品を中心として、家庭用品、加工食品などの最寄品をセルフサービス方式によって小売する事業所をいう。
6032	医薬品小売業（調剤薬局を除く）	主として一般用医薬品及び医療用品を小売する事業所をいう。
6033	調剤薬局	主として医師の処方せんに基づき医療用医薬品を調剤し、販売又は授与する事業所をいう。
6034	化粧品小売業	主として化粧品を小売する事業所をいう。

604　農耕用品小売業

605　燃料小売業

606　書籍・文房具小売業

607　スポーツ用品・がん具・娯楽用品・楽器小売業

608　写真機・時計・眼鏡小売業

609　他に分類されない小売業

　平成 19 年 11 月に改定された最新版のものから、これまでの医薬品小売業、調剤薬局、化粧品小売業に加え、「ドラッグストア」が加わっています。

第2章　調剤薬局の市場環境

1　調剤薬局の市場規模

　調剤薬局の市場規模は、7兆6,664億円（2017年度）です。日本での調剤薬局の歴史は浅く、1974年の医療費の抑制を目的とした「医薬分業」の政策の導入後です。もともと日本では、薬は医療機関で処方されて交付されていたので、処方箋をもって調剤薬局へ薬を受け取りに行くという習慣はありませんでした。医療機関で薬を交付する場合、医療機関は薬を仕入れるわけですが、決められた薬価より安く仕入れることができるため、薬を交付するほど利益が上がってしまうのです。1974年（昭和49年）に処方箋料が改定され、それまで10点（100円）だった点数が50点（500円）に引き上げられたことにより、医薬分業が進んだとされ、この年は分業元年ともいわれています。その後1990年には医薬分業率は10％程度まで徐々に上がり、医薬分業定着促進事業が始まり1990年代から分業率は加速度的に高まりました。2018年現在、医薬分業率は70％を超えています（**図表1-2**）。僻地で調剤薬局がないために医師が処方箋を発行できない場合や、病院内で薬を出したほうが患者に対して良い場合もあるため、実質的な完全分業は75％〜80％と考えられていますので、発行される処方箋に占める割合で考えると、現段階においてもかなり医薬分業は進んでいるといえます。

■ 図表 1-2　処方箋受取率の推計「全保険（社保＋国保＋後期高齢者）」

平成 29 年度　調剤分

	医療診療（入院外）		歯科診療		投薬対象数	処方箋枚数	受取率 F/F	
	診療実日数 (A)	A 67.1%(B)	診療実日数 (C)	C×10% (D)	E（B＋D）	(F)	本年度	前年度
	日	日	日	日	日	枚	%	%
北海道	58,804,412	39,457,760	15,880,752	1,588,075	41,045,836	33,125,731	80.7%	80.0%
東　京	175,317,702	117,638,178	50,430,414	5,043,041	122,681,219	96,680,750	78.8%	78.1%
愛　知	96,225,466	64,567,288	25,218,292	2,521,829	67,089,117	43,071,921	64.2%	62.9%
京　都	31,891,683	21,399,319	7,742,423	774,242	22,173,562	12,544,141	56.6%	54.6%
大　阪	119,078,715	79,901,818	33,152,556	3,315,256	83,217,073	51,684,766	62.1%	60.7%
福　岡	69,788,448	46,828,049	18,763,445	1,876,345	48,704,393	36,922,203	75.8%	75.1%
全国計	1,584,414,592	1,063,142,191	407,077,647	40,707,765	1,103,849,956	803,855,677	72.8%	71.7%

注）1.　本表に係る数値は、基金統計月報および国保連合会支払業務統計による。
　　2.　平成 29 年度の投薬率は、社会医療診療行為別統計（厚生労働省大臣官房統計情報部）の直近 3 年分
　　　　直近 3 年分（平成 26～28 年）のデータの平均値より、医科を 67.1%、歯科を 10% として計算している。

2　全国の調剤薬局数

　2017 年末の薬局数は、5 万 9,318 軒です。至るところに出店しているイメージのあるコンビニエンスストアが約 5 万 5,000 店舗ですから、それを超える店舗数ということになります。

3　面分業と点分業

　点分業とは主に 1 つの病院・診療所からの処方箋を受けることを指すのに対し、面分業とは病院・診療所を限定せず広い地域からの処方箋を受けることを指します。点分業は、「門前薬局」という呼び方をすることもあります。調剤薬局の経営効率という面から考えると、点分業はメリットがあります。1 つの病院からの処方箋しか取り扱わないため、見慣れない処方が発生することが少なく、在庫管理を比較的正確に行えます。これにより、不良在庫の発生を防ぐことが容易となります。大手調剤薬局チェーンを中心に、調剤薬局は、この「門前薬局」を出店戦略として成長してきました。

　面分業は、1つの病院の処方箋を取り扱うことに焦点を合わせず、広く様々な病院の処方箋を受け入れます。例えば、患者さんがA病院とB病院を受診する場合、それぞれの病院の前にある調剤薬局ではなく、自宅近くの調剤薬局で両方の病院の薬の交付を受けます。薬歴管理や併用調剤に対する注意喚起などに対し有益な情報提供を期待することができます。どこの医療機関で処方箋をもらった場合でも、自宅や勤務先の近隣などに、自分が気軽に相談でき、信頼のおける薬局薬剤師を持つことを『かかりつけ薬局』『かかりつけ薬剤師』と呼びます。

❓ はてなワード解説　『かかりつけ薬剤師』『かかりつけ薬局』

　2016年の診療報酬改定で制度化されたものです。

　かかりつけ薬剤師とは、患者1人に対して1人の薬剤師が服薬状況をすべて把握し、管理する仕組みです。薬剤師として3年以上の経験があり、現在勤務する薬局に週32時間以上・半年以上勤務していて、かつ一定の研修を受けた人です。かかりつけ薬剤師は患者の同意を得て、服薬状況や指導などの内容を医師に情報提供します。また、処方内容の提案や残薬整理、患者さんの自宅を訪問して服用薬の整理をします。さらに、かかりつけ薬剤師は患者さんに勤務表を渡し、薬局が開いている時間以外の電話連絡先を伝え、24時間相談に応じます。かかりつけ薬剤師が勤務している薬局がかかりつけ薬局です。厚生労働省は2025年までに、すべての薬局がかかりつけ薬局としての機能を持つことを目指しています。

4 **今後の市場動向**

　調剤薬局市場は、大規模なチェーン展開による寡占化が進んでいないのが特徴です。**図表 1-3** は、調剤チェーンの調剤報酬額上位企業です。上位 10 社の総売上高の合計でも 1 兆 807 億円で、調剤薬局の市場規模の十数パーセントです。直近では年間 1,000 店舗ペースでM&A が進行していますが、周辺のドラッグストア業界では、同じく上位 10 社が 66％の市場占有率を占めていますから、まだ低水準に留まっていることが分かります。

■ 図表 1-3　調剤薬局売上高ランキング（2019 年版）

順位	会社名	総売上高（百万円）
1	アインホールディングス	245,003
2	日本調剤	208,622
3	クオール	134,148
4	総合メディカル	106,283
5	スズケン	94,657
6	東邦ホールディングス	93,222
7	メディカルシステムネットワーク	90,706
8	トーカイ	41,817
9	ファーマライズホールディングス	40,613
10	シップヘルスケアホールディングス	25,585

（薬キャリ　「職場ナビ」より）

　診療報酬の改定などにより医薬分業が進展し、調剤薬局業界はプラス成長を続けていましたが、2000 年代に入り、医薬分業伸び率は鈍化しています。現在では、分業率の上限と見られていた 70％を全国平均で上回り、今後急激な成長は期待できない状態となりました。市場の飽和による競争激化が起こっています。また、利益構造に関して

は、政府の医療費削減の方針が続くと見られていて、薬価引下げや調剤報酬の下落により、調剤薬局の利益は縮小が予想されます。規模の経済が働きやすい市場であるため、大手調剤チェーンによるM＆Aは、今後も加速する見通しです。

第3章　調剤薬局の業務と取扱い商品

1　調剤業務

■ 図表 1-4

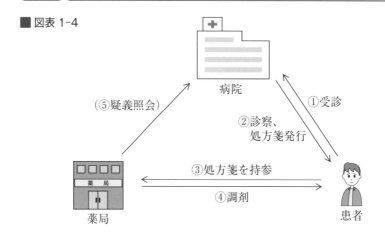

調剤業務とは、日本薬剤師会の調剤指針において「医師、歯科医師から発行された処方せんに指示されている内容が適正であると確認した後、指示されている医薬品を使用して患者の疾患の治療のための薬剤を指示された使用法に適合するように調製し、患者に医師の指示どおり正しく使用するように指導しながら交付するとともに、服用後の有効性と安全性を観察して医師と連絡を取りながら処方の修正など適切な措置を行うこと」と定義づけられています。単に、処方箋に記載された通りに医薬品を調合するということではなく、医師、歯科医師の処方が医学的に妥当であるかの判断（処方監査）、医薬品の相互作用や重複投与の防止、患者への充実した服薬指導、患者の薬剤服用歴・指導内容の記録と管理、副作用の予防や早期発見と対策、後発医薬品の選択、未知副作用の発見など、医薬品が関わる多様な業務すべてを含めたものが調剤業務という理解になります。

　概ね、調剤業務は**図表 1-5**のような流れで行われます。

■ 図表 1-5　調剤業務の流れ

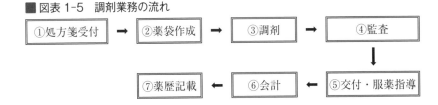

(1)　処方箋の受付

　処方箋とは、病院や診療所などの医療機関を受診した結果、医師、歯科医師、獣医師が作成（処方）し、投与が必要な医薬品とその服用量、投与方法などを記載した薬剤師に対する文書です。法律で、処方箋の方式や記載事項が定められています。どの病院がどの薬局でと決まっているわけではないので、どの保険薬局に持っていっても有効です。患者さんが処方箋を持って来局されたら、受付をし、保険情報、医療機関、交付年月日、患者、処方内容の確認をします。処方箋の使用期間の欄は通常記載されておらず、交付年月日を含めて 4 日以内が使用期限になります。

> ？ **はてなワード解説**　『疑義照会』
>
> 　処方箋の内容に疑わしい点があった時に、薬剤師が医師に問い合わせることを疑義照会（ぎぎしょうかい）といいます。疑わしい点とは、単純に処方箋上の記載不備から、薬学的観点から問題があると考えられるもの、薬歴照会や患者からのヒアリングで生じた疑問点など様々です。安全に薬物治療が行われるために、調剤業務の中で生じた疑義の問合せを的確に行っていくことが求められています。

(2)　薬袋作成

　文字通り薬の袋（ふくろ）ですが、薬袋（やくたい）と読みます。処方箋医薬品を患者に交付する時は、OTC医薬品と違ってパッケージに用法・用量などが記載されていないので、薬剤の容器や被包に記載する必要があります。薬剤師法で、薬袋に記載すべき事項が定められています。記載方法については決まりはなく、薬局の規模によって手書きの場合、薬袋印字機による印字の場合があります。最近はレセプトコンピュータ（※）と連動して自動的に印字されるタイプのものが多くなり、作業としてはとても効率化されてきています。

❓ はてなワード解説　『レセプトコンピュータ』

　レセプトとは、医療機関から支払い機関への請求書のことです。

　その月に診療した患者一人ひとりの医療費を、薬、調剤内容それぞれ最終的にすべてを点数化して、医療費を計算します。レセプトの作成は、高度な専門知識と複雑な計算が必要であり、医療機関にとっては重い負担となっていましたが、それをシステムで計算できるようにしたのがレセプトコンピュータです。業界では、略して「レセコン」と呼ばれています。今では、レセプトの作成に留まらず、様々な医療事務の作業をスムーズにこなすための機能が付加されたものが増えています。

---

(3)　調　剤

　処方箋に従って、実際に薬を調剤します。薬には内服薬として散剤、錠剤、カプセル剤、水剤、外用薬として貼付薬、塗布（とふ）薬、点眼薬・点鼻（てんび）薬・点耳（てんじ）薬、坐薬（ざやく）、口腔（こうくう）用薬、吸入（きゅうにゅう）薬など様々あり、薬によって調

剤方法が異なってきます。

(4)　鑑　査

　調剤が終了した後、患者に交付する前に最終チェックをする作業のことを鑑査といいます。単に調剤された薬が正しいかということだけでなく、調剤業務すべて一連の業務が問題ないか改めて総合的に確認する作業となります。薬剤師が２名以上勤務している場合は、調剤者と最終鑑査者を別の人間にすることが一般的です。大きく、処方鑑査、薬剤鑑査、薬歴照会に分けられ、処方内容に問題がないか、調剤された薬が正しいかなどを確認していきます。

(5)　交付・服薬指導

　薬を交付するとともに、薬物療法の効果を最良のものとするために、患者に、安全に正しく薬剤を服用、使用してもらえるための指導を行います。対応する薬剤師の力量が問われる業務であり、重要な業務となります。

(6)　会　計

　調剤報酬のうち、患者それぞれの保険給付割合に合わせた負担割合分を徴収します。残りは、調剤報酬請求業務により、保険者に一括請求します。

(7)　薬歴記載

　薬歴は、患者ごとの個人情報（保険情報、連絡先など）、医療情報（アレルギー、副作用歴）、薬剤服用歴情報（過去の処方内容など）、服薬指導内容の記録簿です。安全で正しい服用のための説明や、よりよい薬物療法のための情報として利用します。薬局内に、個々の患者ごとのファイルが収納されているのが薬歴です。最近では電子薬歴といい、レセコンと連動させて一元管理させるものが増えてきました。

　調剤業務全般において、技術の普及によってシステム化が進んでおり、人の手を介さなければいけない作業は格段に減ってきています。加えて作業だけでなく、飲み合わせが悪い薬にアラームを鳴らしてくれたり、電子薬歴で過去の副作用歴との問題点にアラームを鳴らすことができたりと、これまで薬剤師の知識で確認していた内容もシステム化によって対応できる範囲が拡がっています。

　システムでは対応できない部分や、患者や取引先との連携等、人でしかできない部分での活躍が薬剤師に求められています。

2 医薬品の販売

　調剤薬局では、処方箋を必要とする医療用医薬品の販売のほか、処方箋を必要としない一般用医薬品の販売も行っている場合があります。

　一般用医薬品は、「OTC医薬品」という呼称で呼ばれていますが、医薬品を分類すると下記のようになります。

　医薬品は、まず医療用医薬品と一般用医薬品に分けられます。簡単に言うと、医療用医薬品は医師に処方してもらう薬、一般用医薬品は薬局やドラッグストなどで自分で選んで買える薬のことで、OTCと

■図表1-6　医薬品の分類

分類	内容	代表的な薬	対応する専門家
第1類	OTC医薬品として使用経験の少ないもの。 副作用・相互作用等の項目で安全性の上で特に注意を要するもの。	H2ブロッカー含有胃腸薬 一部の発毛剤	薬剤師
第2類	副作用・相互作用等の項目で安全性上、注意を要するもの。	主なかぜ薬、解熱鎮痛剤	薬剤師もしくは登録販売者
第3類	副作用・相互作用等の項目で安全性上、多少注意を要するもの。	ビタミンB・C含有保健薬、主な整腸剤、消化剤	

は「over the counter」の略称です。

　このOTC医薬品は、OTC医薬品の成分について副作用・相互作用（飲み合わせ）・使用方法の難しさ等の項目により、**図表 1-6** のように3つのグループに分類されます。

　医療用医薬品の場合は、1つの薬に対して1つの薬剤が使われることが多く、効果が強い反面、副作用などに注意する必要があります。OTC医薬品の場合は、効果は医療用医薬品に比べて弱いですが、一つの医薬品に複数の成分が配合されていることが多いのが特徴です。例えば、風邪薬には、風邪の一般的な症状に効くように、解熱鎮痛剤、咳止め、鼻水を止める薬剤、など様々な成分が含まれています。そのため、思わぬ副作用が起こることも否定できないため、適切なアドバイスが求められます。

３　在宅医療

　患者の家庭で行われる医療のことを在宅医療といいます。何らかの理由で定期的な通院が困難な患者が自宅で医療が受けられるよう、地域の在宅主治医が医療チーム（医師・看護師・薬剤師等）を作り、患者や家族の生活を支援する制度で、高齢化社会や医療制度の変化により、今後、在宅で医療を受ける患者がますます増えると言われてい

■ 図表 1-7　医療保険制度での在宅療養（訪問薬剤管理指導）の流れ

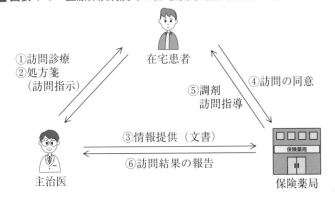

①訪問診療
②処方箋
　（訪問指示）

在宅患者

④訪問の同意

⑤調剤
　訪問指導

③情報提供（文書）

⑥訪問結果の報告

主治医

保険薬局

ます。個人宅への訪問はもちろんのこと、介護施設への訪問も行います。

4　調剤報酬請求業務

　保険調剤によって受け取る報酬を調剤報酬といいます。調剤報酬は厚生労働大臣によって基本は一律に決められています。したがって一般医薬品や化粧品のように薬局ごとに独自の販売価格をつけることはできません。保険調剤は、保険給付の範囲の中で決められた価格で行われます。調剤薬局で薬を交付すると、患者から、それぞれの保険給付割合に合わせた（1割あるいは3割など）負担を徴収し、残りをそれぞれの保険者に請求します。実際は、それぞれ薬局が保険者に請求すると大変煩雑になってしまうので、社会保険の場合は、社会保険診療支払基金、それ以外の人は、国民健康保険団体連合会に一括請求し、支払いを受けます。

第4章　調剤薬局のスタッフ構成

1　薬剤師

(1)　薬剤師とは

　薬剤師は国家資格です。薬剤師法第1条において、薬剤師の任務は「調剤、医薬品の供給その他薬事衛生をつかさどることによつて、公衆衛生の向上及び増進に寄与し、もつて国民の健康な生活を確保するものとする。」と規定されています。

　大学の薬学部を卒業し、国家試験に合格することによって薬剤師免許を取得することができます。薬学部は以前は4年制でしたが、法改正があり、2006年から薬学部では6年制課程の設置がスタートしました。

　薬学部の標準修業年限が6年に延長されることとなった背景には、薬剤師の教育の場である薬学部を6年制にすることで先進国の中で遅れている薬剤師の教育を充実させ医療の質の向上をはかる、という厚生労働省の要望がありました。6年制課程においては約半年の薬局病院実務実習も必修化されています。

(2)　売り手市場の薬剤師

　調剤薬局を開設するためには、必ず「薬剤師」が必要となります。必要な薬剤師の数は法律で決まっており、1日平均の取扱処方箋数40ごとに1人です。薬剤師は、かねてより"売り手市場"と言われてきました。売り手市場とは、求人数に対して薬剤師数が不足しているため、企業・医療機関は好条件を提示しないと薬剤師が集まらない状態のことを言います。しかしながら、医薬分業率は80％までで頭打ちになると予想されること、さらに2019年5月に厚生労働省発出の「調

剤薬局のあり方について」の通知にて、ピッキング（処方箋に記され
た医薬品を棚から取り出す作業）など一部の作業について、要件を満
たせば薬剤師以外の職員が代行できると明示されたことなどから、今
後は、薬剤師の需要が頭打ちになることも考えられます。

(3)　薬剤師の数

　2016 年 12 月 31 日現在における全国の届出「薬剤師数」は 301,323
人で、「男」116,826 人（総数の 38.8％）、「女」184,497 人（同 61.2％）と、
女性の方が多くなっています。

　全国の都道府県別にみた人口 10 万対薬剤師数は 237.4 人ですが、
これを都道府県別にみると、徳島県が 220.9 人と最も多く、次いで東
京都 218.3 人、兵庫県 214.0 人となっています。最も少ないのは、沖
縄県の 134.7 人、次いで青森県 143.5 人、福井県の 145.1 人となり、地
域によって薬剤師不足の深刻度にも差があります。

2　事務スタッフ

　調剤薬局で薬を調剤するのはもちろん薬剤師の仕事ですが、その他
の会計業務や受付などの要員として、事務スタッフを配置することが
一般的です。日々の仕事としては、受付、レセプト入力、会計や医薬
品の在庫管理、月に一度の調剤報酬請求業務を担当します。特に資格
は必要ありませんが、調剤報酬請求事務の専門家として、調剤報酬請
求事務専門士という認定資格があります。

第5章　調剤薬局の取引先・関与先

1　医師との関わり

　薬の処方を決めるのは医師の役割です。患者は、医師の診断を受け、医師は薬の服用が必要と判断した場合に処方箋を発行します。患者は、その処方箋を調剤薬局に持っていき、薬をもらいます。門前薬局であれば、医師の開業が出店戦略に大きく関わることになります。処方箋の内容について疑義照会をする場合、在宅医療で医療チームを組む場合など、医師と関わる局面がたくさんあります。

2　MR との関わり

　MR とは、Medical Representative の略で、日本語では、医薬情報担当者といいます。業界では MR（エムアール）と呼ばれるのが一般的です。1993 年に MR として呼ばれることが決定されるまでは、プロパー（propagandist の略で宣伝者という意味）と呼ばれていたこともありました。

　医薬品の適正使用のために医師や薬剤師を訪問すること等により、医薬品の品質、有効性、安全性などに関する情報の提供、収集、伝達を主な業務として行う人のことを指します。どんな病気に、どれくらいの量を、どのように使うと効果があるのか、そのときどのような副作用が起こる可能性があるのか、また新たに発生した副作用や追加になった適応症などの情報を受けます。

3　MS との関わり

　MS とは Medical Marketing Speciallist の略で、医薬品卸の営業の

ことを指します。業界では、MS（エムエス）と呼ばれるのが一般的です。

4　介護施設との関わり

　介護施設に入居する高齢者は、調剤薬局に自分で出向いてお薬を取りに行くことができません。介護施設と提携している調剤薬局が介護施設まで持参し、配薬や薬の説明をするのが一般的です。

　調剤薬局としては、介護施設は間接的ながら大事なお客様となります。飲み忘れや飲み間違いが起こらないようにするお薬管理ボックスの提供や、飲み忘れ防止のチェックシートなど、介護施設向けのサービスを充実しています。

■ 図表 1-8

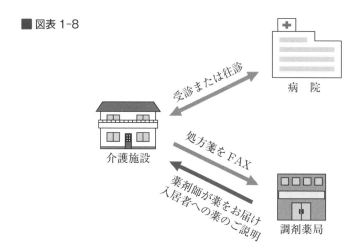

第6章　調剤薬局の経営（収入）

1　調剤報酬

(1)　調剤報酬のしくみ

　保険調剤によって受け取る報酬を調剤報酬といいます。調剤報酬の算定方法は厚生労働大臣によって決められており、調剤薬局によって高くしたり安くしたりすることはできません。処方箋を受け取って患者に薬を交付する際には、それぞれの保険給付割合に合わせた負担割合分（3割、1割など）を徴収し、残りを月に1度保険者に請求します（**図表1-9**）。

■図表1-9　調剤報酬のしくみ

　調剤報酬算定
　　＝調剤技術料（調剤基本料＋調剤料＋加算料）
　　　＋薬学管理科（薬剤服用歴管理指導料等）
　　　＋薬剤料
　　　＋特定保健医療材料料

(2)　縮小する薬価差益

　「薬価」とは、病院の薬の公定価格のことです。国（厚労省）が価格を決め、「薬価基準」と呼ばれる価格表に載せます。薬剤料として患者に使用した薬剤費を薬価基準通りに請求します。しかし、医薬品の取引価格に関しては規制がないため、医薬品卸業者から薬価よりも低い金額で医薬品を仕入れることができた場合、差額が利益として上

がることがあります。これを薬価差益といいます。大手調剤薬局
チェーンを中心に、この薬価差益は大きな利益を生んでいましたが、
度々の薬価改正により、年々薬価差益が縮小してきています。今後は、
薬価差益に頼らない経営が求められています。

2 業界団体

(1) 薬剤師会

　公益法人であり、自由加入制の団体です。厚生労働省届出薬剤師約
30万1,000人の約35％、約10万4,000人の会員数となっています。
会員は、いろいろな職種に従事する薬剤師から成っています（構成割
合：薬局薬剤師77.4％、病院・診療所薬剤師10.0％、卸売一般販売業
2.2％、行政薬剤師1.5％、店舗販売業0.9％、製薬企業薬剤師0.7％、
教育・研究機関0.7％、その他6.7％）。また、日本薬剤師会の会員は
同時に47都道府県薬剤師会の会員となります。

(2) 薬剤師国民健康保険組合

① 薬剤師国民健康保険組合とは
　各都道府県に薬剤師が集まって組織している薬剤師国民健康保険組
合が組織されています。原則として、各都道府県の薬剤師会の会員に
なっている薬局・店舗販売業の事業主とその従業員、そして事業主と
従業員の家族が加入できます。都道府県により異なりますが、例えば
ある県の薬剤師国民健康保険であれば、所得に関係なく一律医療保険
料が1万5,000円と決められており、所得額によっては都道府県の国
民健康保険に加入するより割安となります。
② 法人でも国民健康保険組合に加入できる場合がある
　本来、法人であれば協会けんぽの適用事業所となりますが、例外的
に法人でも国民健康保険組合に加入が認められている場合（**図表1-
10**）があります。その場合は、事業主・従業員共、厚生年金に加入

しながら、健康保険は、薬剤師国民健康保険組合に加入することが可能となっています。

◆法人でも国民健康保険組合に加入できる場合

> ①　既に薬剤師国民健康保険組合へ加入している方が、新たに「法人事業所」または、「常時5人以上の従業員を使用する個人事業所」を開設したとき
>
> ②　現在薬剤師国民健康保険組合へ加入している事業所が「協会けんぽ適用事業所」へ変更したとき
>
> ③　平成18年1月以前に既に薬剤師国民健康保険組合へ加入している協会けんぽ適用事業所

(3)　日本保険薬局協会

　著しい成長を遂げた保険薬局の業態を再構築し、さらなる社会構造の中での役割を考える機関として、社会の中で必要とされる業態と個々の保険薬局と薬剤師の育成を目指して2004年に設立された協会です。英語名でNippon Pharmacy Association（略称Nphaエヌファ）といいます。法人単位での加入となり、2018年4月現在、会員数は477企業です。

　協会の発表している活動内容は、下記の通りです。

①　保険調剤、予防医学、スキルアップ等に関するセミナー・シンポジウムの開催

②　会誌の作成・発行・配布

③　内外関連学・協会その他関連団体との連絡および協力

④　各種研究の奨励および研究実績の表彰

⑤　介護を含む総合医療・調剤・予防医学・薬剤師と保険業務にかかわる資格者の現状と代替調剤および住宅・介護に関する研究調査

⑥　医療先進国（米国・欧州等）研修等を通じての会員の技術・資

　　質等の向上と研修を通じての人的交流及び関連情報の収集

⑦　国内外に対する調剤・医療情報等の提供

⑧　患者支援システムの構築と開発

⑨　その他、本会の目的を達成するために必要な事業

⑷　日本チェーンドラッグストア協会

　英語名で、JAPAN ASSOCIATION OF CHAIN DRUG STORES（略称 JACDS ジェーエーシーディーエス）です。

　ドラッグストアチェーン、メーカー、卸会社などで 402 の会員数（2019 年 6 月現在）となっています。チェーン化を指向するドラッグストアの社会的な役割を果たすために、健康産業としての我が国のドラッグストア業態の産業化の推進、ドラッグストア産業の具体的な発展、育成に必要な情報の収集・提供、ドラッグストアを取り巻く生活者、産業界、行政に対する建議、提言を行っています。

　14 の委員会の内の 1 つの調剤推進委員会では、ドラッグストア調剤の拡大に向けた広報活動などを行っています。

クスリにまつわるお話（主として医療用医薬品）

〈その1〉　クスリの包装について

　クスリには、注射剤や外用剤そして内用剤（内服薬）がありますが、処方を受ける機会が多い内服薬の包装についてご紹介します。

　内服薬には、カプセルや錠剤、液剤、散剤、粉末剤等があります。液剤の包装はビンやアンプルが主で、ガラスやプラスチックをはじめいろいろな材質が使われています。散・粉末剤は、以前は独特の折り方をした薬包紙に包まれたものがありましたが、最近は機械化が進み、これに代わってアルミや硫酸紙等の分封が多くなっています。

　私たちが最も服用の機会が多いのは、やはりカプセルや錠剤です。ガラスやプラスチック等のいろいろな材質・形状のビンに入れられているものを「バラ」包装といいます。そして、ほかに最も多用されているPTP（Push Through Package）とヒートシール包装があります。PTPはその見かけからブリスター（水ぶくれ）包装とも呼ばれます。ヒートシール包装は破ってクスリを取り出すことからストリップ包装といわれることもあります。

　PTPは一見、密封性が高いように見えますが、概ねバラ包装の方が密封性は高いようです。このため市販薬は、バラ包装が多いのです。それにしても、ビンに詰められているビニールは何とかならないものでしょうか？　実は現在の技術をもってしても、なかなかこれの代わりになる良いものはないそうです。

第2部　調剤薬局の労務管理と就業規則

第1章　調剤薬局における労務管理の必要性

1　経営安定化の要は人事労務の整備

　これまで調剤薬局の経営戦略の中心は、出店戦略でした。処方箋調剤という市場が医薬分業の進展とともに急成長する中で、いかに医療機関の近くの好立地に店舗を構えるかが、企業成長の上での最重要課題でした。労務管理なんて二の次だったわけです。現在は好立地の出店も一巡し、他の調剤薬局との差別化や経営効率化に取り組み始めた、または必要性を感じてきている企業が多いですが、今度は様々な経営上の取組み以前に、人の問題で時間や手間をとられてしまって、サービス向上、患者満足度向上どころではない調剤薬局が多くあります。離職率が高く、入退社が頻繁で、絶えず薬剤師確保に奔走している調剤薬局が少なくありません。中には、社長や経営幹部自らが現場の薬剤師不足の穴埋めのために現場を走りまわっているというケースもあります。そして、このように薬剤師確保に奔走させられている企業に限って、経営者・経営幹部が、薬剤師の離職率の高さ、人材確保が難しいことを薬剤師の絶対人数が不足している需給バランスのせいにする傾向があります。

　もちろん、全国的に有資格者が不足していることは否めませんが、「今は薬剤師不足だから仕方がない」といいながら、社内の労務管理体制を整えることなく、人材確保のために中途採用の社員の給与を特別に高い給与で雇用したり、入社時に逆に提示された労働条件を鵜呑みにしてしまい、会社の休日以外の特定曜日に休む社員、休日数が会社の所定休日より多い社員、夜診時間帯は勤務しない社員などなど、会社のルールを整えないままで、社内に特別ルールを多数つくってしまいます。そのような環境下で、社員間から不満が上がらないわけはありませんし、良いチームワークが生まれるはずもありません。社内

の人間関係の不和が生まれたり、会社のルールに従って働いていた優秀な社員を失うことになり、また人材確保に奔走することになります。「なぜ退職してしまうのか」「なぜ人材確保できないのか」ということを分析し、対策を打たなければ、いつまでも同じことの繰り返しです。まずは、人事労務のルールを明確化し、そのルールに従って運用していく必要があることはいうまでもありません。

2　調剤薬局の労務管理上の課題・問題点

(1)　経営者が労務管理の必要性を認識していない

　離職率が高かったり、労務トラブルが絶えない調剤薬局については、まず労務管理の必要性を認識していないということが挙げられます。医療機関前の好立地に出店して、一定の患者数が確保できれば、調剤報酬と薬価差で利益が出るしくみです。予想される処方箋枚数に対して、必要な薬剤師数が確保できるか、給与額はいくらかということで頭がいっぱいというケースがあります。入社時に労働条件通知書が提示されていなかったり、職場の基本ルールである就業規則が雛形を社名のみ変更したものだったりということも少なくありません。こうしたところから、言った言わないの労使の意見の食い違いや労務トラブルが発生することがあります。

(2)　経営者・管理者の労働法令に対する理解不足

　調剤薬局の経営者は、薬剤師やMR、医療関係の企業に勤務していた方が脱サラをして経営者となっているケースが多いです。また、チェーン展開をしている場合、それぞれの調剤薬局の管理者はほとんどが薬剤師の方です。専門分野についての知識はたくさんお持ちであっても、管理者として行わなければならない労務管理のための知識が不足していることが多いです。

⑶　組織が成熟していない

　医薬分業の進展とともに出店を進めたために、歴史が浅い会社が多いため、組織体としての形がまだ整っていない会社が多いです。基本的な指示命令系統が確立していないことも多く、本部の指示が各薬局に落とし込めない、薬局長の指示通りに薬局内の労務管理ができないという問題があります。筆者は就業規則コンサルティングや人事コンサルティングに関わらせていただく機会がありますが、本部でどのようなことを決めるかよりも、現場までどう落とし込むか、さらにどのように情報を伝達するかが課題になります。調剤薬局の店舗を統括する薬局長は、薬剤師であることがほとんどです。薬剤師は専門職であり、店舗をマネジメントするという感覚が少ない方が多く、マネジメントする人材も不足しています。

⑷　女性が多い職場である

　女性だけということはありませんが、一般企業に比べると女性の比率が高い職場です。企業差はありますが、5〜8割くらいが女性でしょうか。薬剤師の有資格者に女性が多いこと、薬剤師の中でも調剤薬局を就職先とする方に女性が多いこと、調剤事務は女性がほとんどであることが理由です。一概に女性だからどうということはありませんが、女性の特徴として派閥ができやすいということがあり、労務トラブルの一因となることがあります。

⑸　薬剤師の採用困難

　調剤薬局において薬剤師の有資格者が不足していて、人員不足が慢性化しています。一般的に売り手市場であるため、採用時も会社が多数の候補者の中から厳選して採用するというよりも、最低限の条件が折り合えば採用というスタンスになることも少なくありません。採用時に社員の方の個々の労働条件に関する要望を聞いた結果として、社内に特別ルールが多数存在することで良い組織風土が生まれず、短期

離職者が生まれ、また人材確保に奔走するという悪循環に陥ってしまいます。たとえ退職したとしても、本人がその気になれば次の就職先は容易に見つかります。勤めている会社への不満が出たときに、他の会社へ移るということが起きてしまいます。

第2章　調剤薬局の採用

相談事例

　調剤薬局を4店舗経営するA社では、絶えず薬剤師の資格者不足に悩まされています。

　最近は求人を出しても応募者からの問い合わせもなかなか入らない状態です。

> 顧　客：誰か知り合いにいい薬剤師いない？
>
> 社労士：欠員の募集ですか？
>
> 顧　客：そうなんだよ。折込広告を出しても反応はないし、何か人が集まるいい方法はないかな？
>
> 社労士：折込広告以外の方法もとられていますか？
>
> 顧　客：人材紹介の会社には、前から何社か登録してあるけど、なかなか紹介がないなぁ。
> 　　　　本当に薬剤師には悩まされるよ。なかなか見つからないし、やっと見つかったと思ってもすぐやめちゃうし。

　調剤薬局の経営者からよくいただく相談です。求人をしてもなかなか集まらないので、少ない応募者の中からとにかく採用→ミスマッチが起こってすぐに退職→また求人するもなかなか応募者が集まらない、という負の連鎖パターンです。この状態で、ただアクセス数の多い求人サイトに1度登録したからといって問題解決にはなりません。

　この負の連鎖パターンを抜け出すには、①人が集まるしくみをつくること、②働きたい会社（辞めない会社）をつくることです。この章では、①人が集まるしくみづくりについて解説します。②働きたい会社づくりについては、第3部「選ばれる調剤薬局へのステップ」をご覧ください。

調剤薬局における採用の現状

　調剤薬局業界では、とかく薬剤師の人手不足、人材不足が問題視され、求人広告を出しても応募がない、採用できたとしても定着しにくいイメージがあります。調剤薬局を構成する人員は、主に薬剤師と調剤事務の2職種ですが、薬剤師の資格者が不足しており、端的に言えば「売り手市場」になっています。実際、採用や人材育成に苦戦する会社が多いのも事実です。

　調剤薬局を開設、営業するには、必ず資格者が必要になります。退職者が出た場合も必ずすぐに代替要員が必要になります。1日も欠員させることはできないため、切迫感があります。もちろん資格があれば良いということではなく、一定のスキルが必要になります。通常、人材を採用する場合は、応募のあった複数の求職者の中から、採用選考を行い、優秀で自社に適した人材を厳選して採用します。ところが、現状の調剤薬局では、求職者の中から「選ぶ」というよりも、応募をしてくれた求職者について、採用することを前提に、何か問題がないか「確認する」というような採用活動になっている会社が少なくありません。それほど、人材不足が深刻なのです。

　調剤事務については、特別な資格は必要ありませんが、患者への来局時の対応、調剤事務と求められるスキルは高い仕事になります。

2 新卒採用の現状

　大手調剤薬局チェーンを中心に、人材確保のために積極的に新卒採用を行っています。薬剤師の資格を取得するには、薬学部の大学を卒業し、国家資格に合格する必要があります。薬学部は、2006年に従来の4年制から6年制に移行し、新卒薬剤師の数は増加傾向です。2017年の合格者数は13,234名と13,000人超の薬剤師が誕生しています。この状況下で、いずれ薬剤師が過剰になるとも言われていますが、

今のところ人材獲得競争はまだまだ過熱しています。

③ 中途採用の現状

　薬剤師の人員不足を埋めるため、各社積極的に中途採用を行っています。薬剤師がいなければ、調剤薬局の開設はできません。前述の①人が集まるしくみづくり、②人が辞めない会社づくりが不可欠ですが、現場においては、まさに今の人員数確保に奔走しているという現状の会社が多いのです。

④ 人材募集の方法

　求職者に対して求人情報を発信する公的機関として、ハローワークがあります。無料で地域に限定した求人情報を公開できるので、是非活用したいところです。他の会社と差別化をして人材獲得を目指すのであれば、経営理念や応募者へのメッセージが伝わる求人募集が必要になります。求人媒体ごとに、メリット・デメリットについてみていきます。

①　新聞折込広告

　自宅近くで勤めたいと思っているパートタイマーを採用するのに効果的です。費用も他の求人媒体に比べて安価で、即効性もあります。ただし、タイミングもありますが、薬剤師求人であれば、1回の掲載で問い合わせが0件ということもあります。都市部で若年層を採用したい場合には注意が必要です。若年層は、新聞離れが起きており、購読していないことが多いからです。

②　求人専門誌・サイト

　薬剤師専門の求人サイトが多数開設されており、若い世代を中心に活用している人が多くなっています。求人媒体の中では費用が高めになりますが、若年層の応募が見込めるメリットがあります。求人サイトには有料のものと無料のものがあります。

③　人材紹介会社

　実際に採用しないと費用がかからないことから、求人媒体のように
お金をかけたのに1人も採用できないということはありませんし、求
職者を集める労力も必要ありません。ただし、実際に採用した場合に
かかる紹介料は年収の20%〜35%ほどとなり、他の採用方法に比べ
高額になることがあります。年収等の労働条件の決定の際に、人材紹
介会社が間に入って調整を行いますが、応募者が比較的年収面にこだ
わる人が多いです。薬剤師求人の場合、登録したからといってすぐに
紹介があるほど紹介会社も求職者を抱えているわけではありません。
候補者が出た場合に、数ある求人企業の中で、一番に紹介してもらえ
るような関係を築いておくことが大切です。担当者には理想の人材像
を明確に伝え、定期的に連絡をとっておきましょう。

④　ハローワーク

　薬剤師の方でハローワークへ赴いて利用する求職者が少ないことか
ら、以前はあまりお勧めの求人媒体ではありませんでした。しかしな
がら、現在は、インターネットの検索エンジン等でハローワークの求
人が検索できることもあり、求職者の目に留まることも増えていま
す。無料で掲載もできますので、積極的に利用したいところです。求
人票にできる限りの情報を掲載するとともに、求人票から自社の求人
サイトやホームページに誘導する流れをつくりましょう。

⑤　店頭掲載

　患者と関連がある人の応募があり、断りづらいというデメリットは
ありますが、まずまず反応があります。特にパートタイマーでの勤務
を希望する人については、通勤の利便性で求職している人が多いた
め、求人ポスターを店頭掲載していなくても、問い合わせが入ること
もままあります。

■ 図表 2-1　採用ルート・求人媒体のメリット・デメリット

方法・媒体	薬剤師	調剤事務	正社員	パートタイマー	メリット	デメリット
新聞折込広告	○	○	△	○	・地域を限定し、通勤圏内に絞って求人を行える。 ・求人媒体の中では、比較的安価	・新聞をとっていない家庭が増えており、応募数が減っている。 ・他職種と一緒に記載されるため、無駄が多い。
求人専門誌・サイト	○	○	○	○	・薬剤師専門のものであれば、薬剤師が見る確率が高い。 ・若年層の応募が見込める。	・他の調剤薬局との比較が容易にできるため、労働条件の内容につき、他社動向を見極める必要がある。 ・求人媒体の中では、費用が高い。
人材紹介	○	×	○	○	・実際に採用しなければ費用が発生しないため、求人広告費用が無駄になることがない。 ・手間がかからない。	・採用した場合の紹介料が高い。
ハローワーク	△	○	○	○	・無料掲載 ・助成金が受給できる可能性がある（母子家庭の方、高齢者等）。	・薬剤師の資格者はハローワーク利用者が少ない。
店頭掲示	○	○	△	○	・無料	・アルバイト感覚の安易な応募がある。 ・患者さんと関連がある人の応募があり、断りづらい。

5 人材募集のポイント

(1) 応募してもらう流れをつくる

　求人の媒体は多数ありますが、求人広告だけでは、情報発信には限界があります。人材を集めたい場合は、求職者を応募まで誘導する流れをつくる工夫が大切です。

　調剤薬局は、お客様である患者がホームページを見て来店するということがあまりないので、ホームページを作成していない会社も多数ありますが、前向きに良い人材を獲得していくのであればスタッフ募集のページを含む自社のホームページの作成が不可欠です。求人広告に掲載するような勤務形態や賃金のこと、昇給、休暇制度についてもきちんと掲載します。さらに、研修会の様子やスタッフが書くブログなども掲載すれば好印象が得られます。求人広告などで求人情報を見た人がどんな会社かなとホームページを見に来るような流れをつくり、ホームページ上で、会社の理念やスキルアップのバックアップ体制など、求職者が応募動機を持つような内容の掲載を行います（**図表2-3**）。

■図表2-2　応募の流れをつくる！

■ 図表2-3　応募者を増やすために掲載すべき内容

① 経営理念

会社の志を記載します。経営者の情報や、経営者ブログなど も好印象です。

② スキルアップ

研修や勉強会が充実しているか、能力開発をバックアップす る体制があることをアピールします。

③ スタッフの雰囲気

スタッフブログやスタッフ紹介、薬局内の様子などを掲載し ます。

いかに楽しく生き生きとした雰囲気で働いているかが伝わる ことがポイントです。

　売り手市場の業界ですから、少なからず給与目的の応募者がいるこ とも否定できません。

　自社の理念や雰囲気を伝えて応募動機を高めることで、最初から給 与目的で入ってこないようなしくみを工夫します。

(2)　在籍社員からの紹介も積極的に受け入れる

　人材採用を行う上で、意外にいい人材が確保できるのが在籍社員か らの紹介です。求人への応募者とちがい、ある程度人柄や経験を把握 することができます。在籍社員が自分の勤めている会社に知人を紹介 するというのは、会社への愛着や仕事のやりがいを感じているからこ そです。またその紹介者も一緒に定着してくれる可能性が高くなりま す。積極的に社内にも声がけをすると共に、長期的な目線で社員満足 度を上げる取組み（社員満足度については第3部）が不可欠です。

6　採用選考

(1)　伸びしろのある人材を探す

　人材不足の調剤薬局において、どうしても薬剤師資格が重宝され、採用時にも資格に目が向いて、自社のスタッフとしてふさわしいかという観点から公正に選考ができない傾向があります。これはある程度はやむを得ないことです。しかし、実際の調剤薬局では、常に患者とコミュニケーションが必要とされ、また薬局内のチームワークも大切です。人材不足を理由に妥協をしたとしても、早期退職をしてしまっては、また一から採用をすることになります。資質を見抜く面接と適性検査の組み合わせで、自社に合った人材を獲得しましょう。

(2)　資質を見抜く面接

　「面接」の質問・ヒアリングのポイントをあらかじめ整理しておくことで、適切で効果的な面接になります。面接を行う際は、面接前に記入してもらう事前確認シート（**図表2-4、2-5**）、面接時のチェックシート（**図表2-6**）の2種類を活用します。薬剤師の有資格者については、転職を繰り返している人もいます。前職の退職理由は必ず聞きます。例えば、前職がやりたい仕事でなかったと答えた場合、「当社のどんなところに魅力を感じていただいていますか？」と質問を投げかけることで、退職の理由がスキルアップのためと考えているかを見極めましょう。また、上司に冷遇されたことが原因で前職を退職したような場合は、「他の職員も上司に同じような対応されたのですか？」と投げかけることで、話の信憑性を探ります。

(3)　適性検査

　面接の際の資料の一つとして、適性検査の結果を活用します。適性

■ 図表 2-4　面接事前確認シート１

面接事前確認シート

　本日は面接にお越しいただきありがとうございます。面接に先立ち、当局の労働条件などについて事前にお伝えすると同時に、いくつかの事項についてお聞かせいただきたいと考えておりますので、記入後面接時にお渡しくださいますようよろしくお願いいたします。

1. 就業時間
　当局の就業時間は原則として以下のとおりとなります。

	月	火	水	木	金	土
午前	8:30- 12:30	8:30- 12:30	8:30- 12:30	8:30- 12:30	8:30- 12:30	8:30- 12:30
午後	15:30- 19:30	15:30- 19:30	15:30- 19:30	/	15:30- 19:30	/
休憩時間	12:30- 15:30	12:30- 15:30	12:30- 15:30	/	12:30- 15:30	/

2. 時間外労働
　毎月レセプト請求の時期（1日〜10日）を中心に計15時間程度の時間外労働が発生します。この時期は夜8時30分〜9時00分くらいまで残って業務をお願いすることがあります。

3. 福利厚生
　常勤の場合には、入社日から以下の保険に加入していただきます。
・労災保険
・雇用保険
・健康保険（政府管掌健康保険）
・厚生年金保険

4. 給与及び退職金
・当局の基準に従い支給します。
・賞与については支給日現在勤続6か月未満であれば寸志の支給となります。
・退職金は勤続3年目（37か月目）以降に退職した正社員に対して支給します。ただし懲戒解雇などによる退職の場合には支給しないことがあります。

　その他、詳細につきましては、採用後の入社ガイダンスの際に雇用契約書・就業規則を基にお話しさせていただきます。

■ 図表2-5　面接事前確認シート2

面接前にお聞きしたい事項

1. あなたの希望職種は何ですか？（　薬剤師　・　　事務　・　その他　　）
2. 希望する雇用形態をお聞かせください。（　常勤　・　パート　）
3. パート希望の方は働くことができる時間帯を教えて下さい。

　　→希望の曜日・時間帯に「○─○」を記してください。

時間	0	1	2	3	4	5	6	7	8	9	10	11	12	13	14	15	16	17	18	19	20	21	22	23
記載例									○							○								
月曜日																								
火曜日																								
水曜日																								
木曜日																								
金曜日																								
土曜日																								
日曜日																								

4. 何を見て応募されましたか？
　　①職業安定所→職業安定所から発行されたハガキを添付してください
　　②インターネット
　　③折込広告
　　④建物などを見て働いてみたいと思った
　　⑤紹介（　　　　　　　　　　　　　さんからの紹介）
　　⑥その他
5. ご家族にお子様はいらっしゃいますか？
　　いない　・　いる　（　　　歳、　　　歳、　　　歳、　　　歳）
　　→「いる」と回答された方…あなたの勤務中、どなたかお子様の面倒を
　　　見ていただける人はいますか？
　　いない　・　いる　（具体的に　　　　　　　　　　　　　　　）
6. いつから当局に勤務することができますか？
　　明日からでも可能　・　令和　　年　　月　　日（　　曜日から）
7. 差し支えなければ前職での給与額および希望給与額をご記入ください。

　　前職での給与額…総額　　　　　　　円程度（手取り　　　　　円程度）

　　希望給与額………総額　　　　　　　円程度（手取り　　　　　円程度）

8. 当局を希望される理由は何ですか？

9. 前職を退職された理由は何ですか？

　　　　　　　　　　　　　　　　　　　ありがとうございました。

■ 図表 2-6　面接時のチェックシート（例）

面接チェックシート

氏名：　　　　　　　　　　（職種：薬剤師・事務職・その他（　　　　　））

1. 前職の退職理由

〈差し支えなければ以下を確認〉
・他のスタッフとのトラブルはなかったか？
・上司とのトラブルはなかったか？
・患者とのトラブルはなかったか？

2. 健康状態

□大変良好である
□概ね良好である
□無理ができない　（差し支えなければ理由を確認）

3. 働くに際して当局に求めること

4. 残業が月○時間程度あることについて問題は？

□問題ない
□問題がある　（理由：　　　　　　　　　　　　　　　　　　　）

5. 家庭の都合などにより早く帰宅しなければならない日があるか？

6. お子さんがいる場合、万が一の際には誰か面倒を見てくれる方はいるか？

〈確認ポイント〉
・いない場合はどうするのか？

7. 同居家族で介護などをしなければならない方はいるか？
〈確認ポイント〉
・頻繁に休まれる可能性はないか？

検査では、①どのような性格・パーソナリティか、②どういう関心事・興味領域を持っているか、③基礎的な職業場面での社会性、④どういうことに意欲・やる気を出すか、などを検査・分析します。

7　入社手続き

(1)　入社承諾書

　採用が決定したら、内定者に対して「採用通知書」を出します。内定者には「入社承諾書」（図表2-7）に署名してもらいます。中途採用の場合、複数の会社に応募していることもあります。「入社承諾書」には法的な拘束力はありませんが、意思確認という意味で記載してもらいましょう。

■図表2-7　入社承諾書

入社承諾書

株式会社○○薬局殿

　私　鈴木花子　は、令和○年2月1日、貴社に入職することを承諾いたします。

令和○年○月○日

住所
氏名　　　　　　　　　㊞

⑵　誓約書

　入社の際には、誓約書（図表 2-8）を必ずとります。就業規則その他の関連諸規程を遵守することの確認にとどまらず、情報管理を徹底することの確認、退職時のルールについても確認したいところです。調剤薬局では、患者の非常にセンシティブな情報も取扱います。書面を取り交わすだけでなく、事前に十分な説明が必要です。

■ 図表 2-8　誓約書

誓約書

令和　　年　　月　　日

株式会社　○○薬局　御中

　　　　　　　　　　住所
　　　　　　　　　　氏名　　　　　　　　　　（自署）

私は、株式会社○○薬局の従業員として勤務するにあたり、下記のとおり誓約いたします。

記

（就業ルールの徹底遵守）
1. 就業規則その他の関連諸規程を遵守し、内容を知らないことを理由に違反の責を免れることはない旨を十分に理解しています。
2. 就業規則その他の関連諸規程に違反した場合には、規程の運用方法に従います。

（組織秩序の維持）
1. 組織秩序の維持に努め、内部関係者への反抗や迷惑を掛ける行為を一切しません。
2. 組織秩序を乱した場合には、配置転換・役職解任およびそれらに伴い労働条件の変更と行うことがありますが、これらには異議がありません。

（情報管理の徹底）
1. 会社のすべての情報は経営情報の一部であるという認識を持ち、如何なる場合であっても無許可による情報持ち出しや漏洩行為はしません。
2. 情報持ち出しや漏洩により会社が損害を被った場合には、現状回復・信用回復に要する一切の費用（弁護士費用を含む）を速やかに弁済します。

（採用の取消し）
1. 履歴書において偽った記載や報告をした場合に、採用を取り消されることがある点については一切異議ありません。

（退職時の扱い）
1. 退職時には、他の従業員に一切迷惑が掛からないよう配慮して十分な引継ぎを行います。
2. 退職時には定められた時期までに定められた書式で退職願を提出します。

以上

相談事例

　B社は調剤薬局を10店舗チェーン展開しています。これまで正社員とパートという2つの雇用形態で対応してきましたが、ある女性社員からの申し出に頭を抱えています。

> 顧　　客：正社員なのに勝手なことを言う人が多くて困るよ。
>
> 社労士：どうされましたか？
>
> 顧　　客：女性社員が来月結婚をするのだけれど、家庭との両立を考えて勤務時間を短くしたいというんだ。それならパートに変更して続けてもらえたらと提案したのだけれど時間給のパートは嫌だというんだ。
>
> 社労士：正社員とパートの2つの雇用形態以外はつくっておられないのですか？
>
> 顧　　客：正社員なのに勤務時間を短くする人が出たら統率とれなくなっちゃうでしょう。今後は転居もできないから、他の都道府県の店舗には異動できませんとも言っているんだよ。でもとても優秀な社員なんだよね……。

　勤務時間の制約があったり、転居を伴う異動には対応できないなど、正社員と同様に働くことはできないものの、優秀な薬剤師の有資格者はたくさんいます。ニーズに応じた雇用形態を準備しておくことで、キャリアパスを中断することなく育成していくことができます。

1 ニーズに合った雇用形態を準備する

　調剤薬局の現場でよく見られるのが、雇用形態は正社員とパートの２種類でありながら、労働条件については特別ルールが多数存在しており、所定労働時間の短い正社員、休日数の多い正社員、退職金はなしで月給が高めな正社員など、雇用形態による違いではなく、労働契約内容が個別に異なるケースです。この個別の労働条件が明確に示されていればまだいいのですが、入社の際の口約束で、後から労使の認識が食い違うことも少なくありません。

　一方、薬剤師の人材不足に対応していくためには、様々な世代の様々な雇用ニーズに対応していく必要もあります。ニーズに合った雇用形態を準備し、明確なルールを決めておくことで、人材活用が可能となります。時間的・地理的な制約を受けやすい女性・高齢者を有効活用していくためのしくみづくりが大切です。

■ 図表 2-9　雇用形態と職種イメージ

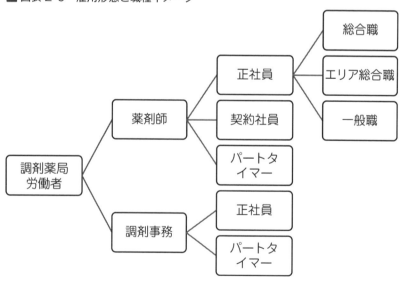

(1)　正社員

　会社の定める所定労働日数、所定労働時間をフルタイムで勤務できる社員です。薬剤師は専門職種ですが、調剤実務を経て後、薬局長やいくつかの薬局をまとめるエリアマネージャーなどの管理職も必要です。ただし、すべての方が経営幹部へ昇進することを目指すわけではありません。したがって、いずれ管理職として活躍する総合職と、管理職への登用を目指さず、専門職として活躍する一般職を分けると良いでしょう。調剤薬局が広域に広がっている会社では、転居を伴う異動も必要になってきますが、女性や高齢者の活用を考えると転居を伴う異動を行わない職種も必要です。一般職は転居を伴う異動は行わないことに加え、総合職と一般職の中間職種として、エリア総合職として、転居を伴う異動は行わないが、薬局長までの登用は行うというような職種をつくることも一手です。家庭の事情で転居できない人、転居に難色を示す人でも、一定の制約はつけながらも、積極的に管理職に登用することができます。

(2)　パートタイマー

　調剤薬局においてパートタイマーの戦力化は必須課題です。門前薬局の場合、隣接する病院・クリニックの診療時間によって、患者さんの来局が集中する時間帯が発生します。忙しい時間帯にパートタイマーを配置することで、効率よく人員配置をすることができます（**図表2-10**）。

　隣接する医療機関がクリニックの場合、一般的に診察時間帯が午前診と午後診に分かれます。診察時間に少し遅れて繁忙時間がくることになりますので、繁忙時間に合わせて、1日3時間〜5時間勤務のパートタイマーを配置します。午前診の時間帯は、子育て世代で、特に幼稚園〜小学生の子供を持つ女性薬剤師の希望勤務時間帯と一致します。午後診の方が希望する人が少なく困る場合が多いですが、正社員の薬剤師を遅番で配置したり、夕方以降の時間帯の勤務も問題がない

■ 図表 2-10　クリニックの門前薬局パートタイマー活用イメージ

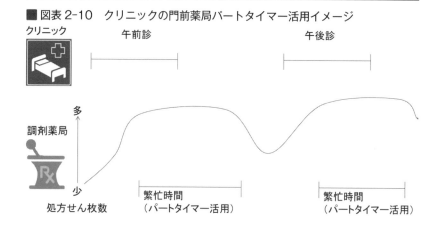

高齢者の活用が考えられます。土曜日、夕方に関しては少し高めに時間給を設定し、午前診の時間帯に勤務を希望するパートタイマーに対し、協力要請をすることも考えられるでしょう。

　在宅医療に取り組む調剤薬局、調剤以外の業務が多いドラッグストアではまた違ったタイムスケジュールになってきますので、調剤薬局ごとの対応が求められます。

(3)　短時間正社員

　「短時間正社員」とは、正社員としての身分を維持しながら、フルタイムで働く正社員より1週間の所定労働時間が短い正社員のことです（詳しくはP.64 ❸短時間正社員制度の導入で解説）。時間的な制約があり、正社員と同様に働くことはできないものの、優秀な資格者はたくさんいます。育児・介護休業法で求められる短時間勤務の枠を超えて、中学校就学前の子供を抱える家庭では、15時〜17時を終業時刻としたいニーズがあります。しかしながら、パートタイマーとなれば、企業内のキャリアパスからいったん外れることにもなります。できれば自社が育てた優秀な薬剤師には、継続勤務してもらいたいものです。短時間正社員制度の導入によって継続勤務できるようにするのが有効です。

⑷　嘱託社員

　嘱託社員という法律的な定義はありません。定年後の再雇用者を嘱託社員という呼称に設定している企業が一般的です。また、調剤薬局の現状として、様々な雇用ニーズに対応するため、正社員に設定した労働時間や賃金体系に属さない労働契約内容の人を作らざるを得ない場合があります。正社員として雇用できない人を嘱託社員として雇用するケースが多くなっています。中途採用の人の前職の給与を考慮したり、退職金制度を利用しない代わりに現在の給与額を高く設定したり、所定労働時間を短く設定したりと、場合によっては個別対応で設定する企業も少なくありません。

　ただし、あまり個々の希望を聞いて対応をしていくと、逆に会社の中枢を担う正社員からの不満が出かねません。人材活用という側面から、世代やライフデザインに合わせた職種を設定することを目指し、会社内のキャリア開発に属する人としていくことが求められます。

2　就業規則作成の際の注意点

　様々な雇用形態があることから、それぞれの雇用形態の定義を明確にすること、それぞれの雇用形態に対応する規程を明確にすることが大切です。調剤薬局の規模が大きい場合は、雇用形態別の就業規則を作成することが望ましいでしょう。基本的には同じ就業規則を利用する場合でも、正社員以外の契約社員、パートタイマー等非正規社員に対して、賞与や退職金規程が適用されるのか、福利厚生は何が対象となるかなどしっかりとルール化しておくことが求められます。

《就業規則規定例》

> **(社員の種類)**
> **第○条**　社員の種類は、次のとおりとする。
> (1)　正社員
>   期間の定めのない契約により雇用する者
> (2)　短時間正社員
>   正社員より労働時間が短時間であるが、1日の所定労働時間6時間以上もしくは、週の所定労働時間30時間以上勤務し、期間の定めのない契約により雇用する者
> (3)　嘱託社員
>   ①　60歳の定年に達した者で、1年ごとの雇用期間を定めて再雇用する者
>   ②　60歳以降に新たに雇用するもの
>   ③　専門職種に従事する者として、会社が個別に嘱託社員契約を締結した者
> (4)　パートタイマー
>   正社員より労働時間が短時間で、1年以下の期間を定めて雇用する者

3　短時間正社員制度の導入

(1)　短時間正社員とは

　「短時間正社員」とは、正社員としての身分を維持しながら、フルタイムで働く正社員より1週間の所定労働時間が短い正社員のことです。大きく分けて次の2つのパターンが考えられます。

①　一定期間型

　フルタイム正社員が、一定期間だけ、短時間・短日勤務を行い、終

了後はフルタイム正社員に復帰するパターン

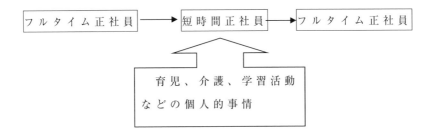

② **恒常型**

　所定労働時間を恒常的に短く設定するタイプ。最初から短時間正社員として採用する場合とケースとフルタイム正社員からの転換などの場合が考えられます

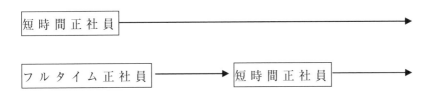

⑵　短時間正社員導入によるメリット

　短時間正社員制度を導入することにより、次のようなメリットがあります。

① 定着率が上がることにより信用と競争力が高められる

　　従業員が育児、介護、自己啓発などのために時間が必要になったとき、短時間正社員制度を活用することで退職することなく就業を継続できるので、有能な人材の定着率が上がります。経験や知識が蓄積されることで企業の信用と競争力が高められます。

② 正社員への登用、採用でモチベーションが向上する

　　これまで事情によりフルタイムで働くことができないため正社員

として働くことをあきらめていた人を正社員に登用、採用すること
は、従業員のモチベーションを向上させます。

③　必要に応じた多様な人材の確保で効率化が図れる

　仕事と家庭生活のバランス、健康面や体力の考慮（高齢期等）、
自己啓発や社会参加などに応じた働き方を希望する労働者のニーズ
に応えることで、採用できる人材の幅が広がります。人材不足への
対応にもつながります。

④　過重労働によるリスクの軽減

　過重労働やストレスによる過労死、自殺が増加する中、長時間労
働となっている職場で、短時間正社員制度の導入によりワークシェ
アリングを行うことで、フルタイム正社員の時間外労働を削減し、
過重労働による企業のリスクを軽減することができます。

⑤　人事制度や業務の見直しが効率化に結びつく

　制度の導入のため、現場の調査を行い、人事制度、労務管理、賃
金制度、業務の内容や進め方を見直すことは、事業の効率化に結び
つきます。

(3)　短時間正社員制度導入の留意点

　短時間正社員制度を導入することにより、前述のようなメリットが
ある一方、関係先など外部への対応や、業務分担による連絡の不備な
どの支障が生じることも考えられます。制度の内容や課題、対策につ
いて労使で十分な協議を行い、体制と制度を整える必要があります。

①　**仕事の配分、補充要員**

　短縮時間や短縮日数、職場ごとに方策を検討します。業務の補充に
ついては、上司がカバーするほか、少しずつ同僚が分担する方法や、
玉突き的に従業員を動かしていく方法が考えられます。補充要員とし
て、経験のある OB・OG の活用も有効です。

②　**職場の理解と体制**

　職場の管理者は、制度利用者に制約があることに配慮し、引継ぎや

意思疎通がうまくいくように体制を整えます。また、周囲に遠慮して制度の適用が抑制されることがないよう、全社員に対して会社にとっての意義や内容について周知させ、職場（上司、同僚）の理解を得られるようにすることが制度の円滑な運営に不可欠です。

③　賃金等の考え方

　賃金の性格を考慮し、制度利用者だけでなく、利用者以外の社員の理解も得られるようにします。基本給については、現在の月額を時間給換算し、実労働時間分に相当する額を支給するのが一般的です。賞与等については、基本給が算定事由となる場合は、基本給に応じて支給し、成果に応じて支給する場合は、成果で判断し、必ずしもカットしないということも考えられます。その他、家族手当、通勤手当等の手当がある場合は、それぞれの支給の目的に照らして、取扱いを検討することになります。

④　評価（昇給、昇格）の基準

　勤務時間が短いということだけで、制度適用者の評価が低くなるというような評価制度であれば、生産性の高い制度適用者の納得は得られません。制度を利用しつつ生産性を維持・向上させるためには、多様な働き方を選択する社員を想定した評価制度の整備と、適切な評価者訓練が必要になってきます。

⑤　規程の整備

　短時間正社員制度を企業内の正規の勤務形態として位置づけ、就業規則等に定めます。また、制度の内容や労働条件等について規程を整備しなければなりません。規程には、下記の項目を必ず記載しましょう。

■規定すべき項目
　○制度の目的
　○制度の内容
　　・対象となる業務・職場、対象者
　　・短縮時間や短縮日数
　　・制度の対象となる事由や期間

・制度適用、利用期間の延長、フルタイム正社員への復帰などの手続きの方法

《就業規則規定例》

短時間正社員就業規則

第○章　総則

（目的）

第○条　この規則は、短時間正社員の就業条件について定めたものである。短時間正社員制度は、個々人の生活環境や価値観に応じた働き方を可能にし、仕事と生活の調和（ワーク・ライフ・バランス）を保つことを目的として定める。

（適用範囲）

第○条　この規則は、短時間正社員（所定の手続で制度の適用を受け、雇用期間を定めずに第○条の規定による勤務時間で勤務する者をいう。）に適用される。

第○条　この規則に定めのない事項については、通常の正社員（以下、単に「正社員」という。）に適用される就業規則に準ずる。

第○章　人事

（利用事由）

第○条　以下の事由により短時間正社員制度の利用を希望し、かつ、会社が認めた場合には、短時間正社員として勤務させることができる。

1　育児および家族の介護を行う場合

2　自己啓発を希望する場合

3　疾病または傷病によりフルタイム勤務が困難な場合

また、パートタイマーが別に定める要件を満たし、かつ会社が認めた場合には、希望により短時間正社員として勤務させることができる。

（雇用契約期間）

第○条　雇用契約期間は定めない。短時間正社員制度の利用期間は、

個別に定める。

（正社員への復帰）

第○条　正社員が短時間正社員制度の利用期間を終了した場合には、原職または原職相当職に復帰させる。制度利用開始時に設定した利用期間の延長を希望する場合は、利用期間終了日の１か月前までに会社に申出をしなければならない。

（勤務時間）

第○条　１週間の所定労働時間は30時間とし、１日の勤務時間は採用または転換時に個別に決定する。

第○章　賃金

（賃金）

第○条　正社員の所定労働時間に対する、短時間正社員の所定労働時間の割合に応じて、基本給、家族手当、通勤手当を支給する。

　通勤手当は、所定労働日数が１月に20日以上の場合は、１か月通勤定期券代を支給し、１月に20日未満の場合は、１日あたりの往復日数に出勤日数を乗じた金額を支給する。

（賞与）

第○条　賞与は、正社員の所定労働時間に対する、短時間正社員の所定労働時間の割合に応じて支給する。

（退職金）

第○条　退職金算定の際の勤続年数の計算に当たっては、正社員として勤務した期間に、短時間正社員として勤務した期間を通算する。

第○章　その他

（福利厚生）

第○条　福利厚生の適用については、正社員に準ずる。

（その他）

第○条　この規則に定めのない事項については、正社員就業規則に準ずる。

キャリアアップ助成金

(1)　短時間正社員制度で助成金が受給できる

　パートタイム労働者や有期契約労働者の雇用管理の改善を図るために、厚生労働省が返還義務のない助成金を用意しています（平成25年４月１日から）。この助成金のメニューの一つに短時間正社員制度の導入があります。短時間正社員制度を設けた上で、実際に短時間正社員制度を利用する社員が出た場合に、一定要件を満たせば、申請をすることで奨励金を受給できる場合があります。なお、申請に当たっては、財源の問題や支給要件がありますので、事前に管轄の都道府県の助成金デスクに確認してください。

■キャリアアップ助成金

どのような会社が利用できるか？

　有期契約労働者やパートタイマー（短時間労働者）等を正規雇用・無期雇用に転換したり、人材育成、処遇改善、健康管理、短時間正社員制度、パートタイマーの労働時間延長等を実施した事業主が利用できる。

どんな内容の助成金？

（　）は大企業

助成項目	助成内容・助成額
正規雇用・無期雇用転換	正規雇用または無期雇用に転換する制度等を規定し、転換した場合 ①有期→正規：１人当たり57万円　（42万7,500円） ②有期→無期：１人当たり28万5,000円　（21万3,750円） ③無期→正規：１人当たり28万5,000円　（21万3,750円）

※多様な正社員（勤務地限定正社員、職務限定正社員、短時間正社員へ転換した場合には、正規雇用転換とみなす。）
※生産性要件を満たした場合、増額する。
※記載している以外の助成項目もある。

(2)　申請できる事業主

　支給対象となるには、下記の条件が必要です。

① 　労働保険の適用事業主であること

② 　「キャリアアップ管理者」を配置した上で、「キャリアアップ計画」
　を作成し、都道府県労働局長の認定を受けた事業主であること

③ 　各助成金メニューごとの支給要件を満たすこと

　新たに調剤薬局を開局することになったD社長は、一足先に開業した前職の先輩と食事に行きいろいろとアドバイスをもらっていました。「職員を採用する際は最初が肝心。労働条件は法律でいろいろ決まっていることがあるから、勉強して注意したほうがいいよ。特に労働時間のことについては、僕は最初にちゃんと決めずにスタートして苦労したから。僕の顧問社会保険労務士の先生を紹介してあげるよ」と言われ、紹介された事務所にやってきました。

D社長：特に労働時間については気をつけろと先輩に言われましてね。私も書店でその手の本は買って読んでみたのですが、1日8時間、1週間あたり40時間の範囲内で勤務時間を決める必要があるのですよね。実際のところ、1日8時間というのは勤務シフトを考えると難しいと思うのです。

S社労士：そうですよね。1日8時間以内、1週40時間以内が原則ですが、特別に取決めをすれば、1日8時間を超える時間で勤務することもできますよ。

D社長：そうなのですね！ 開局時間が9時30分、閉局時間が20時なので、10時間30分の勤務ができればいいですね。早出・遅出勤務もつくることになると思いますが。でも、勤務時間が長い日があったとしても、1週間40時間には変わりはないんですよね。

S社労士：こちらも1か月や1年を単位として変則勤務をして、平均して1週間あたり40時間以内になるようにすると

いう制度もあります。また、週40時間以内という合計の時間にも特例があるんですよ。従業員さんの人数は何人ぐらいになる予定ですか？

D社長：正社員とパートを合わせて7、8人になる予定です。

S社労士：でしたら、特例で週44時間以内の勤務も可能ですね。労働時間の考え方や、変則シフトのこと、週の勤務時間の合計のことについて順番に説明させていただきますね。

D社長：よろしくお願いします。

1　開局時間と労働時間

(1)　調剤薬局の開局時間

　調剤薬局の開局時間は、その調剤薬局が門前薬局なのか、どういったタイプの調剤薬局なのかによって異なってきます。門前薬局の場合は、隣接する医療機関の診療時間に合わせて開局時間を設定することになります。医療機関がクリニックであれば、クリニックは午前診察と午後診察に分かれるため、お昼休憩に入りますが、調剤薬局の場合は、そのまま開局しているケースのほうが多くなります。

　クリニックの診療時間は通常は受付時間であり、表示されている診療時間よりも長く診療を行っているクリニックも少なくありません。そのクリニックで交付された処方箋を持って調剤薬局に来局されるわけですから、自ずと調剤薬局の開局時間は隣接するクリニックよりも長くなります。また、日によって患者さんの数も異なりますから、毎日同じ閉局時刻に業務終了するのは難しいというのが実態です。

【クリニックの門前薬局の開局時間例】

　クリニック

　　午前診　９時 00 分～12 時 00 分

　　午後診　16 時 00 分～19 時 00 分

　調剤薬局

　　開局時間　午前９時 00 分～20 時 00 分

---

(2)　開局時間と労働時間

　調剤薬局のオーナーの中には、開局時間と所定労働時間を同じととらえていらっしゃるケースがよく見受けられますが、開局時間はあくまで調剤薬局がオープンしている時間であり、労働時間として拘束を受ける所定労働時間とは別ものであるという理解が必要です。開局時刻が９時 00 分であっても、朝礼・掃除のために８時 30 分の出社を義務づけ、遅れた場合は遅刻扱いとなる場合は、８時 30 分が始業時刻となります。閉局時刻についても同じです。

(3)　特例措置事業場

　労働基準法は、労働時間について「使用者は、労働者に休憩時間を除き１週間について 40 時間を超えて、労働させてはならない」（労基法 32 条１項）、「使用者は、１週間の各日について８時間を超えて、労働させてはならない」（労基法 32 条２項）として、いわゆる「週 40 時間労働制」を定めています。このような原則的な定め以外に、小規模事業所の実情に合わせて特例を定めており、この特例の週の法定労働時間は週 44 時間です。調剤薬局も特例措置対象事業場（**図表 2-11**）に当たる小売業ですので、従業員が常時 10 人未満の調剤薬局はこの特例措置を利用することができます。ただし、法的には問題はないとしても、規模の大きい調剤薬局では利用されていない制度で

あることを考えると、社員の定着化を目指す上では、週40時間制が理想となります。

■ 図表 2-11　特例措置対象事業場

業　種	該当するもの
商　業	卸売業、小売業、理美容業、倉庫業、駐車場業、不動産管理業、出版業（印刷部門を除く。）その他の商業
映画・演劇業	映画の映写、演劇、その他興業の事業（映画製作・ビデオ製作の事業を除く。）
保健衛生業	病院、診療所、保育園、老人ホーム等の社会福祉施設、浴場業（個室付き浴場業を除く。）、その他の保健衛生業
接客娯楽業	旅館、飲食店、ゴルフ場、公園・遊園地、その他の接客娯楽業

2 1か月単位の変形労働時間制

(1)　法定労働時間の総枠

　「1か月単位の変形労働時間制」とは、1か月以内の一定の期間を平均すると、1週間の労働時間が週の法定労働時間におさまるように、あらかじめ勤務シフトを組んでおくことで、1日あるいは1週間の法定労働時間を超えて労働させることができる制度です。調剤薬局にとっては、利用しやすい制度といえます。

　特例措置を利用する場合、1週間の変形労働時間制、1年間の変形労働時間制度は利用できなくなりますが、1か月単位の変形労働時間制は併せて利用することが可能です。

　1か月単位の変形労働時間制を採用する場合は、変形期間の所定労働時間を次の式によって計算される法定労働時間の総枠の範囲内におさめる必要があります。

> 40時間（※）×変形期間の暦日/7＝変形期間の法定労働時間の枠
> （※）特例対象事業場の場合は44時間

■ 図表2-12　1か月単位の変形労働時間制度（変形期間1か月）の労働時間の
総枠

変形期間の暦日数	法定労働時間の総枠の時間数	
	一般の事業場 （1週間あたり40時間）	特例措置事業場 （1週間あたり44時間）
28日	160.0時間	176.0時間
29日	165.7時間	182.2時間
30日	171.4時間	188.5時間
31日	177.1時間	194.8時間

　この式に基づいて計算すると、1か月ごとに勤務シフトを組む場合の1か月の労働時間は、次の**図表2-12**に記載のある時間数以内ということになります。

(2)　各日、各週の労働時間の特定と始業・終業の時刻

　1か月単位の変形労働時間制を採用する場合、1日の所定労働時間が8時間を超える日、週の所定労働時間が40時間（特例措置事業場の場合は44時間）を超える週は、あらかじめ特定する必要があります。就業規則において、変形期間における各日、各週の労働時間を具体的に定めるのが原則ですが、調剤薬局では各人ごとの勤務シフトを作成して勤務する場合が多く、現実的ではありません。この問題について行政解釈では「就業規則において出来る限り具体的に特定すべきものであるが、業務の実態から月ごとに勤務割を作成する必要がある場合には、就業規則において各直勤務の始業・終業時刻、各直勤務の組み合わせの考え方、勤務割表の作成手続き及びその周知方法等を定めておき、それにしたがって各日ごとの勤務割は、変形期間の開始前までに具体的に特定することで足りる」（昭和63.3.14基発150号）と通達されています。

　注意しなければならないのは、変形期間を平均して週40時間（もしくは44時間）の範囲内であっても、調剤薬局の業務の都合によって任意に労働時間の変更をするような制度は、変形労働時間制度と

は、認められないということです。

《就業規則規定例》

（1か月単位の変形労働時間制）

第○条　店舗勤務の社員の勤務時間は、毎月1日を起算日とする1か月単位の変形労働時間制によるものとする。

2　所定労働時間は、1か月を平均して週40時間以内とし、1か月あたりの総勤務時間は次の範囲内とする。

  (1)　30日月…171時間

  (2)　31日月…177時間

  (3)　28日月…160時間

  (4)　29日月…164時間

3　始業・終業時刻、休憩時間は次のパターンの組み合わせによることとし、前月20日までに勤務表を作成して、社員に周知する。なお、1か月単位の変形労働時間制が適用される社員に対しては、第○条（休憩）及び第○条（休日）は適用せず、休憩および休日については、本条に定めるものとする。

勤務パターン	勤務時間	休憩時間	所定労働時間
A勤務（早出）	9：00〜17：30	13：30〜14：30	7.5時間
B勤務（遅出）	12：00〜20：00	15：30〜16：00	7.5時間
C勤務（午前）	9：00〜14：00	なし	5時間
D勤務（午後）	16：00〜20：00	なし	4時間
E勤務（通し）	9：00〜20：00	途中30分	9.5時間

4　休日は勤務表によって特定し、前月20日までに社員に周知する。

3　休憩時間

⑴　一斉付与の例外

　休憩を与える際、労働基準法で、原則的に一斉に休憩を与えなければならないと定められています。労働基準法で定められている通り、休憩は一斉に付与するのが原則です。ただ、例外が３つあります。１つは労使協定を結んだ場合、もう１つは坑内労働、３つ目が法律で定められた業種に当たる場合です。下記の通り調剤薬局は法律で定められた業種になりますので、特別な取決めをしなくても交替で休憩時間を設定することができます。

　実際に、いったん日中に閉局をする調剤薬局以外は、一斉に休憩時間をとることは難しくなります。交代制で休憩時間を設定することが一般的です。

■一斉付与の除外の特例が適用される業種

> ①　運輸交通業　②　商業、理容、美容業、倉庫業　③　金融業、保険業、広告業　④　映画・演劇業・興行の事業　⑤　郵便、電気通信業　⑥　保健・衛生業、社会福祉業　⑦　旅館業、飲食店、娯楽場の事業　⑧　官公署

《就業規則規定例》

> **（休憩時間）**
> **第○条**　会社は、労働時間の途中（12時00分から15時00分までの時間帯とする。）に１時間の休憩を与える。
> 2　前項の休憩は、交替で与えるものとする。

⑵　休憩時間の確保

　休憩を与える際、労働基準法で、自由に利用させるようにしなければならないと定められています。休憩とは、自由に利用できる時間の

ことであり、使用者の指揮命令下にあると認められる時間は、休憩に含まれないことになっています。「電話番」や「事務所番」程度の軽微な拘束であっても、自由に利用できない限りは、休憩に含まれません。患者がほとんど来局しなくなる昼の時間帯などであっても、薬剤師の資格者が休憩時間で、もし患者の来局があれば対応しなければならない状態は手待時間になって休憩時間とはならないので注意が必要です。

4　休日と休暇

(1)　休　日

「休日」には、「法定休日」と「所定休日」があります。法定休日は、労働基準法がいう「毎週少なくとも1回の休日、4週間を通じ4日以上の休日」のことです。法定以上に、会社が独自に設定している休日が「所定休日」となります。休日に労働させた場合は、割増賃金の支払いが必要となります。法定休日の場合は、35%増し、所定休日の場合は、その週の労働時間が40時間を超えた分に対して25%増しとなります。法定休日は何曜日でなければならないということはありません。調剤薬局の場合、日曜日・祝日は休みのところが多く、休日労働も少ないので、日曜日を法定休日とするのが一般的です。日曜日も開局するような調剤薬局の場合は、法定休日の曜日を固定せず「毎週の休日のうち最後の一回の休日を法定休日とする」というような規定でもよいでしょう。

《就業規則規定例》

（会社の休日）

第○条　会社の休日は次の通りとする。

　(1)　日曜日

　(2)　日本の国民の祝日に関する法律に定める日

　⑶　夏季休暇（3 日。時季は毎年会社が定める）

　⑷　年末年始休暇（12 月 30 日から翌年 1 月 3 日まで）

　⑸　その他会社が指定する日

2　法定休日は日曜日とする。

⑵　休日の振替と代休

　休日の振替とは、本来は休日である日をあらかじめ労働日に変更し、その代わりに他の特定した労働日を休日とすることです。この休日の振替を行うことにより、労働者が労働した休日が労働日となり、休日労働に対する割増賃金の支払いが不要となります。

　一方、代休とは、休日労働が行われた場合に、その代償として、その後の特定した労働日の労働義務を免除するものです。代休は振替休日とは異なり、労働者が労働を行った休日が労働日扱いになるわけではありません。したがって、休日労働に対する割増賃金の支払いも必要となります。

　休日の振替を行う場合は、「あらかじめ」休日とする日を特定することが必要になります。一方、代休を与える場合は「あらかじめ」休日とする日は特定する必要はありません。この点が、両者の手続上の最大の相違点です。

　調剤薬局は、1 日の患者数に応じて必要な人員数が概ね決まっていますから、社員に休みが出た場合は、代わりに誰かが出勤する必要があるため、休日の振替・代休の制度を利用する必要性が出てきます。休日の振替をする際に、気をつけなければいけないこととして、1 つ目は、休日の振替を行うためには、まず、就業規則に「休日を振り替えることができる」旨の規定があることが前提となります。就業規則の根拠なしに休日の振替を行うことはできません。もう一つは、休日の振替によって週の法定労働時間を超える場合には、時間外労働に対する割増賃金の支払いが必要となるということです。

　加えて、1 か月変形労働時間制を採用している調剤薬局では大きく

2点注意が必要です。1つは、変形労働時間制を採用している事業所においては、変形期間中に勤務変更することは原則として認められないという次のような通達が厚生労働省から出ているためです。

「あらかじめ変形期間における各日、各週の労働時間を具体的に定めることを要し、変形期間を平均し週40時間の範囲内であっても使用者が業務の都合によって任意に労働時間を変更するような制度は、これに該当しないものであること」

1か月変形労働時間制を採用していたとしても、まったく休日の振替を利用できないわけではありませんが、制度の趣旨に照らして頻繁にならないように注意が必要です。2つ目は、変形期間中でも、週労働時間の振替変更は認められないということです。例えば、週の労働時間が1週40時間の週と1週46時間の週を振り替える結果となった場合には、40時間を超える6時間が時間外労働となります。ただし、割増賃金の0.25分のみ加算となり、1.0部分は月の所定労働時間内なので不要です。

《就業規則規定例》

> **（休日の振替）**
> **第○条**　会社は、業務上の必要がある場合、前条で定める休日を他の労働日に振り替えることがある。
> **2**　前項の場合、会社は社員に対して、あらかじめ振替休日（休日に振り替えられる労働日をいい、できる限り同一週内の日を指定するものとする。以下同じ。）を指定する。

(3) 休　暇

休暇とは、労働義務のある日の就労を免除することをいいます。もともと労働義務のない日のことを「休日」といいます。

休暇には、法律で付与することが義務となっている法定休暇と、会社が任意に設定する法定外休暇があります。法定休暇としては、年次

有給休暇、産前・産後休暇、育児・介護休暇、生理休暇があります。法定外休暇としては、慶弔休暇が一般的です。

⑷　年次有給休暇

　年次有給休暇の制度は、休日のほかに毎年一定日数の有給休暇を与えることによって、労働者の心身の疲労を回復させ、労働力の維持培養を図ることを目的として設けられたものです。原則として、年次有給休暇は社員の請求する時季に与えなければなりませんが、少人数のギリギリの人数で運営している調剤薬局が多いことから、実際のところ代替要員の確保が難しく、年次有給休暇の取得推進が進められていない調剤薬局も多く見受けられます。加えて 2019 年 4 月の労働基準法の改正により、年次有給休暇を年に 5 日必ず取得させなければならなくなりました。対策として、年次有給休暇の計画的付与の制度は、使い勝手の良い制度になります。

①　年次有給休暇の原則

　会社は、雇入れの日から起算して 6 か月間継続勤務し、全労働日の 8 割以上出勤した社員に対して、10 日の有給休暇を与えます。また、1 年 6 か月以上継続勤務した社員に対しては、継続勤務年数 1 年ごとに、決められた日数を加算した有給休暇を与えます（**図表 2-13**）。年次有給休暇の取得は労働者の申出により、時季を指定して取得するのが原則ですが、2019 年 4 月の法改正により、10 日以上年次有給休暇が付与された社員については、1 年以内に 5 日必ず取得させなければならないことになりました。

②　年次有給休暇の計画的付与

　社員が取得できる法定の年次有給休暇のうち「5 日を超える日数分」について、使用者が日を指定して与えることができる制度をいいます。例えば、年次有給休暇の付与日数が 10 日の社員に対しては 5 日、20 日の社員に対しては 15 日までを計画的付与の対象とすることができます。なお、前年度取得されずに次年度に繰り越された日数がある場合には、繰り越された年次有給休暇を含めて 5 日を超える部分を計

■ 図表2-13　通常の勤務を行う社員の有給休暇早見表

勤務年数	6か月	1年6か月	2年6か月	3年6か月	4年6か月	5年6か月	6年6か月以上
有給休暇日数	10日	11日	12日	14日	16日	18日	20日

画的付与の対象とすることができます。

　年次有給休暇の計画的付与制度の導入には、就業規則による規定と労使協定の締結が必要になります。まず、就業規則に「5日を超えて付与した年次有給休暇については、社員の過半数を代表する者との間に協定を締結したときは、その労使協定に定める時季に計画的に取得させることとする」などのように定めることが必要です。そして、実際に計画的付与を行う場合には、就業規則の定めるところにより、社員の過半数で組織する労働組合または社員の過半数を代表する者との間で、書面による協定を締結する必要があります。なお、この労使協定は所轄の労働基準監督署に届け出る必要はありません。

■ 調剤薬局での計画的付与の協定例

年次給休暇の計画的付与に関する協定

　株式会社○○薬局と社員代表者とは、年次有給休暇の計画的付与に関し、以下のとおり協定する。

（年次有給休暇の計画的付与）

第1条　当社の社員が保有する年次有給休暇（以下「年休」という。）のうち、5日を超える部分については計画的に付与するものとする。なお、入社後6か月が経過していないため、年次有給休暇を取得する権利がない社員には、その不足する日数の限度で特別有給休暇を与える。

2　年休の計画的付与の期間およびその日数は、次の通りとする。

　　　前期…4月～9月の間で3日間

　　　後期…10月～翌年3月の間で2日間

3　各個人別の年休付与計画表は、各回の休暇対象期間が始まる2週間前までに会社が作成し、社員へ通知する。

4　各社員は、年休付与計画の希望日を所定の様式により、各休暇対象期間の始まる1か月前までに、薬局長に提出しなければならない。

5　薬局長は前項の申請を受け、各社員の休暇日を調整し決定する。

（本制度対象外の社員の範囲）

第2条　以下の社員に対しては、この協定の対象としない。

　　①　長期欠勤、休職および休業中の者

　　②　産前産後休暇中の者

　　③　育児休業・介護休業中の者

　　④　パートタイマーおよびアルバイト

　　⑤　その他対象外とすることが適当と認められる者

（協議事項）

第3条　本協定に基づく年次有給休暇の計画的付与を実施するに当たり、運用上の疑義が生じた場合には、その都度会社と社員代表者で対応を協議し、決定する。

　　　令和　　　年　　　月　　　日

　　　　　　　　　　　　　　株式会社○○薬局

　　　　　　　　　　　　　　代表取締役社長　星　　一郎　㊞

　　　　　　　　　　　　　　社員代表者　　　鈴木　太郎　㊞

　パートタイマーなど、所定労働日数が正社員に比べて少ない社員についても、年次有給休暇を付与しなければなりません。労働契約期間の定めのあるパートタイマーの場合は、契約更新時に所定労働日数が変更になることがあります。年次有給休暇については労働契約の更新時点では変更はなく、次の基準日の時点で、現在の労働契約の所定労

働日数で定められた年次有給休暇を付与します。

　有期契約を更新する場合や正社員が定年退職者として再雇用される場合、パートタイマーが正社員に転換する場合についても労働契約は継続していると考えられますので、従来の勤続年数に通算加算して年次有給休暇の日数を算定して付与する必要があります。

(5)　育児・介護休業

　少子化・高齢化が進む中、育児または家族の介護を行う労働者の職業生活と家庭生活との両立が図られるよう支援するために、育児・介護休業法が制定されています。調剤薬局においては、出産・育児の局面を迎える女性社員の比率が高いことから、積極的にその活用を推進していくことが望まれます。

5　時間外・休日労働

(1)　時間外・休日労働と三六協定

　調剤薬局で扱う処方箋は、緊急性が高く、閉局間近に持ち込まれたとしても閉局時刻だからと翌日に回すわけにはいきません。また、隣接している医療機関の診察が長引けば、大幅に時間外労働をしなければならないときもあります。一方、休日に関しては、日曜日・祝日はほとんどの調剤薬局が休みのため、法定休日労働をすることはあまりないでしょう。調剤薬局で時間外労働が発生するケースとしては、上記の処方箋応需によって閉局時刻が延びることと、加えてレセプト請求時期があります。レセプトは、毎月10日が前月分の締切になります。調剤事務の社員が通常の業務をこなしながら行うことが多く、月初から10日までの間に、時間外労働が発生することがよくあります。

　時間外労働を行う場合は、適法な三六協定（**図表2-14**）の締結・届出とともに、労働契約上の根拠が必要となります。就業規則で時間外労働および休日労働について必ず規定しましょう。割増賃金につい

■ 図表2-14　三六協定

様式第９号（第16条第１項関係）

時間外労働　に関する協定届
休日労働

労働保険番号	都道府県	所掌	管轄	基幹番号	枝番号	被一括事業場番号
法人番号						

事業の種類	事業の名称	事業の所在地（電話番号）	協定の有効期間
調剤薬局	○○薬局	（〒○○○－○○○○） ○○府○○市○丁目○番地○○ビル１階 （電話番号：　－　　－　　　）	○○○○年○月○日から１年間

	時間外労働をさせる 必要のある具体的事由	業務の種類	労働者数 （満18歳） （以上の者）	所定労働時間 （１日） （任意）	延長することができる時間数			所定労働時間を 超える時間数 （任意）
					１日	1箇月（①については45時間ま で、②については42時間まで） 起算日（年月日）	1年（①については360時間ま で、②については320時間まで） 起算日（年月日）	
時間外労働 ① 下記②に該当しない労働者	患者の都合で閉局 時間が過ぎた時	調剤業務	6人	8時間	法定労働時間を 超える時間数 所定労働時間を 超える時間数 （任意） 4時間	40時間	320時間	
② 1年単位の変形労働時間制 により労働する労働者	レセプト請求業務のため	事務	3人	8時間	4時間	30時間	280時間	

	休日労働をさせる必要のある具体的事由	業務の種類	労働者数 （満18歳） （以上の者）	所定休日 （任意）	労働させることができる 法定休日の日数	労働させることができる法定 休日における始業及び終業の時刻
休日労働						

上記で定める時間数にかかわらず、時間外労働及び休日労働を合算した時間数は、1箇月について100時間未満でなければならず、かつ2箇月から6箇月まで平均して80時間を超過しないこと。 □（チェックボックスに要チェック）

協定の成立年月日　○○○○年　　○月　　○○日

協定の当事者である労働組合（事業場の労働者の過半数で組織する労働組合）の名称又は労働者の過半数を代表する者の 職名　一般職
氏名　鈴木　太郎

協定の当事者（労働者の過半数を代表する者の場合）の選出方法（　　挙手による　）

○○○○年○月○日

使用者　職名　株式会社○○薬局
氏名　星　一郎　㊞

中央　労働基準監督署長殿

ては第5章で後述しますが、日々の閉局時刻の遅れに対して時間外労働時間を算出し、割増賃金を支払うことに疑問を感じられる経営者が少なくありません。ですので、概ねの時間外労働を見越した固定残業手当を導入することも検討します。ただし、その場合でも日々の労働時間管理は必要であるということ、もし仮に設定して固定残業手当分に相当する時間を超えて時間外労働した場合は、別途割増賃金の支払いが必要です。

《就業規則規定例》

（所定外労働及び休日出勤）

第○条　会社は、業務の都合により所定労働時間を超える勤務または所定の休日における勤務を命じることがある。ただし、法定労働時間を超えて勤務を命じる場合および法定休日に勤務を命じる場合は、社員代表と締結し所轄労働基準監督署長に届け出た「時間外労働・休日労働に関する協定届」の範囲内で命じるものとする。

2　所定外労働および休日出勤については、社員は、正当な理由なく拒否できない。

3　所定外労働および休日出勤は、薬局長の命令に基づき行うことを原則とするが、社員が業務の遂行上必要と判断した場合は、事前に会社または薬局長に申請をし、許可を受けて行うことができる。この場合において、事前に許可を受けることができないときは、事後直ちに届け出てその承認を得なければならない。

4　第1項の「法定労働時間」は、労働基準法に定めるところによる。

5　法定労働時間を超える勤務および法定休日の勤務については、別に定める賃金規程により割増賃金を支払う。

⑵　時間外労働時間の管理方法

　現在は勤怠管理システムが充実しており、勤怠ソフト上で申請・許可ができるシステムも少なくありませんので、活用すると便利です。

■ 図表 2-15　残業申請書（帳簿タイプ）

残 業 申 請 書

申請日	氏名	行う業務/所定時間内に処理できない理由	残業時間	承認日	承認印
8/21	鈴木　太郎	○○医院の診察時間延長による	60分	8/21	山田
8/21	山田　花子	〃	60分	8/21	山田
8/24	鈴木　太郎	△クリニックより閉局5分前に処方せんがまわってきたため	30分	8/25	山田

　システム導入はせず、紙ベースで行う場合は、残業申請書を提出することになります。日ごとに残業申請書を提出していると、管理が煩雑になるというような場合は、帳簿タイプ（**図表2-15**）の残業申請書を利用してください。

第5章 賃金制度

　C社社長は元医薬品メーカーのMR（医療情報提供者）で、5年前に会社を退職し、現在は2店舗の調剤薬局を経営しています。社員の一人から、「他の薬局のように資格手当の支払いをしてほしい」という話が持ち上がり、会社設立以来お世話になっている顧問税理士に相談したところ、社会保険労務士のMさんを紹介され、相談にやってきました。

顧　客：初めまして。よろしくお願いします。

社労士：こちらこそよろしくお願いします。ご相談は賃金の支払いのことと税理士のF先生から伺っていますが、どうされましたか？

顧　客：はい。社員で薬剤師のSくんが、どうしてうちの会社では資格手当の支払いがないのかと言ってきまして……。絶対に支払わないといけないものなのでしょうか。

社労士：そんなことはありませんよ。薬剤師の方と調剤事務の方では賃金額が異なっているかと思いますが、どのように設定されていますか？

顧　客：基本給が高くなっています。Sくんの前職では、月7万円の薬剤師手当が出ていたそうです。かといって、前職より月7万円賃金額が下がっているかというとそうではなく、基本給が高いはずなのです。入社の際、前職の年収を加味して給与額の設定をしていますし。

社労士：そうですね。薬剤師の資格を持っているからと言って、必ず資格手当を支払わないといけないわけではありません。今お話しされたように、基本給だけではなく、総額

　　　は同じでも基本給と薬剤師手当のように分けて支払って

　　　いる会社もあります。どちらが正しいということではあ

　　　りませんが、一般的にどのような支払い方が多いか説明

　　　させていただきましょう。

顧　客：よろしくお願いいたします。給与水準としては決して低

　　　くないと思いますので、他社に見劣りしないように改善

　　　すべき点はしたいと思います。

1　一般的な賃金構成

　調剤薬局の賃金制度は、基本給をベースに薬剤師の有資格者に資格手当を支給するなど、「基本給＋諸手当＋通勤手当」という形が一般的です。

　よくある賃金構成は次の通りです。

(1)　基本給

　賃金テーブルが決まっておらず、新規採用をする度に地域相場や前職の給与を元に設定されている会社が多いです。調剤薬局チェーンでは職能給など等級制度を採用している会社もありますが、特に薬剤師の有資格者については人材不足で売り手市場になっていることから一律の賃金テーブルでの管理が難しく、等級制度の中に収まらない賃金額で雇用するために契約社員などの職種を別途設けている会社もあります。

(2)　薬剤師手当

　薬剤師の有資格者に資格手当として支給されます。基本給に含んで支給する調剤薬局もあります。概ね4万円～10万円です。さらに、管理薬剤師となっている場合は、薬剤師手当を増額したり、薬剤師手

当と別途管理者手当を支給する会社が多いです。

⑶　地域手当

　調剤薬局以外の業態の会社では、物価水準が高い都市部に勤務する
社員に対して地域手当を支給するケースを見かけますが、調剤薬局の
場合はその逆の発想です。全国展開している調剤薬局チェーンなどで
は、地方の店舗に勤務する社員に対して地域手当が支給されることが
よくあります。都市部よりも地方の方が圧倒的に薬剤師有資格者が不
足するためです。

⑷　住宅手当

　住居の種類に応じて全社員に支給するのではなく、会社都合で転居
を伴う異動をした方のみに支給するという考え方が多いです。人員不
足の地域に異動してもらう社員に対しては手厚くするためです。

⑸　通勤手当

　公共交通機関利用の場合は、その定期代実費を支給するという一般
的なものです。公共交通機関での通勤は不便な場合で、私有車通勤を
認めるケースがあります。敷地内にたくさんの駐車場が確保できてお
らず、社内での駐車場の確保が難しいときで、外部の駐車場を利用す

■ 図表 2-16　給与明細見本

部課名	個人コード 000005	氏名 薬剤 花子 様		給　与	明細書	平成24年7月分 今月もご苦労さまでした。
支	基　本　給 230,000	薬剤師手当 70,000	地 域 手 当 20,000		残 業 手 当	休 日 出 勤	深 夜 残 業
給		遅 早 控 除	欠 勤 控 除	通 勤 課 税	通勤非課税 13,650	課　税　計 320,000	非 課 税 計 13,650	総 支 給 額 333,650
控	健 康 保 険 17,102	介 護 保 険 2,635	厚 生 年 金 27,900	年 金 基 金	雇 用 保 険 1,668	社会保険計 49,305	課税対象額 270,695	源泉所得税 5,560	住　民　税
除					年 末 調 整	控　除　計 5,560	控 除 合 計 54,865
勤	出 勤 日 数 21.00	有 給 日 数	欠 勤 日 数	特 別 休 暇	出 勤 時 間		
怠	残 業 時 間	時間外勤務時間 休 出 日 数	休 出 時 間	深 夜 残 業	遅刻・早退 遅 早 回 数	遅 早 時 間	計算項目
記 事	課税累計額 320,000	税扶養人数 1			銀行振込1 278,785	銀行振込2	現金支給額	差引支給額 278,785

のぞみ薬局株式会社

る場合は、賃金の支払い方法に注意が必要です。外部の駐車場を会社が借り上げ、従業員一人がその駐車場を利用する場合、現物給与の扱いとなります。従業員が個人で駐車場を借り、その費用見合いとして会社が社員に通勤手当として支給をした場合、自宅から会社の距離によって決まっている非課税枠の範囲内では非課税で処理されます。

2 賃金相場

(1) 新卒採用

　調剤薬局の初任給は、月22万円～30万円、年収で350万円～400万円が相場になります。他の業界では、大手企業になるほど給与水準が高いイメージがありますが、大手調剤薬局チェーンよりも、より人材不足である中小の調剤薬局の方が、比較的高めになります。また東京などの都市部よりも地方都市の方が高めになります。

　また、同じ薬剤師の新卒であっても給与水準は、業種によって大きく異なります。一般的には、ドラッグストア＞調剤薬局＞病院の順で高くなる傾向にあります。これも求人動向との関連性によるものです。

(2) 中途採用

　賃金テーブルを明確に設定しない小規模の調剤薬局が多いこと、賃金テーブルを有する大手調剤薬局チェーンであっても、人員不足による売り手市場で画一的な賃金テーブルでの処遇が難しいことから、個別に交渉して賃金額の決定をしているケースが多く見られます。インターネット上には薬剤師専門の求人サイトが多数並び、給与額と駅からの距離や福利厚生を全面に打ち出した求人が目立っています。ただし、人員不足といっても、薬剤師の賃金額が青天井で上がることはありません。なぜかというと、法律で薬剤師がひとりで処理できる処方箋枚数が決まっていること、薬を調剤することによって得る売上は処

方箋ごとに金額は違うものの、基本的には保険で決まっている金額であることから、薬剤師1人が生み出せる売上には限界があるのです。

⑶ 割増賃金計算方法（手当含む）

　割増賃金の計算の際、基本給のみ割増賃金の算定基礎賃金としているケースが見受けられます。割増賃金の基礎となる賃金に算入しない賃金は労働基準法施行規則第21条に規定されているもののみです。薬剤師手当や皆勤手当などの諸手当は、割増賃金の基礎となる賃金に算入しなければなりません。これを放置すると、未払い残業となってしまいます。正しい計算式（図表2-17）に至急改めなければなりません。

■ 図表2-17　割増賃金計算式

（基本給＋諸手当）÷1か月平均所定労働時間×1.25×法定時間外労働時間

1か月平均所定労働時間＝(365日－年間休日)÷12か月×1日の所定労働時間

⑷ 定額残業手当

　残業代を定額で支払うことができれば人件費を固定化し、予算も組みやすくなります。隣接の病院やクリニックのその日の患者数等によって日々の終業時刻が変動しやすい調剤薬局にとって、ある程度の終業時刻の変動による残業を見越した「定額残業手当」は有効な手段となります。定額残業手当を支払う場合は、何時間分の割増賃金にあたるのかを就業規則、契約書に明示します。実際の残業が定額残業手当に含まれる時間を超える場合は、その差額の支払いが必要です。定額残業手当を支給すれば何時間でも時間外労働を行わせてもいいということではありませんので、注意が必要です。

⑸　退職金制度

　退職金は、法律によって支払いを義務づけられているものではありませんが、いったん就業規則その他の規程で支払うことを明示すると、労働基準法上の賃金として法的に保護されることとなります。これから退職金制度を整備する会社は、そもそも退職金制度が必要か否かも含めて、自社の社員が就業意欲を高める退職金制度とはどのようなものか今一度検討し、慎重に導入しなければなりません。既存の制度がある調剤薬局についても、これまでは離職率が高く退職金制度に該当する社員は少ない状況だったため、現状の退職金制度によって将来会社が支払う予定の金額を把握していない会社も目立ちます。今後、薬剤師の有資格者数が増加し、人員不足解消によって離職率が低下すると、確実に退職金制度の対象者が増えます。将来の支払い見込額の試算をした上で、実現可能な退職金制度なのか、今一度確認しておく必要があります。

　小規模な調剤薬局チェーンが多く、また管理部門の人材も少ない会社が多いことから、ポイント制退職金のような人事履歴の管理をしっかりとしなければならない退職金制度は運用が難しいかもしれません。何に対して退職金を払いたいか、という会社ごとの目的に照らして、シンプルな退職金制度が望まれます。

第6章　服務規律

　C社は県下に15店舗の調剤薬局を経営しています。55歳の社長自身も薬剤師で、現場をよく知る経営者です。就業規則の服務規律の打ち合わせで、社長からこんな相談がありました。

> 社労士：何か特に記載しておきたいということはありますか？これだけは許せないとか、それはないだろということを思い浮かべてみてください。これまでにこんな問題社員がいたというようなことでも結構です。
>
> 顧　客：そうだね。ひげをはやすのは禁止って書いてほしいな。
>
> 社労士：どなたかひげをはやしてる方がいらっしゃいましたっけ？
>
> 顧　客：そうなんだよ。ちょうど昨日○○店を3週間ぶりに訪店したのだけれど、薬局長がひげをはやしているんだよ。すぐにでも剃って来いと注意したのだけれど、個性だから嫌だというんだよ…。
>
> 社労士：無精ひげですか？
>
> 顧　客：いや、そんな感じではない。毎日ちゃんと整えてますと言ってたから。
>
> 社労士：ひげをはやすこと自体が一切禁止というのは少し問題がありますね。身だしなみに関する服務規律については、業務遂行上の必要性とともに、労働者の自由を侵害しない合理的な内容であることが求められるのです。

　男性がひげをはやすのを是とみるのか非とみるのかは個人の価値観によります。職場を統一的に管理するために、会社独自に身

だしなみ基準を策定し、その基準に基づき運用することがありますが、この管理や運用の考え方について、「男性職員の長髪およびひげを不可とする身だしなみ基準は、顧客に不快感を与えるような場合にのみ限定して適用されるべきである」と示した判例がありますので注意が必要です。無精ひげでなく、日々整えられているひげであれば、患者に対して不快感を与えるとは考えられず、剃ることを強要することはできません。

　服務規律とは、労働者が会社の一員として働く際に守るべきルールを具体的に定めているものです。労働者は、労働契約を締結することにより労働提供義務を負うことになりますが、これに付随して、職務専念義務、企業秩序遵守義務、施設管理権に従う義務なども負うことになります。就業規則の服務規律は、労働義務を履行する際のルールとしてこれらを具体的に定めたものといえます。

　服務規律は、労基法の記載事項の性格としては、相対的記載事項（定めをする場合は記載しなければならない事項）ですが、職場の規律を保持する大切な規定です。調剤薬局においては、医療の一役を担う調剤薬局として必要な規定をしておく必要があります。

(1)　身だしなみのこと

　調剤薬局では、白衣もしくはユニフォームを着用することが一般的ですが、医療機関の医者・看護師に比べ、白衣への意識が低い調剤薬局を見かけることがあります。綺麗にクリーニングされた白衣・ユニフォームを着用することはもちろん、身繕いに関しても意識が必要です。相談事例にも記載のあった髪型、ひげに加えて髪の毛の色やアクセサリーの着用については、個々人によって、何がふさわしい身だしなみかという意識が違うことがよくあります。身だしなみの基準については、不快感を与えるか否かということで判断すべき問題ですが、不快感を与えるか否かということを考える場合には、その基準は社員や経営者ではなく、あくまでも患者にあるものです。そういった視点

第6章　服務規律

■ 図表 2-18　職場のルールブック（身だしなみ）
① 医療人として適切な身だしなみとなっていますか？？
② 老若男女誰が見ても不快感を持たない格好ができていますか？？

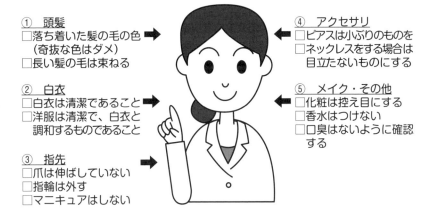

① 頭髪
□落ち着いた髪の毛の色 ▶
（奇抜な色はダメ）
□長い髪の毛は束ねる

② 白衣
□白衣は清潔であること ▶
□洋服は清潔で、白衣と
調和するものであること

③ 指先
□爪は伸ばしていない ▶
□指輪は外す
□マニキュアはしない

④ アクセサリ
◀ □ピアスは小ぶりのものを
□ネックレスをする場合は
目立たないものにする

⑤ メイク・その他
◀ □化粧は控え目にする
□香水はつけない
□口臭はないように確認
する

で組織における身だしなみの基準を職場全体で考えてみてもよいで
しょう。

(2)　守秘義務・個人情報保護

　調剤薬局においては、患者のセンシティブな情報に触れる機会が多
くあり、守秘義務が大切になります。情報管理についての規定が必要
です。下記のような規定を就業規則に設けたり、または別規程で定め
るのもよいでしょう。

《就業規則規定例》

(機密情報管理に関する遵守事項)
第○○条　社員は、機密情報（経営に関する情報。業務に関する情報、
およびお客様に関する情報などで会社が指定した情報）の漏洩防止の
ために、次の事項を遵守しなければならない。
① 機密情報を会社の許可なく第三者に漏らしたり、私的に使用し
ないこと。退職後も同様とする。

－ 97 －

　　②　パソコンおよび周辺機器は業務以外の目的で使用しないこと

　　③　機密情報をコピーもしくはアウトプットしないこと

　　④　会社内のパソコンで会社の承認を受けていないプログラム、そ
　　　の他周辺機器を利用しないこと

　　⑤　機密情報を外部に送信しないこと

　2　会社は、情報漏洩の疑いがあるとき、私的利用の疑いがあるとき、
　　その他これに類する正当な理由があるときは、パソコンの使用状況
　　について調査をすることがある。

(3)　兼業の制限

　公務員は法律によって兼業が禁止されています（国公法103条、地
公法38条）が、民間企業にはこのような規制はなく、制限するかど
うかは、就業規則等の定めによります。労働者は、あらかじめ定めら
れた就業時間において労務提供の義務を負います。ですから、就業時
間以外の時間をどのように用いるかは原則として自由です。しかし、
会社は多くの労働者の協力の上に成り立っており、事業目的の実現の
ために組織的に活動する場である以上、おのずと規律が必要となって
きます。自由時間の活動であっても、会社の対外的信用、対面を傷つ
けることも生じます。また、労働者がその自由時間を精神的・肉体的
疲労回復のため適度な休養に用いることは、次の労働日における誠実
な労務提供のための基礎条件でもあります。

　実態として、調剤薬局において、A社で正社員で勤務しながら、B
社に少しだけパートタイマーとして勤務をする、A社・B社でパート
タイマーとして勤務をするというのは、よく見られるケースです。一
律兼業を禁止するというよりは、兼業を許可制とし、事前に申請を提
出させることによって、その労働者の労務提供に支障をきたすもので
ないか、会社の対外的信用、対面を傷つけるものでないかの判断をす
るのが良いでしょう。なお、管理薬剤師となっている人は、他の調剤
薬局で勤務することはできませんので、おのずと兼業が禁止されるこ

とになります。

《就業規則規定例》

> **（兼業の制限）**
>
> **第○○条**　社員は、会社の許可を受けずに他に雇用され、または事業を行ってはならない。
>
> 2　会社は、社員の兼業が次の各号に該当するときは、前項の許可を行わない。
>
> ① 　兼業が不正な競争に当たる場合
>
> ② 　不正競争防止法による営業秘密の不正な使用または開示を伴う場合
>
> ③ 　社員の働き過ぎによって本人または第三者の生命や健康を害するおそれがある場合
>
> ④ 　兼業の態様が会社の社会的信用を失墜させるおそれがある場合
>
> ⑤ 　兼業が薬事法の規定に抵触する場合

⑷　ハラスメントの防止

　セクシュアルハラスメントについては、男女雇用機会均等法において会社に対してセクシュアルハラスメントを防止するための配慮義務が課せられています。また、妊娠・出産・育児休業等に関するハラスメントの防止措置は、平成29年から施行された改正で、措置義務として規定されました。

　なお、パワーハラスメントについても、労働施策総合推進法の改正が本年中に公布され、職場におけるパワーハラスメント防止のために、雇用管理上必要な措置を講じることが事業主の義務となる予定です。

　調剤薬局において、しっかりと対応・対策をとっておかないと、優秀な社員の定着を妨げることにもなります。ハラスメントへの対策のポイントは下記のとおりです。

①　就業規則、労働協約などでの方針の明確化

社内報やミーティングなどでハラスメントについて取り上げただけでは、対策としては不十分でしょう。「ハラスメントを許さない」という方針を、社内ルールとして社員に徹底させるためには、就業規則などへの記載・労働協約の締結など書面による明確化が必要です。服務規律に留まらず、懲戒処分についても定める必要があります。

②　研修などによる啓蒙活動

ハラスメントの予防対策で最も一般的で効果が期待できるのが研修です。研修は、可能な限り対象者全員に受講させ、定期的に繰り返して行うのが良いでしょう。研修を行う際は、薬局長などの管理職向けと一般職向けの階層別に行います。研修の内容には、トップメッセージや会社のルール・取組みの内容も加えるようにします。

③　相談・苦情窓口の設置

ハラスメントに関する社員からの相談・苦情への対応のための窓口を明確にし、相談・苦情に適切・柔軟に対応します。すでに相談窓口を設置している場合でも、相談が１件もない場合、相談者にとって近寄りがたい窓口になっている可能性もあります。必要に応じて、相談担当者を誰にするか、相談窓口への連絡方法など、利用する者の立場になって十分検討する必要があります。

④　実際に起こった場合の対応手順を定める

もしハラスメントが発生した場合には、迅速・適切に対応するために、問題が生じた場合の担当部署や対応の手順などをあらかじめ明確に定めておく必要があります。事実確認を行う場合は迅速に開始し、被害者の心情、関係者のプライバシーに十分配慮したうえで、双方の主張を公平に聴き取りましょう。ハラスメントがあったと確認できた場合は、必要に応じて加害者への制裁、関係者の配置転換など雇用管理上の措置をとることになります。迅速・適切に対応することで、その問題の解決や再発防止はもちろん、他の社員の会社への安心感にもつながります。

《就業規則規定例》

（ハラスメントの禁止）

第○○条　ハラスメントとは次の行為を指す。

⑴　妊娠・出産・育児休業等に関するハラスメントとは、職場において、上司や同僚が、労働者の妊娠・出産および育児等に関する制度または措置の利用に関する言動により労働者の就業環境を害すること並びに妊娠・出産等に関する言動により女性労働者の就業環境を害することをいう。

⑵　セクシュアルハラスメントとは、職場における性的な言動に対する他の社員の対応等により当該社員の労働条件に関して不利益を与えることまたは性的な言動により他の社員の就業環境を害することをいう。また、異性に対する言動だけでなく、同性に対する言動も該当する。

⑶　パワーハラスメントとは、原則として、職場において、職権等の立場または職場内の優位性を背景にして、個々の社員の人格や尊厳を侵害する言動を行うことにより、その社員や他の社員に身体的・精神的苦痛を与え、社員の健康や就業環境を悪化させることをいう。

2　すべての社員は、他の社員を業務遂行上の対等なパートナーとして認め、職場における健全な秩序ならびに協力関係を保持する義務を負うとともに、職場内において次の行為をしてはならない。

⑴　妊娠・出産・育児休業等に関するハラスメント

　①　部下の妊娠・出産、育児・介護に関する制度や措置の利用等に関し、解雇その他不利益な取扱いを示唆する言動

　②　部下または同僚の妊娠・出産、育児・介護に関する制度や措置の利用を阻害する言動

　③　部下または同僚が妊娠・出産、育児・介護に関する制度や措置を利用したことによる嫌がらせ等

　④　部下が妊娠・出産等したことにより、解雇その他の不利益な

　　　取扱いを示唆する言動

　⑤　部下または同僚が妊娠・出産等したことに対する嫌がらせ等

(2)　セクシュアルハラスメント

　①　性的および身体上の事柄に関する不必要な質問・発言

　②　わいせつ図画の閲覧、配付、掲示

　③　うわさの流布

　④　不必要な身体への接触

　⑤　性的な言動により、他の社員の就業意欲を低下せしめ、能力の発揮を阻害する行為

　⑥　交際・性的関係の強要

　⑦　性的な言動への抗議または拒否等を行った社員に対して、解雇、不当な人事考課、配置転換等の不利益を与える行為

　⑧　その他、相手方および他の社員に不快感を与える性的な言動

(3)　パワーハラスメント

　①　人格を傷つけるような暴言や身体的暴力行為を行うこと

　②　仕事上のミスについて、一方的にしつこくまたは大勢の社員が見ている前で責め続けること

　③　大声で怒鳴る。机を激しく叩くこと

　④　仕事を故意に与えない。無視をすること

　⑤　法令違反の行為を強要すること

　⑥　不当な異動や退職を強要すること。解雇をちらつかせること

　⑦　明らかに達成が不可能な職務を一方的に与えること

　⑧　故意に必要な情報や連絡事項を与えないこと

　⑨　業務に必要がないこと（プライベートな用事等）を強制的に行わせること

3　会社は、ハラスメントに関する相談および苦情処理の相談窓口を本社で設けることとし、その責任者は総務部長とする。総務部長は、相談窓口の担当者を男女１名ずつ指名し、その名前を人事異動等の変更の都度、周知する。

4　ハラスメント行為が認められた場合、会社は、問題解決のための

措置として、懲戒処分の他、行為者の異動等被害者の労働条件およ
び就業環境を改善するために必要な措置を講じる。

5　会社は、ハラスメントの事案が生じた時は、周知の再徹底および
研修の実施、事案発生の原因と再発防止等、適切な再発防止策を講
じることとする。

(5)　私的行為の禁止

会社の施設や設備を業務以外で利用してはいけないのはもちろん、
医薬品の私的な利用持ち出しは言語道断です。

《就業規則規定例》

（私的行為の禁止）
第○条　社員は以下の事項を守らなければならない。
①　業務中に私用の携帯電話を使用してはならない。
②　勤務時間中は、職務に専念し、みだりに職場を離れたり、私事
の用務を行ってはならない。
③　会社の電話・コピー・FAX・電子メールは私用に使ってはな
らない。
④　会社の施設、車輌、事務機器、医薬品を無断で使用し、または
私事に使用するため持ち出してはならない。
⑤　会社の許可なく、自家用車で通勤し、または業務に用いてはな
らない。
⑥　会社と利害関係のある取引先から、みだりに金品ならびに飲食な
どの饗応を受けたり、私事の事由で貸借関係を結んではならない。

(6)　ほう・れん・そうの義務

会社として日常的に行うべき報告、連絡、相談を徹底するのはもち
ろんのこと、もし万が一調剤過誤が発生した場合も速やかに報告する

よう注意を促しておく必要があります。一つ間違えれば、生命・健康を危うくする薬を扱う仕事です。ミスが発生した場合の報告だけでなく、ミスが起きる前のヒヤリハットを自己申告してもらうしくみも必要です（**図表2-19**）。

　※ヒヤリ・ハットとは……重大な災害や事故には至らないものの、直結してもおかしくない一歩手前の事例の発見をいう。文字通り、「突発的な事象やミスにヒヤリとしたり、ハッとしたりするもの」である。

《**就業規則規定例**》

> （**ほう・れん・そうの義務**）
>
> **第○○条**　欠勤、遅刻、早退及び休暇の連絡等の届出事項、並びにその他職務に関連するすべての事項について、従業員は、ほう・れん・そう（日常的に行うべき報告、連絡、相談並びにあいさつ、合図、掛け声等をいう。）を徹底しなければならない。
>
> 2　業務上の失敗、ミス、クレームは隠さず、事実を即座に上司に報告しなければならない。

■ 図表 2-19　ヒヤリハット報告用紙（例）

令和 2 年 2 月　　　　　　　　　　　　　　　　　　　　　氏名：のぞみ　花子

日付	曜日	時間	業務種類	内容・理由
2/1	月	A	③	4 日分のところを 7 日分と入力した。 前回 DO のまま、処方を確定してしまった。
2/1	月	C	③	医療機関の入力間違い
2/2	火	C	①	14 錠とのところ、12 錠としてしまった。 1 シート 8 錠なのに、1 シート 10 錠と勘違いしていた。
2/4	木	E	③	公費負担を見落として入力した。

※時間　A〜10：00　B 10：00〜13：00　C 13：00〜15：00
　　　　D 15：00〜18：00　E 18：00〜

※業務の種類　①　調剤　　②　監査・投薬　　③　レセコン入力

> ## 相談事例

　D調剤薬局の薬剤師Xさんから、来月末で退職したいと申し出がありました。来月末までに勤務日があと35日あります。有給休暇の残が30日あるので、今週いっぱい、あと5日間は勤務し、来週からは有給休暇を消化すると言ってきました。

顧　　客：社員の1人がいきなり辞めると言ってきて、さらに残りの有給休暇があるから来週からはずっと休むと言ってきました。すぐに代わりの人材を見つけるのも難しいですし、有給休暇については拒否していいですよね？

社労士：困りましたね。お気持ちは分かるのですが、この有給休暇の取得は認めざるを得ないのが現実ですね。

顧　　客：会社の業務上問題があるときは、有給休暇をとらせないことができるのではなかったでしょうか？

社労士：有給休暇の時季変更権というものですね。もちろん、社員が指定した日に年休を取得すると事業の正常な運営が妨げられる場合には、会社は指定された年休取得日を変更する権利（時季変更権）を有しています。しかしながら、退職を申し出ている社員が、残っている年休を取得して辞めたいという場合、退職日を越えての時季変更は行えないと考えられており、その請求は認めざるを得ないでしょう。

顧　　客：そうなんですね。いきなりの退職で引継ぎも十分にできない状態なので、休暇分の賃金を支払わないというのはどうでしょうか？

社労士：有給休暇を取得しているのに、それに対する賃金を支払

> わないと、賃金未払いとなってしまいます。このような
> トラブルで、賃金未払問題として相談機関に持ち込まれ
> るというのは、よくあるケースです。
> 顧　客：困りました。心情的な問題はさておいても、薬剤師にい
> 　　　　きなり退職されると本当に困ってしまいます。

　前述のように、労働者が退職時に残存している年休を一括して時季指定した場合、労働者が他の時季に年休を取得しえないときは、時季変更権は行使できません。時季変更権の行使は、労働者が他の時季に年休を取得できることを前提としているからです。

　ただし、会社側に有給休暇の利用を認める義務があるのと同じく、従業員側にも業務の引継ぎ等を支障なく行う責任があるともいえます。引継ぎに必要な日数分、退職を遅らせることができないか交渉したり、取得できなかった年休を金銭で補償するなどの方法で現実的な解決を目指されると良いでしょう。今後の対策としては、就業規則に「退職に当たっては所定の引継ぎをしなければならない」という主旨の規定を設けることも検討していきます。

(1)　退職時のルールづくり

　広義の退職には、自己都合退職、雇用期間満了、定年退職等のいわゆる「退職」と「解雇」がありますが、調剤薬局で相談が多いのは、上記のような自己都合退職を巡る相談です。調剤薬局では、薬剤師が退職し、欠員補充ができないと、場合によっては閉局も検討しなければなりません。就業規則には1か月前に申し出ることと記載してあるのに、突然退職すると言って辞めてしまう、1か月前に退職を申し出たものの、これまでの有給休暇を消化するといってすぐに出社しなくなるという上記のようなケースがあります。これらを踏まえて「6か月前までに申し出るというルールづくりができないのか」、「規定に設けた1か月前というルールを守らなかった社員にペナルティを課すこ

とはできないのか」、といった相談が寄せられます。民法627条では、「退職日の２週間前まで」に退職を申し出ればよいとされており、就業規則の規定が優先されるか民法が優先されるかは、民法627条が任意法規であるか強行法規であるか、といった問題に繋がり、学説や裁判例でも判断の分かれる非常に難しい問題でもあります。就業規則には合理的な期日を設定し、その期日を守ってもらう工夫をすべきでしょう。業務の内容にもよりますが、２か月程度であれば、一般的な社会通念から考えても会社が業務引継ぎまでに必要な期間として　十分合理的であると思います。業務の引継ぎのルールや、場合によっては懲戒処分を課す旨を就業規則に明記します。ただし、大切なのは規定することではなく、円滑に退職手続を進めて、社員にも遺恨を残さず円満退職させることです。会社に迷惑をかける辞め方をさせない雰囲気をつくることが大切です。入社時にも、必ず労働契約の段階で、必ず退職する場合のルールについて説明しましょう。

《就業規則規定例》

（自己都合退職）

第○○条　退職を希望する社員は、あらかじめ退職希望日の２か月前までに、退職する意思のあることを薬局長に通知しなければならない。

2　前項の通知の後、退職希望日の30日以上前までに、退職の理由を付した退職願を薬局長を経て会社に提出した場合は、原則として退職願を承諾する。

3　退職の日までは、会社から業務上等の指示がある場合は、その指示に従い、誠実に勤務しなければならない。

（業務引継ぎ、着任）

第△△条　昇進する者、人事異動を命じられた者並びに退職する者および解雇された者は、速やかに、かつ、確実に業務の引継ぎを完了しなければならない。また、昇進する者および人事異動を命じられた者にあっては、指定された日までに着任しなければならない。

2　引継ぎは、薬局長の引継ぎ完了の確認をもって完了とする。

3　前項に違反し、引継ぎを怠った場合、不完全な引継ぎを行った場合または指定された日までに着任しなかった場合、その他業務に支障をきたした場合には、懲戒処分を科すことがある。

(2)　退職金の減額ルール

　調剤薬局にとっては、退職届を提出ないし退職の意思表示をした職員をいかにして通常通り勤務させるか、できる限りの引継ぎを行わせるかは、大きな問題です。(1)のように、入社の段階での説明や組織風土の養成が一番大切ですが、より厳格な運用をするために就業規則等で退職金不支給ないし減額規定を定めるということが考えられます。退職時に引継ぎを行わない場合には、退職金が支払われない可能性があることを就業規則に記載するのです。退職金不支給ないし減額事由を定めていなければ、減額は認められませんので、まず、就業規則にあらかじめ退職金減額規定を定めることは必須です。

　もっとも、業務の性質上、引継ぎを行わせる必要性が高く、規定に全額支給しないことがある可能性を定めた場合でも、これがそのまま有効に適用され、退職金を全額不支給とできる可能性は低いと考えられますので、注意が必要です。実際には、その会社の退職金の性質、引継ぎ業務の重要性、その他引継ぎに関する情状を考慮し、退職時に引継ぎを行わなかった者に対し、退職金を一部、相当額減額することになるといえるでしょう。

《就業規則規定例》

退職金規程

第○条　社員が退職または解雇されたときは、会社が指定する日までに、会社が指定した者に業務の引継ぎをしなければならない。この引継ぎをなさない社員に対しては、退職金を一部（または全額）支給しないことがある。

(3)　退職時の誓約書は必ずとる

調剤薬局には多数の患者の個人情報、センシティブな情報がありま

■ 図表2-20　秘密保持に関する誓約書（退職時）

秘密保持に関する誓約書（退職時）

株式会社
代表取締役　　　　　　　　殿

　私は　　年　　月　　日付けにて貴社を退職いたしますが、貴社営業秘密情報に関して、以下の事項を遵守することを誓約いたします。

第１条（秘密保持の確認）
　私は貴社を退職するに当たり、以下に示される貴社の技術上または営業上の情報（以下「秘密情報」という）に関する資料等一切について、原本はもちろん、そのコピーおよび関係資料等を貴社に返還し、自ら保有していないことを確認致します。
　①　商品開発、製造および販売における企画、技術資料、製造原価、価格決定等の情報
　②　財務、人事等に関する情報
　③　他社との業務提携に関する情報
　④　上司または営業秘密等管理責任者により秘密情報として指定された情報
　⑤　以上のほか、貴社が特に秘密保持対象として指定した情報

第２条（秘密の帰属）
　秘密情報は、貴社に帰属することを確認いたします。また秘密情報について私に帰属する一切の権利を貴社に譲渡し、その権利が私に帰属する旨の主張をいたしません。

第３条（退職後の秘密保持の誓約）
　秘密情報については、貴社を退職した後においても、私自身のため、あるいは他の事業者その他の第三者のために開示、漏洩もしくは使用しないことを約束いたします。

第４条（競業避止義務の確認）
　私は前条を遵守するため、貴社退職後　　年間にわたり次の行為を行わないことを約束いたします。
　①　貴社と競合関係に立つ事業者に就職したり役員に就任すること
　②　貴社と競合関係に立つ事業者の提携先企業に就職したり役員に就任すること
　③　貴社と競合関係に立つ事業を自ら開業または設立すること

第５条（損害賠償）
　前各条項に違反して、貴社の秘密情報を開示、漏洩もしくは使用した場合、法的な責任を負担するものであることを確認し、これにより貴社が被った一切の損害を賠償することを約束いたします。

　　年　　月　　日
　　　　　　　　　　　　　　住所

　　　　　　　　　　　　　　氏名

　　　　　　　　　　　　　　　　　　　　　　印

■ 図表 2-21　退職願兼誓約書

退 職 願 兼 誓 約 書

平成　　年　　月　　日

株式会社○○薬局御中

　　　　　　　　　　住所
　　　　　　　　　　氏名　　　　　　　　　　　印

　私はこの度、以下の理由により退職することを申し出ます。

退職年月日	平成　　年　　月　　日
退職理由 （具体的に）	
退職後の連絡先	〒 電話番号 携帯電話

　なお、退職に当たっては、以下について誓約いたします。

記

（組織秩序の維持）
退職日まで組織秩序の維持に努め、誠実に勤務し、同僚に迷惑を掛ける行為を一切いたしません。

（情報管理の徹底）
1. 会社のすべての情報は経営情報の一部であるという認識を持ち、いかなる場合であっても無許可による情報持ち出しや漏洩行為はいたしません。
2. 情報持ち出しや漏洩により会社が損害を被った場合には、現状回復・信用回復に要する一切の費用（システム調査費用・弁護士費用を含む）を速やかに弁済します（これは退職後においても免れません）。

（その他）
退職日までに会社に帰属する物はすべて返還します。

以上

す。就業規則でも情報管理について社員の義務を定めるのはもちろんのこと、退職時にも再度周知徹底するために誓約書（**図表 2-20**）をとると良いでしょう。小規模の調剤薬局で、退職願、退職時の誓約書と複数の書類の授受が難しい場合は、退職願と誓約書兼用の様式（**図表 2-21**）を利用します。

⑷　有給休暇の買取りが有効な場合が多い

　退職時に残っている年次有給休暇をすべて取得して退職する人が多くなっています。もちろん、在職中に取得推奨をしていくという解決策が一番ですが、やむなく退職時にたくさんの有給休暇が残っている場合は、有給休暇の買取りを検討します。年次有給休暇の買取りは認められないのが原則です。ただし、例外的に時効で消滅した年次有給休暇や、退職時点で余った年次有給休暇などは買い取ることができます。年次有給休暇を買い取る際の会社側のメリットとして、早く雇用関係が切れること、退職日を早めることで社会保険料の節減になることや買取額は自由に設定できることがなどが挙げられます。薬剤師の人員不足である調剤薬局業界では、実際の勤務終了日をできる限り後ろへ倒すという理由でメリットもあります。

　例えば、7/25に退職の申し出があり、9/30付で退職するとします。仮に有給休暇の残21日を取得するとなると、実際の勤務は8月末ごろまでとなり、1か月と数日しかありません。代替要員がなかなか見つからない調剤薬局では、もう少し時間の猶予が欲しい場合があります。実際の勤務は9/30までとし、退職日を後ろへずらす方法もありますが、次の仕事が決まっていて不可能な場合も多くあります。年次有給休暇を買い取ることで、退職日の9/30まで実際に勤務させることができます。本人としても年次有給休暇を買い取ってもらい、退職所得の扱いとすることで税金面で優遇されるので、納得してもらいやすいです。

第8章　就業規則作成時のポイント

1　10人未満の薬局でも就業規則は必要？

　調剤薬局の規模は様々ではありますが、従業員数10人未満の調剤薬局も少なくありません。労基法89条では、常時10人以上の労働者を使用する使用者に就業規則の作成を義務付けていますから、労基法上は、就業規則の作成義務のない調剤薬局が多数存在します。

　しかし、筆者は従業員数10人未満であっても就業規則の作成は会社のためにしたほうがよいと考えています。そもそも就業規則は、何のために作成するのでしょうか？　よく聞く答えは「法律で決められているから」「労使間のトラブル防止」「会社のルールをはっきりさせたい」などです。それぞれ1つの回答ではありますが、正解はもっと根本的なところです。それは、就業規則は、調剤薬局の業績を上げるために作成するものであるということです。

　当たり前のことですが、調剤薬局も常に利益を上げ続けて成長していく必要があります。本来は、就業規則もそのためのツールの1つであるにもかかわらず、就業規則を調剤薬局の業績と切り離して、もしくは逆に足手纏いになるものとしてとらえられる方が少なくないのが残念でなりません。

　今まで調剤薬局の就業規則の作成をお手伝いしてきましたが、経営者の方に「なぜ就業規則を作成するのか」と質問して、「調剤薬局の業績を上げたい」とはっきりとお答えくださった方は、残念ながら1名だけです。

　就業規則とは、労働時間や休日、給料など各種の労働条件をまとめた「ルールブック」です。ルールを明確にすることによって、従業員との労働トラブルを防止できるということだけでなく、従業員が安心して元気に仕事に集中できる環境を作り、企業活動をより効率的にす

ることができるようになります。このような視点に立って作成してい
けば、自ずと何が重要で何が重要でないのかがはっきりしてくるで
しょう。

2 就業規則作成の際の3つの視点

　就業規則作成の際に意識していただきたいのが、一つひとつの規定
を何を目的として作るのかということです。就業規則は100条前後の
構成になることが一般的ですが、そのほとんどの規定の目的が大きく
3つに分類できます。それが、①リスク、②安心、③やる気です。

　リスクとは、トラブルの予防やトラブルが起きたときの解決の手段
として活用するということです。このようなことが明確になっていれ
ば、「お給料はどうしてこのような計算になるのか？」とか、やって
いいことやってはいけないことが明確になります。また、もし問題社

■図表2-22　各項目の目的

章	項　目	内　容	目　的
1	総　則	就業規則の目的・適用範囲	リスク・安心
2	採用・異動	採用・試用期間・労働条件の明示・異動・休職など	リスク・安心
3	服務規律	職場の規律を保つための勤務態度・心がけなどの定め	リスク
4	労働時間・休憩・休日	所定労働時間や休憩時間・休日の定めや時間外労働を行わせる場合などの定め	リスク
5	休　暇	有給休暇・慶弔休暇・育児介護休暇等に関する定め	安心・やる気
6	賃　金	賃金の構成・各種手当・昇給・賞与など	リスク・安心・やる気
7	定年・退職および解雇	定年・退職時のルール・解雇に該当する場合などの定め	リスク・安心
8	表彰および懲戒	表彰・懲戒の種類や事由、処分内容	リスク・やる気

員が発生してしまった場合には、規定に従って、勤務態度を改めてもらったり、合法的に会社を去ってもらったりすることができるようになります。

　安心とは、その規定があることで、社員があなたの会社で働くことに不安を覚えないようにするためのものです。仕事以外の余計なことで頭を悩ませることを減らし、社員の気持ちが仕事そのものだけに向くようにします。

　やる気とは、その規定があることで「よしやるぞ！」と思えるようなものです。注意しなければならないのは、いくらやる気を満たす規定をつくっても②の安心が満たされていなければ、社員のやる気には火がつかないということです。

３　福利厚生の充実

　②の視点の安心・やる気を満たし、定着率を向上させる策の１つとして考えられるのが、福利厚生の充実です。調剤薬局では人材確保が難しい反面、調剤報酬は決まっているため、必要以上に人件費を引き上げることはできません。その分、福利厚生の充実によって、求人票で魅力ある薬局であることを訴求して優位性を高めたり、社員満足度を高め、定着率を上げることも期待できます。例えば、以下のような制度が考えられます。

⑴　研修制度の充実

　特に薬剤師の専門職については、研修制度の充実の要望が高いです。大手調剤薬局チェーンを中心に、独自の教育プログラムをつくるなど研修制度の充実に力を注いでいます。調剤未経験者や経験の浅い方、ブランクを持っている人を積極的に活用していくという場合には、模擬調剤室を設置して一定期間の研修を行えるということも魅力の１つになります。

⑵　リフレッシュ休暇

　特に小規模の門前薬局などでは、午前中のみの半日勤務の日がある代わりに、月曜日から土曜日まで週6日勤務という勤務体制のところが少なくありません。総勤務時間が週40時間と同じであっても、休日数が少ないことはやはり負担になります。年に1度は連続して休めるリフレッシュ休暇は、非常に社員満足度の高い制度になります。

⑶　記念日休暇

　社員の誕生日や結婚記念日等に特別の休暇を与える制度です。女性の多い調剤薬局において、女性に喜ばれる制度です。ただ休暇を与えるだけでなく、休暇の次の日は、休暇を使って何をしたかや1年間の抱負を朝礼等で発表してもらうようにしたりすると、社員同士のコミュニケーションも促進され、活性化にもつながります。

⑷　カフェテリア方式の福利厚生

　カフェテリア方式とは、いろいろな福利厚生メニューが準備されており、自分で利用したいメニューを選ぶものです。社員ごとにポイントが付与され、そのポイントを消化する形で利用します。

　老若男女様々な人の福利厚生のニーズに応えることができること、自前で様々な福利厚生を準備することが難しい小規模の会社でも福利厚生を充実させられることがメリットです。入会金5万〜10万円、社員1人あたり月間1,000円程度から利用することが出来ます。

4　出産・子育てに関する制度の充実がポイント

　調剤薬局は、女性社員の多い職場です。社員の出産と子育てについて、調剤薬局としてどう対応するのかということが、特に人材不足である薬剤師の人材確保において、大きなポイントの一つになります。

　出産・子育てに関して、法律が企業に対してどのような制度整備を

■ 図表 2-23 出産や子育てに関する制度一覧①

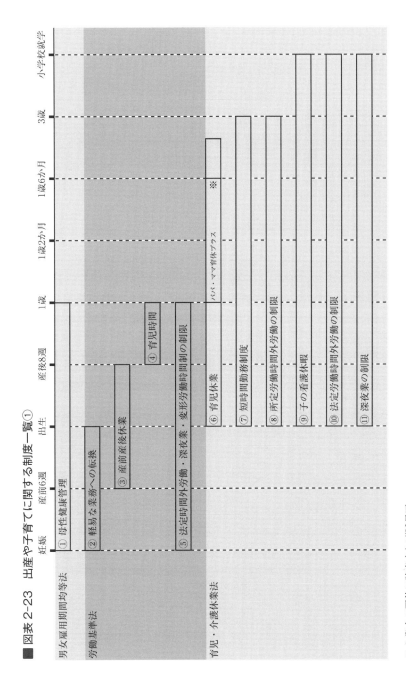

※2歳まで要件に該当すれば延長可

■ 図表 2-24　出産や子育てに関する制度一覧②

制度	概略	根拠法律	給付	賃金
① 母性健康管理	女性従業員が妊娠・出産した場合には、妊産婦のための保健指導または健康指導を定期的に受診するために必要な時間を一定の頻度で確保できるようにしなければならない。また、妊娠中および出産後の女性従業員が、健康診査を受け、医師または助産師から指導を受けた場合、その指導を守ることができるよう、勤務時間の変更や勤務の軽減等を行う必要がある。	男女雇用機会均等法	なし	無給
② 軽易な業務への転換	妊娠中の女性従業員が請求した場合、他の軽易な業務に転換させる必要はないとされている。	労働基準法	なし	—
③ 産前産後休業	6週間（多胎妊娠の場合は14週間）以内に出産する予定の女性従業員が請求した場合は、就業させてはならない（ただし、本人が請求しない場合は就業は可）。産後8週間を経過しない女性従業員を業務に就かせることはできない（ただし、産後6週間を経過した女性従業員が請求した場合は、医師が支障がないと認めた業務に就かせることは差し支えない）。	労働基準法	出産手当金	無給
④ 育児時間	生後1年に達しない生児を育てる女性従業員から請求があった場合には、休憩時間のほかに、1日について2回、それぞれ少なくとも30分の生児を育てるための時間を与えなければいけません。		なし	無給
⑤ 法定時間外労働の制限 深夜業・変形労働時間制の制限	妊産婦が請求した場合、時間外労働・休日労働、深夜業をさせることはできない。また、変形労働時間制を採用していても、1日または1週間の法定労働時間を超えて労働させることはできない。	労働基準法	なし	—
⑥ 育児休業	従業員が申し出た場合、原則として（※1）1人の子につき1回限り、子が出生した日から1歳の誕生日の前日までの間で従業員が申し出た期間、育児休業を与えることが義務付けられている。	育児・介護休業法	育児・介護休業給付	無給
⑦ 短時間勤務制度	3歳未満の子を養育する従業員が希望すれば利用できる短時間勤務制度（※2）を設けることが義務付けられている。	育児・介護休業法	なし	短縮した時間分の賃金の引き下げ可
⑧ 所定労働時間外労働の制限	3歳に満たない子を養育する従業員が請求した場合には、事業の正常な運営を妨げる場合を除き、所定労働時間を超えて労働させてはならない。	育児・介護休業法	なし	—
⑨ 子の看護休暇	小学校就学前の子を養育する従業員が申し出た場合、1年に5日（養育する小学校就学の始期に達するまでの子が2人以上の場合は10日）を限度として、（下の看護休暇を）与える必要がある。	育児・介護休業法	なし	無給
⑩ 法定労働時間外労働の制限	小学校就学の始期に達するまでの子を養育する従業員が、その子を養育するために請求した場合、1か月24時間、1年150時間を超える時間外労働をさせてはいけない。	育児・介護休業法	なし	—
⑪ 深夜業の制限	小学校就学の始期に達するまでの子を養育する従業員が、その子を養育するために請求した場合、深夜に労働させてはならない。	育児・介護休業法	なし	—

※1　両親ともに育児休業する場合（パパ・ママ育休プラス）の場合は、1歳2か月まで延長可能
　　　保育所に入所出来ないなどと決められたケースに該当する場合は、2歳まで延長可能
※2　1日の所定労働時間を原則として6時間（5時間45分から6時間）とすることをいう。

求めているのかを知り、その上で、企業ごとにどのような体制をとることが働く人たちにとって魅力ある制度で、かつ企業としても効率的か、ということを考えていくこととなります。法律で設定されている制度は**図表2-23、24**のとおりです。

このような制度をきちんと社員に周知できている調剤薬局は多くありません。必ずしも法律で求められる以上の制度を作らなくても、このような制度が利用できることを社員にきちんと説明してあげられるような体制を整えるだけでも差別化になります。その上で、さらに魅力ある制度を検討します。例えば、育児休業の期間を子供が2歳や3歳になるまで引き延ばす制度や、短時間勤務の短縮後の勤務時間コースを何種類か設けるなどが考えられます。また、出産、子育て等の理由で仕事が続けたくてもやむを得ず退職した社員を対象とした復職支援制度も人材確保に有効です。なお、出産、子育て中の女性に対する支援策は第3部第8章でも事例を紹介しています。

5　調剤薬局で必要になる諸規程

就業規則は、1つの規則で全体が把握できることが望ましいですが、何もかもを1つにすると、ボリュームが増えて読みづらくなるおそれがあります。また作成後や追加の際にメンテナンスする作業も煩わしくなる可能性があります。そこで、就業規則「本則」には主要な規程だけを定めておき、詳細な内容は本則とは別に諸規程（別規程）として定めることが一般的です。調剤薬局においては、一般的な業種で必要な規程に加えて、車輌管理規程、被服管理規程、研修規程などが必要になってきます。

6　就業規則説明会を開催する

就業規則が完成したら、必ず全社員に向けて就業規則の周知をするための説明会を行います。一般的に、経営者の方は、就業規則を公開

することが、労働者の権利意識に火をつけてしまうと考えがちです。しかし、それは大きな間違いです。その理由の１つ目は、これほどインターネットが発達した現代において、労働基準法をはじめとした労働者の権利を隠すことなどできないということです。割増賃金のこと有給休暇のこと、何でも簡単に情報が入ります。にもかかわらず、経営者や管理者が従業員からの基本的な質問にも答えられないようなことでは、会社への信頼ができるはずもありません。高度経済成長の時代において、黙って仕事をしていれば定期昇給し、出世していくという時代であれば通用したかもしれませんが、今はもうそのような時代ではないのです。理由の２つ目は、就業規則には労働者の権利ばかりが書いてあるという誤解です。就業規則には会社と社員双方の「権利と義務」が書いてあります。就業規則を作成し、周知をすることで、労働者に権利を伝え安心感を持ってもらうだけでなく、しっかりと義務も履行させるのです。例えば、遅刻をせず出社する。これも労働者の義務です。会社が何か隠そうとしたら、社員は敏感に感じ取ります。隠すことは、「百害あって一利なし」です。

　私が就業規則作成の仕事をいただいた場合は、必ず社員説明会の実施をしていただきます。ご要望に応じて、私自身も説明会で説明をさせていただきます。実は、規定の内容の見直し自体よりもこの説明会の実施のほうが大切なのです。

■株式会社○○薬局　就業規則

株式会社○○薬局　就業規則

第1章　総　則

（目　的）

第1条　この規則は、株式会社○○薬局（以下「会社」という。）の秩序を維持し、業務の円滑な運営を期すため、社員の就業に関する労働条件および服務規律を定めたものである。

（社員の定義）

第2条　この規則でいう社員とは、会社と雇用契約を締結した以下の者のことをいい、その種類は、次の通りとする。

(1)　正社員

期間の定めのない契約により雇用する者

(2)　短時間正社員

正社員より労働時間が短時間であるが、1日の所定労働時間6時間以上もしくは、週の所定労働時間30時間以上勤務し、期間の定めのない契約により雇用する者

(3)　嘱託社員

①　60歳の定年に達した者で、1年ごとの雇用期間を定めて再雇用される者

②　60歳以降に新たに雇用されたもの

③　専門職種に従事する者として、会社が個別に嘱託社員契約を締結した者

(4)　パートタイマー

正社員より労働時間が短時間で、1年以下の期間を定めて雇用する者

（適用範囲）

第3条　この規則は、原則として会社で働く全社員に適用する。雇用形態によって適用が異なる場合は個別の条文に示す。

（規則遵守の義務）

第４条　会社はこの規則に基づく労働条件により社員に就業させる義務を負い、社員はこの規則を遵守する義務を負うと共に、相互に協力して会社の発展および会社理念の実現に努めなければならない。

2　社員はこの規則並びに関係諸規程を知らないことを理由にして、違反の責を免れることはできない。

（誠実勤務義務）

第５条　社員は、調剤薬局の公共性を自覚し、誠実で常に患者のことを第一に考えて職務を遂行しなければならない。

（守秘義務）

第６条　社員は会社の経営情報・患者情報・社員情報・その他会社に関する情報について、在職中はもちろん退職後といえども、秘密保持を遵守しなければならない。

第２章　採　用

（採　用）

第７条　会社は就職を希望する者の中より、採用試験に合格し、所定の手続きを経た者を社員として採用する。

2　選考方法は面接試験とし、筆記試験・適性検査を行う場合もある。

3　社員は採用の際、以下の書類を原則として入社決定後２週間以内に提出しなければならない。ただし、選考試験において既に会社に提出をした書類については提出を省略することができる。

(1)　履歴書（提出日から遡り３か月以内の写真添付）　　　1 通

(2)　源泉徴収票（暦年内に前職のある者のみ）　　　　　　1 通

(3)　年金手帳、雇用保険被保険者証（所持者のみ）　　　　1 通

(4)　健康診断書　　　　　　　　　　　　　　　　　　　　1 通

(5)　マイカー通勤許可申請書（該当者のみ）　　　　　　　1 通

　　　＊運転免許証および加入任意保険の保険証書の写しを添付

⑹　健康保険被扶養者届（被扶養者がいる者のみ）　　　1通

⑺　誓約書　　　　　　　　　　　　　　　　　　　　　1通

⑻　身元保証書　　　　　　　　　　　　　　　　　　　1通

⑼　資格証明書の写し（有資格者のみ。原本持参）　　　1通

⑽　個人番号カード表裏面の写しまたは通知カードの写しおよび当該通知カードに記載された事項がその者に係るものであることを証するものとして行政手続における特定の個人を識別するための番号の利用等に関する法律（以下「番号法」という。）施行規則で定める書類（ただし、対面で本人確認を行う場合は原本を提示する。）

⑾　その他会社が必要と認めたもの

4　在職中に上記提出書類の記載事項で氏名、現住所、家族の状況等に異動があった場合は速やかに所定の様式により会社に届け出なければならない。

（内定の取消し）

第8条　会社は、以下の場合において採用を取り消すことがある。

⑴　事業の見直しや経営悪化により、人員を受け入れることができないとき。

⑵　採用に際し履歴を偽り、または不実の陳述をしたとき。

⑶　薬剤師などの有資格者を採用する場合において、採用時に免許証が失効または停止されていることが判明したとき。

（身元保証）

第9条　身元保証書における身元保証人は、経済的に独立した者で会社が認めた者2名とする。

2　身元保証人は、以下の者は認めない。

⑴　生活保護を受給している者

⑵　会社に既に勤務をしている者

3　身元保証の期間は5年間とし、会社が必要と認めた場合には、身元保証の期間を更新することがある。

（労働条件の明示）

第10条　会社は採用に際して、以下に掲げる事項を明らかにする書面を交付し、労働条件を労働契約書にて明示するものとする。

(1)　賃金に関する事項

(2)　労働契約の期間に関する事項

(3)　期間の定めのある労働契約を更新する場合の基準

(4)　就業場所および従事すべき業務に関する事項

(5)　始業および終業の時刻、所定労働時間を越える労働の有無、休憩時間、休日、休暇並びに就業時転換に関する事項

(6)　退職に関する事項

2　社員は、労働契約書に署名をし、指定された期日までに会社保管分を返却しなければならない。

（試用期間）

第11条　新たに採用した者については採用の日から3か月間の試用期間を設ける。ただし、特別に会社が認めた場合は、試用期間を設けないことがある。

2　会社が必要であると認めた場合は、さらに3か月を限度（最大6か月間）に試用期間を延長することがある。

3　本採用は、試用期間中の態度、健康状態、発揮された能力等を総合的に勘案して試用期間満了の1か月前までに決定する。

4　試用期間は勤続年数に通算する。

（試用期間中または終了後の解雇）

第12条　試用期間中または試用期間満了の際、引き続き社員として勤務させることが不適当であると認められる者については、この規程の手続きに従って解雇する。ただし、採用後14日を経過していない場合は解雇予告手当の支払いは行わず、即時解雇する。

第3章　異　動

（異　動）

第13条　会社は、業務の都合および社員の労務提供の状況により、

社員に異動を命ずることがある。社員は、正当な理由がない限り
これを拒むことができない。

2　前項で定める異動とは、次の通りとする。

　(1)　配置転換……同一薬局内での担当業務等の異動

　(2)　転　　勤……勤務地の変更を伴う異動

　(3)　応　　援……所属の薬局に在籍のまま、通常勤務する以外の
　　　　　　　　　　薬局の業務を応援するための勤務

（出　張）

第14条　業務の都合により必要がある場合は、会社は社員に事業
　　場外への出張を命じることがある。社員は、正当な理由がなけれ
　　ばこれを拒否することはできない。

2　出張に関しては、出張旅費規程により運用する。

第4章　就業時間、休憩時間、休日および休暇

（労働時間および休憩時間）

第15条　所定労働時間は、1週間について40時間以内、1日につ
　　いては8時間以内とする。

2　就業時間は原則として以下に定める時間とし、具体的な勤務に
　　ついては勤務シフトによるものとする。

	A勤務	B勤務
始業時刻	9：00	11：00
終業時刻	18：00	20：00
休憩時間	13：00〜14：00	14：00〜15：00

3　休憩時間は、交替制または時間の変更によって勤務時間の途中
　　に取得しなければならない。

4　業務の都合により、就業時間および休憩時間を繰上げまたは繰
　　下げおよび変更をすることがある。

5　外部への研修参加等、事業場外で勤務実態がある場合において、
　　労働時間を算定することが困難であるときは、所定労働時間を勤

務したものとみなす。

（1か月の変形労働時間制）

第16条　前条の規定にかかわらず、毎月1日を起算日とする1か月単位の変形労働時間制を採用することがある。

2　所定労働時間は、1か月を平均して週40時間以内とし、1か月あたりの総勤務時間は次の範囲内とする。

(1)　30日月…171時間

(2)　31日月…177時間

(3)　28日月…160時間

(4)　29日月…164時間

3　始業・終業時刻、休憩時間は次のパターンの組み合わせによることとし、前月20日までに勤務表を作成して、社員に周知する。なお、1か月単位の変形労働時間制が適用される社員に対しては、第15条の休憩時間および第17条の休日の規定は適用せず、本条に定めるものとする。

勤務パターン	勤務時間	休憩時間	所定労働時間
A勤務（早出）	9：00〜17：30	13：30〜14：30	7.5時間
B勤務（遅出）	12：00〜20：00	15：30〜16：00	7.5時間
C勤務（午前）	9：00〜14：00	なし	5時間
D勤務（午後）	16：00〜20：00	なし	4時間
E勤務（通し）	9：00〜20：00	13：30〜14：30 途中30分	9.5時間

4　休日は勤務表によって特定し、前月20日までに社員に周知する。

（会社の休日）

第17条　会社の休日は次の通りとする。

(1)　日曜日

(2)　日本の国民の祝日に関する法律に定める日

(3)　夏季休暇（3日。時季は毎年会社が定める）

⑷　年末年始休暇（12月30日から翌年1月3日まで）

⑸　その他会社が指定する日

2　法定休日は日曜日とする。

（休日の振替）

第18条　会社は、業務上の必要がある場合、前条で定める休日を他の労働日に振り替えることがある。

2　前項の場合、会社は社員に対して、あらかじめ振替休日（休日に振り替えられる労働日をいい、できる限り同一週内の日を指定するものとする。以下同じ。）を指定する。

（代　休）

第19条　休日労働をした社員に対して、会社の業務上の判断により、代休を与えることがある。

2　前項の代休が与えられた場合の休日労働については、労働基準法に定める割増賃金を支払う。

（所定外労働および休日出勤）

第20条　会社は、業務の都合により所定労働時間を超える勤務または所定の休日における勤務を命ずることがある。ただし、法定労働時間を超えて勤務を命ずる場合および法定休日に勤務を命ずる場合は、社員代表と締結し所轄労働基準監督署長に届け出た「時間外労働・休日労働に関する協定届」の範囲内で命ずるものとする。

2　所定外労働および休日出勤については、社員は、正当な理由なく拒否できない。

3　所定外労働および休日出勤は、薬局長の命令に基づき行うことを原則とするが、社員が業務の遂行上必要と判断した場合は、事前に会社または薬局長に申請をし、許可を受けて行うことができる。この場合において、事前に許可を受けることができないときは、事後直ちに届け出てその承認を得なければならない。

4　第1項の「法定労働時間」は、労働基準法に定めるところによる。

5　法定労働時間を超える勤務および法定休日の勤務については、別に定める賃金規程により割増賃金を支払う。

（年次有給休暇）

第21条　6か月以上勤続し、所定労働日の8割以上を出勤した社員に対して労働基準法に定める年次有給休暇を付与する。

勤続年数	6月	1年 6月	2年 6月	3年 6月	4年 6月	5年 6月	6年 6月以上
年次有給休暇日数	10日	11日	12日	14日	16日	18日	20日

2　年次有給休暇は、特別の理由がない限り少なくとも1週間前までに、所定の様式により届け出て承認を受けなければならない。ただし、業務の都合によりやむを得ない場合は、指定した日を変更することがある。

3　前項にかかわらず、年次有給休暇が10日以上付与された社員に対しては、付与日から1年以内に、当該社員の有する年次有給休暇のうち5日について、会社が社員の意見を聴取し、その意見を尊重した上で、あらかじめ指定して取得させる。ただし、社員が年次有給休暇を取得した場合においては、当該取得した日数分を5日から控除するものとする。

4　当日やむを得ず年次有給休暇を取る場合は、必ず始業時刻の15分前までに薬局長へ連絡をしなければならない。ただし度重なる場合は、この年次有給休暇の取得を認めないことがある。

5　第1項の出勤率の算定に当たっては、年次有給休暇、産前産後の休業の期間、育児休業期間、介護休業期間および業務上の傷病による休業の期間は出勤したものとして取り扱う。

6　年次有給休暇については、計画的付与制度を取り入れることがある。

（特別休暇）

第22条　会社は、慶弔・公事のため、以下の事由に該当した社員に特別休暇を与える。この休暇を取る場合は、あらかじめ所定の

様式により届けなければならない。

(1)　社員が結婚するとき（その事実から6か月以内に請求のこと）。　　　　　　　　　　　　　　　　　　　　5日以内

(2)　子女・兄弟姉妹が結婚するとき。　　　　　　　　　1日

(3)　配偶者、子（養子を含む）が死亡したとき。　　　5日以内

(4)　父母（義父母を含む）が死亡したとき。　　　　　3日以内

(5)　同居の祖父母、同居の義父母、血族の兄弟姉妹が

　　　死亡したとき。　　　　　　　　　　　　　　　　2日以内

(6)　別居の祖父母、配偶者の兄弟姉妹、配偶者の

　　　祖父母が死亡したとき。　　　　　　　　　　　　　1日

(7)　妻が出産するとき。　　　　　　　　　　　　　　　1日

(8)　女性社員が出産するとき。　　　　　産前6週間産後8週間

　　　（多胎妊娠の場合は産前14週間とする）

(9)　生理日の就業が困難なとき。　　　　　1周期ごとに1日

2　特別休暇における賃金の取扱いは、前項8号および9号を無給とする。

3　第1項1号、3号、4号、5号において所定休日が含まれている場合および隣接する場合には、その所定休日の日数も含むものとする。

4　第1項1号および2号は、試用期間中の社員は取得することができない。

5　会社は、第1項1号から7号の休暇を取得した者に対してその事実を証明する書類の提出を求めることがある。社員が、会社から求められた書類の提出がない場合には特別休暇として扱わず、欠勤として扱うことがある。

（子の看護休暇）

第23条　小学校就学の始期に達するまでの子がいる社員が申し出た場合、病気または怪我をした子の看護のために、年次有給休暇とは別に看護休暇を取得することができる。

2　前項の定めに関わらず、以下の各号に該当する者についてはこ

の限りではない。

⑴　勤続６か月未満の労働者

⑵　週の所定労働日数が２日以下の労働者

3　看護休暇の日数は労働者１人当たり、１年間で５日（対象者が２名以上の場合は10日）を限度とする。この場合の１年間とは４月１日から翌年の３月31日までの期間とする。

4　子の看護休暇中の賃金は無給とする。

（育児時間）

第24条　生後１年に達しない新生児を育てる女性社員があらかじめ申し出た場合は、所定休憩時間のほか、１日について２回、それぞれ30分の育児時間を請求することができる。ただし、その時間に対する賃金は支給しない。

（育児休業）

第25条　社員は、別途定める育児・介護休業規程により育児休業を申し出ることができる。

（介護休業）

第26条　社員は要介護状態にある家族を介護するために、別途定める育児・介護休業規程により、介護休業を取得することができる。

（公民権行使の時間）

第27条　社員が勤務時間中に選挙その他公民としての権利（裁判員制度を含む）を行使するため、あらかじめ申し出た場合は、それに必要な時間を与える。ただし、その時間に対する賃金は支給しない。

第５章　出退勤

（出退勤）

第28条　社員は出勤および退勤については以下の事項を守らなければならない。

⑴　出退勤の際は本人自らタイムカードを打刻すること。ただ

し、業務の都合で現場へ直行、または直帰する場合で薬局長の許可を得たものについては、タイムカードの打刻をしなくても良いこととする。

⑵　他人にタイムカードを打刻させ、または他人のタイムカードを打刻しないこと。

⑶　業務終了後はすみやかに退勤すること。

（欠勤および遅刻、早退）

第29条　欠勤および遅刻、早退するときは所定の様式により届けなければならない。ただし、やむを得ない事由により事前に届け出ることができないときは、始業時刻の15分前までに薬局長に電話連絡し、出勤した日に届け出なければならない。

2　欠勤の理由が傷病である場合、会社は、その日数にかかわらず、医師の証明書または診断書その他勤務し得ない理由を明らかにする証明書類を求めることがある。

3　前項の場合、会社が必要と認めた場合には、会社が指定する医師の診断書を提出しなければならない。

（就業制限）

第30条　社員が法律で定める感染症に罹った場合は、必要な期間就業を禁止することがある。この場合は、無給とする。

2　社員は、同居の家族が法律で定める感染症に罹り、またはその疑いがある場合には、直ちに会社に届け出て必要な指示を受けるものとする。

第6章　服　務

（服務心得）

第31条　社員は服務に当たって、以下の事項を守らなければならない。

⑴　就業規則その他これに付随する会社の規則を遵守し、これらに定める禁止事項を行わないこと。

⑵　業務上の技術の研鑽向上に努めること。

⑶　常に職場を整理整頓し、気持ちよく勤務ができるように努めること。

⑷　酒気を帯びて勤務しないこと。

⑸　勤務時間中は休憩時間を除き喫煙しないこと。

⑹　身だしなみについては、常に清潔に保つことを基本とし、他人に不快感や違和感を与えてはならない。

⑺　業務上必要な場合に会社が行う、調査事項について協力すること。

⑻　会社の内外を問わず、会社や会社に関係する者の名誉を傷つけたり、信用を害したり、体面を汚す行為をしないこと。

（機密情報管理に関する遵守事項）

第32条　社員は、機密情報（経営に関する情報、業務に関する情報、および患者に関する情報などで会社が指定した情報）の漏洩防止のために、次の事項を遵守しなければならない。

⑴　機密情報を会社の許可なく第三者に漏らしたり、私的に使用しないこと。退職後も同様とする。

⑵　パソコンおよび周辺機器は業務以外の目的で使用しないこと。

⑶　機密情報をコピーもしくはアウトプットしないこと。

⑷　会社内のパソコンで会社の承認を受けていないプログラム、その他周辺機器を利用しないこと。

⑸　機密情報を外部に送信しないこと。

2　会社は、情報漏洩の疑いがあるとき、私的利用の疑いがあるとき、その他これに類する正当な理由があるときは、パソコンの使用状況について調査をすることがある。

（兼業の制限）

第33条　社員は、会社の許可を受けずに他に雇用され、または事業を行ってはならない。

2　会社は、社員の兼業が次の各号に該当するときは、前項の許可を行わない。

(1)　兼業が不正な競争に当たる場合

(2)　不正競争防止法による営業秘密の不正な使用または開示を伴う場合

(3)　社員の働き過ぎによって本人または第三者の生命や健康を害するおそれがある場合

(4)　兼業の態様が会社の社会的信用を失墜させるおそれがある場合

(5)　兼業が薬事法の規定に抵触する場合

（セクシュアルハラスメントの禁止）

第34条　セクシュアルハラスメントとは、職場における性的な言動に対する社員の対応等により当該社員の労働条件に関して不利益を与えること、または性的な言動により他の社員の就業環境を害することをいう。

2　前項の職場とは、勤務先のみならず、社員が業務を遂行するすべての場所を言い、また就業時間内に限らず、実質的に職場の延長と見なされる就業時間外の時間を含むものとする。

3　前1項の「他の社員」とは、直接的に性的な言動の相手方となった被害者に限らず、性的な言動により就業環境を害されたすべての社員を含むものとする。

4　すべての社員は、他の社員を業務遂行上の対等なパートナーと認め、職場における健全な秩序ならびに協力関係を保持する義務を負うとともに、職場内において次の各号に掲げる行為をしてはならない。

(1)　不必要な身体への接触

(2)　容姿および身体上の特徴に関する不必要な発言

(3)　性的および身体上の事柄に関する不必要な質問

(4)　プライバシーの侵害

(5)　うわさの流布

(6)　交際・性的関係の強要

(7)　わいせつ図画の閲覧、配布、掲示

 ⑻　性的な言動への抗議または拒否等を行った社員に対して、解雇、不当な人事考課、配置転換等の不利益を与える行為

 ⑼　性的な言動により他の社員の就業意欲を低下せしめ、能力の発揮を阻害する行為

 ⑽　その他、相手方および他の社員に不快感を与える性的な言動

5　薬局長は、部下である社員がセクシュアルハラスメントを受けている事実を認めながら、これを黙認する行為をしてはならない。

6　セクシュアルハラスメントに関する相談および苦情処理の相談窓口は管理部に設けることとし、その責任者は管理部長とする。管理部長は、窓口担当者の名前を人事異動等の変更の都度、社員に周知するとともに、担当者に対する対応マニュアルの作成および対応に必要な研修を行うものとする。

7　セクシュアルハラスメントの被害者に限らず、すべての社員は性的な言動に関する相談および苦情を担当窓口に申し出ることができる。

8　対応マニュアルに沿い、相談窓口担当者は相談者からの事実確認の後、管理部長へ報告する。報告に基づき、管理部長は相談者の人権に配慮した上で、必要に応じて行為者、被害者、薬局長、並びに他の社員等に事実関係を聴取する。

9　前項の聴取を求められた社員は、正当な理由なくこれを拒むことができない。

10　対応マニュアルに沿い、管理部長は、問題解決のための措置として、懲戒のほか、行為者の異動等被害者の労働条件および就業環境を改善するために必要な措置を講じる。

11　相談および苦情への対応に当たっては、関係者のプライバシーは保護されるとともに、相談をしたこと、または事実関係の確認に協力したこと等を理由として不利益な取扱いは行わない。

12　管理部長は、セクシュアルハラスメントの事案が生じた時は、周知の徹底および研修の実施、事案発生の原因と再発防止等、適

切な再発防止策を講じなければならない。

（私的行為の禁止）

第35条　社員は以下の事項を守らなければならない。

⑴　業務中に私用の携帯電話を使用してはならない。

⑵　勤務時間中は、職務に専念し、みだりに職場を離れたり、私事の用務を行ってはならない。

⑶　会社の電話・コピー・FAX・電子メールは私用に使ってはならない。

⑷　会社の施設、車輌、事務機器、医薬品を無断で使用し、または私事に使用するため持ち出してはならない。

⑸　会社の許可なく、自家用車で通勤し、または業務に用いてはならない。

⑹　会社と利害関係のある取引先から、みだりに金品ならびに飲食などの饗応を受けたり、私事の事由で貸借関係を結んではならない。

（ほう・れん・そうの義務）

第36条　欠勤、遅刻、早退および休暇の連絡等の届出事項、並びにその他職務に関連するすべての事項について、社員は、ほう・れん・そう（日常的に行うべき報告、連絡、相談並びにあいさつ、合図、掛け声等をいう。）を徹底しなければならない。

2　業務上の失敗、ミス、クレームは隠さず、事実を即座に薬局長に報告しなければならない。

第7章　教　育

（教　育）

第37条　会社は社員の技能知識教養を向上させるために必要に応じて教育を行い、または外部の教育に参加させることがある。社員は正当な理由がなければ、この教育に対して拒否できない。

2　外部の研修参加については、研修規程の定めるところにより運用する。

第8章　表彰および制裁

（表　彰）

第38条　社員が以下の各号のいずれかに該当したときは、その都度審査の上表彰する。

⑴　業務成績、優良で他の模範と認められるとき。

⑵　業務に関して、有益な改善をしたとき。

⑶　社会的功績により会社または社員の名誉、信用を高めたとき。

⑷　災害の防止または、非常の際、特に功労があったとき。

⑸　前各号に準ずる程度の業務上の功績が認められるとき。

（表彰の方法）

第39条　表彰は、以下の各号の1つまたは2つ以上を併せて行う。

⑴　賞金または賞品の授与

⑵　昇給または昇格

（制　裁）

第40条　会社は社員の就業を保障し、業務遂行上の秩序を保持するため、就業規則の禁止・制限事項に抵触する社員に対して、制裁を行う。

2　処分の決定まで、社員に自宅待機を命じることがある。

3　他の社員を教唆、扇動、共謀、または隠蔽の違反行為があると認められた社員は当事者に準じて懲戒を行う。

（制裁の種類、程度）

第41条　制裁の種類は以下の通りとする。

⑴　訓　　戒……口頭または文書により厳重注意をし、将来を戒める。

⑵　譴　　責……始末書を提出させ、将来を戒める。

⑶　減　　給……始末書を提出させ、1回の額が平均賃金の1日分の半額、総額が一賃金支払期における賃金総額の10分の1以内で減給する。

(4)　出勤停止……始末書を提出させ7日以内の出勤停止を命じ、その期間の賃金は支払わない。

(5)　諭旨退職……退職願を提出するよう勧告する。なお、勧告した日から3日以内にその提出がないときは懲戒解雇とする。

(6)　予告期間を設けることなく、即時に解雇する。この場合、所轄労働基準監督署長の認定を受けたときは解雇予告手当を支給しない。

（懲戒事由と適用）

第42条　社員が次の各号のいずれかに該当するときは、情状に応じ、訓戒、譴責、減給、出勤停止とする。

(1)　正当な理由なく欠勤、遅刻・早退し、またはみだりに任務を離れる等誠実に勤務しないとき。

(2)　過失により会社に損害を与えたとき。

(3)　虚偽の申告、届出を行ったとき。

(4)　職務上の指揮命令に従わず職場秩序を乱したとき。

(5)　素行不良で、会社内の秩序または風紀を乱したとき（セクシュアルハラスメントによるものを含む）。

(6)　会社内で暴行、脅迫、傷害、暴言またはこれに類する行為をしたとき。

(7)　会社に属するコンピュータ、電話（携帯電話を含む）、ファクシミリ、インターネット、電子メールその他の備品を無断で私的に使用したとき。

(8)　過失により会社の建物、施設、備品等を汚損、破壊、使用不能の状態等にしたとき、またはフロッピーディスク、ハードディスク等に保存された情報を消去または使用不能の状態にしたとき。

(9)　会社および関係取引先の秘密およびその他の情報を漏らし、または漏らそうとしたとき。

(10)　職務に対する熱意または誠意がなく、怠慢で業務に支障が及

　　　ぶと認められるとき。

⑾　第6章服務の規定に違反したとき。

⑿　会社外における犯罪その他の非行により、会社の名誉・信用を棄損しまたは会社に損害を与えたとき、その他、職場秩序を乱したとき。

⒀　その他この規則および諸規程に違反し、または非違行為若しくは前各号に準ずる不都合な行為があったとき。

2　社員が次の各号のいずれかに該当するときは、諭旨解雇または懲戒解雇に処する。ただし、情状により減給、出勤停止または降格とする場合がある。

⑴　正当な理由なく、欠勤が14日以上におよび、出勤の督促に応じないまたは連絡がとれないとき。

⑵　正当な理由なく頻繁に遅刻、早退または欠勤を繰り返し、再三の注意を受けても改めないとき。

⑶　正当な理由なく頻繁に業務上の指示または命令に従わないとき。

⑷　故意または重大な過失により、会社に重大な損害を与えたとき。

⑸　重要な経歴を偽り採用されたとき、および重大な虚偽の届出または申告を行ったとき。

⑹　重大な報告を疎かにした、または虚偽報告を行った場合で、会社に損害を与えたときまたは会社の信用を害したとき。

⑺　素行不良で、著しく会社内の秩序または風紀を乱したとき（セクシュアルハラスメントによるものを含む）。

⑻　会社内で暴行、脅迫、傷害、暴言またはこれに類する重大な行為をしたとき。

⑼　会社に属するコンピュータによりインターネット、電子メール等を無断で私的に使用して猥褻物等を送受信し、または他人に対する嫌がらせ、セクシュアルハラスメント等反社会的行為に及んだ場合。

⑽　故意または重大な過失によって会社の建物、施設、備品等を汚損、破壊、使用不能の状態等にしたとき、またはフロッピーディスク、ハードディスク等の会社の重要な情報を消去もしくは使用不能の状態にしたとき。

⑾　会社および会社の社員、または関係取引先を誹謗もしくは中傷し、または虚偽の風説を流布もしくは宣伝し、会社業務に重大な支障を与えたとき。

⑿　会社および関係取引先の重大な秘密およびその他の情報を漏らし、あるいは漏らそうとしたとき。

⒀　再三の注意および指導にもかかわらず、職務に対する熱意または誠意がなく、怠慢で業務に支障が及ぶと認められるとき。

⒁　職務の怠慢または不注意のため、重大な災害、傷病またはその他事故を発生させたとき。

⒂　会社内における窃盗、横領、背任または傷害等刑法等の犯罪に該当する行為があったとき。

⒃　会計、経理、決算、契約にかかわる不正行為または不正と認められる行為等、金銭、会計、契約等の管理上ふさわしくない行為を行い、会社の信用を害すると認められるとき。

⒄　前項の懲戒を受けたにもかかわらず、または再三の注意、指導にもかかわらず改悛または向上の見込みがないとき。

⒅　第6章服務の規定に違反する重大な行為があったとき。

⒆　会社外における犯罪その他の非行により、会社の名誉・信用を著しく棄損しまたは会社に重大な損害を与えたとき、その他、職場秩序を著しく乱したとき。

⒇　その他この規則および諸規程に違反し、または非違行為を繰り返し、あるいは前各号に準ずる重大な行為があったとき。

（弁明の機会）

第43条　諭旨解雇ないし懲戒解雇事由に該当するとして、諭旨解雇ないし懲戒解雇になるおそれがある社員については、事前に弁明の機会を与える。

（損害賠償）

第44条　社員が違反行為等により会社に損害を与えた場合、会社は損害を原状に回復させるか、または回復に必要な費用の全部もしくは一部を賠償させることがある。なお、当該損害賠償の責任は、退職後も免れることはできない。

第9章　解雇、退職及び休職

（解　雇）

第45条　社員は以下の事由により解雇されることがある。

(1)　身体、精神の障害、その他法令で保護されない私的な事情等により、本来遂行すべき業務への完全な労務提供ができず、または業務に耐えられないと認められたとき。

(2)　能力不足、勤務成績が不良で、会社が通常期待する水準に達しないと認められたとき。

(3)　事業の運営上、または天災事変その他これに準ずるやむを得ない事情により、事業の継続が困難になったとき。

(4)　試用期間中または試用期間満了時までに社員として不適格であると認められたとき。

(5)　規律性、協調性、責任性を欠き他の社員の業務遂行に悪影響を及ぼすとき。

(6)　誠実勤務義務の不履行または完全な労務提供がなされない等で、労働契約を継続することが不適当と認められたとき。

(7)　経営上の判断に基づく事業の縮小等（業務委託等によってこれまで行っていた業務を廃止する場合を含む）、合理性を伴うやむを得ない業務の都合により必要があるとき。

(8)　薬剤師等の有資格者が免許証を剥奪されまたは免許証の効力を失ったとき。

(9)　その他、第6章服務の規定にしばしば違反し、改悛の情がないとき。

2　解雇するときには、30日前に予告する。予告しないときは平均

賃金の30日分を支給して即時解雇する（平均賃金の30日分とは、過去3か月の総支給額をその期間の暦日数で除したものを1日分としてその30日分をいう）。なお、予告日数は平均賃金を支払った日数だけ短縮することができる。

3　前項の解雇予告手当について、試用期間中でかつ14日以内に採用を取り消した者には適用しない。

（即時解雇）

第46条　次の各号に該当する場合は行政官庁の認定を受けたときは、予告期間を設けないで解雇する。

(1)　会社が倒産したとき、および天災事変その他これに準ずるやむを得ない事情により、事業の継続が困難になったとき。

(2)　社員が懲戒のため即時解雇に処せられる事由のあるとき。

（解雇制限）

第47条　社員が次の各号に該当する場合は解雇をしない。

(1)　社員が業務上の傷病により療養のために休業する期間およびその後30日間

(2)　女性社員が出産のため休業する期間およびその後30日間

2　前項にかかわらず、次の各号に該当する場合は解雇することがある。

(1)　事業の運営上、やむを得ない事情、または天災事変その他これに準ずるやむを得ない事情により、事業の継続が困難になったとき。

(2)　業務上の災害により職場復帰できず、傷病補償年金の給付があり、療養開始から3年以上経過したとき。

（一般退職）

第48条　社員が以下の各号のいずれかに該当する場合には、当該事由の発生した日をもって退職とする。

(1)　死亡したとき（死亡した日）。

(2)　期間を定めて雇用した者の雇用期間が満了したとき（期間満了日）。

⑶　自己の都合により退職を申し出て会社の承認があったとき（承認した日）。

⑷　休職期間満了までに休職理由が消滅しないとき（休職期間満了日）。

⑸　役員に就任をしたとき（役員就任日）。

2　社員が自己の都合により退職しようとするときは、少なくとも2か月前までに薬局長を経て会社に所定の様式にて退職の届け出をしなければならない。

3　退職する者は、会社の承認があるまで従前の業務に服し、退職日までに引継書の作成をはじめとする業務の引継ぎその他指示されたことを終了しなければならない。

（居所不明による退職）

第49条　社員が届け出なく欠勤し、居所不明等で会社が本人と連絡をとることができない場合に、欠勤開始から14日を経過した日に退職として扱う。

（定年退職）

第50条　社員の定年は満60歳とし、定年に達した日の直後の賃金締切日をもって退職日とする。

2　前項による定年到達者が引き続いて就業を希望した場合は、満65歳まで嘱託社員として再雇用をする。ただし、労働条件については個別に協議し、1年ごとに更新する。

（退職後の義務）

第51条　退職または解雇された者は、その在職中に行った自己の責に帰す職務に対する責任は免れない。

2　退職または解雇された者は在職中に知り得た機密を他に漏洩してはしてはならない。

（休　職）

第52条　社員が以下の各号のいずれかに該当するときには休職を命ずる。ただし、第1号および2号に定める休職事由が業務外の傷病を原因とする場合において、当該傷病が休職期間中の療養に

よって治癒する蓋然性が低い場合には、休職を命ずることなく普通解雇とすることがある。

(1)　業務外の傷病による欠勤が3か月以内に通算20労働日にわたったときで、その傷病が治癒しないとき。なお、治癒とは、従来の業務を健康時と同様に通常業務できる程度に回復することを意味する。

(2)　業務外の傷病により完全な労務提供ができず（常に所定労働時間の勤務ができない等）、その回復に一定の期間を要するとき。

(3)　やむを得ない事情により1か月以上欠勤したとき。

(4)　前各号のほか、会社が休職させる必要を認めたとき。

2　本条の規定は、正社員および短時間正社員にのみ適用することとする。また試用期間中の者には適用しない。

（休職期間）

第53条　休職期間は次の通りとする。

(1)　前条(1)(2)の場合

①　勤続年数が1年未満の場合……………………　3か月以内

②　勤続年数が1年以上の場合……………………　6か月以内

ただし、情状により期間を延長することがある。

(2)　前条(3)(4)の場合は、会社が認めた期間

2　休職期間中の賃金は支給しない。

3　休職期間満了後においても休職事由が消滅しないときは、満了の日をもって一般退職とする。

4　休職は同一または類似の事由につき2回までとする。

5　休職期間中は、原則として勤続年数に算入しない。

6　業務外の傷病により休職をする社員は、休職期間中は治療に専念しなければならない。

7　休職期間中、社会保険料や住民税等、会社が負担を立て替えている場合には、会社の指定金融機関に振込みをしなければならない。

8　社員は毎月１回、会社に症状等を直接報告しなければならない。

（復　職）

第54条　復職に当たっては会社が指定した医療機関で受診させ、その結果によって復職の是非を判断する。

2　社員は、第52条の休職事由が消滅したとして復職を申し出る場合には、休職期間が満了する前に会社が指定する日までに医師の治癒証明（休職前と同様の完全な労務提供ができる旨の診断書等）を提出しなければならない。

3　前項による診断書の提出に際して、会社が診断書を発行した医師に対する意見聴取を求めた場合は、社員はその実現に協力しなければならない。

4　第３項の診断書が提出された場合でも、会社は会社の指定する医師への検診を命ずることができる。会社は、社員が正当な理由なくこれを拒否した場合、第３項の診断書を休職事由が消滅したか否かの判断材料として採用しない。

5　休職の事由が消滅したときは、原則として休職前の職務に復職させるが、業務の都合もしくは当該社員の状況に応じて異なる職務に配置することがある。この場合、本人との協議の上、労働条件の変更を伴うことがある。

6　復職しても６か月以内に同一または類似の事由により欠勤または完全な労務提供をできない状況に至った場合は再度の休職を命ずる。この場合は２回目の休職に該当するため、休職期間は当該復職前の休職期間と通算する。

第10章　賃　金

（給与および賞与）

第55条　社員に対する給与および賞与に関する事項は、賃金規程に定める。

（慶弔見舞金）

第56条　社員の慶弔、傷病、罹災の際は、それぞれ祝金、見舞金

および香料を別に定めた慶弔見舞金規程によって支給する。

第11章　災害補償

（災害補償）

第57条　社員の業務上の傷病に対する療養補償、休業補償、障害補償および業務上の死亡に対する遺族補償、葬祭料については、労働基準法の定めるところによりこれを行う。

2　補償を受けるべき社員が同一の事由によって労働者災害補償保険法によって前項の災害補償に相当する保険給付を受ける場合においては、その給付の額の限度において前項の規定は適用しない。

3　社員が業務外の傷病にかかった場合は、健康保険法により扶助を受けるものとする。

（打切補償）

第58条　業務上の事由による災害を受けた社員が、療養開始後3年を経過しても、負傷または疾病が治癒しない場合は、労働基準法の定めるところにより、打切補償を行い、その後の補償は行わない。

第12章　安全および衛生

（心　得）

第59条　社員は安全衛生に関する規定を守り、常に職場の整理整頓に努め、救急品の備付場所ならびにその使用方法を知得しておかなければならない。

（火災の措置）

第60条　火災その他の災害を発見し、またはその危険を予知したときは、直ちにこれを薬局長および他の社員に報告してその指揮に従って行動しなければならない。この場合、患者の安全を優先しなければならない。

（健康診断等）

第61条　社員には、毎年1回以上の健康診断を行う。

2　社員はこの健康診断の受診および結果を会社へ通知することを拒否することができない。

3　健康診断結果の情報は安全配慮義務を果たす関係上、会社が一括して管理を行う。

4　社員は、健康診断の結果に異常の所見がある場合には、再検査を受診しなければならない。

5　社員が、正当な理由なく前項の再検査を受診しない場合、会社は当該社員に勤務させないことがある。この場合、賃金は支給をしない。

6　健康診断の結果、特に必要のある場合は就業を一定の期間禁止し、または職場を配置替えすることがある。

附　則

この規則は令和○年○月○○日から施行する。

■個人情報管理規程

個人情報管理規程

(目　的)

第1条　この規程は、株式会社○○薬局（以下「会社」という）における個人情報の適正な取扱いに関して、「個人情報の保護に関する法律」およびその他の関連法令等に基づきながら定めたものである。

(利用目的の特定)

第2条

1　会社が個人情報を取り扱うに当たっては、その利用目的をできる限り特定する。

2　会社が取得した個人情報の利用目的を変更する場合には、変更前の利用目的と変更後の利用目的とが相当の関連性を有する合理的な範囲内になければならない。ただし、当該個人情報がプライバシー情報（私生活上の事実に関して一般的に公開を望まない内容の情報をいう。以下同じ）を含む場合、利用目的を変更するには原則として本人の同意を必要とするものとする。

3　前項に従って個人情報の利用目的を変更した場合には、変更した利用目的について、本人に通知または公表しなければならない。

(利用目的外の利用の制限)

第3条

1　会社は、あらかじめ本人の同意を得ることなく、前条に定める利用目的を超えて個人情報を取り扱ってはならないものとする。

2　前条または前項の規定に関わらず、次の各号のいずれかに該当する場合には、あらかじめ本人の同意を得ることなく、前条によって特定された利用目的の範囲を超える必要かつ合理的な範囲において、個人情報を取り扱うことができるものとする。

(1)　法令に基づくとき

(2) 人の生命、身体または財産の保護のために必要がある場合であって、本人の同意を得ることが困難であるとき

(3) 公衆衛生の向上または児童の健全な育成の推進のために特に必要がある場合であって、本人の同意を得ることが困難であるとき

(4) 国の機関もしくは地方公共団体またはその委託を受けた者が法令の定める事務を遂行することに対して協力する必要がある場合であって、本人の同意を得ることにより当該事務の遂行に支障を及ぼすおそれがあるとき

（取得に関する規律）

第４条

1　会社が個人情報を取得するときには、その利用目的を具体的に特定して明示し、適法かつ適正な方法で行うものとする。ただし、人の生命、身体または財産の保護のために緊急に必要がある場合には、利用目的を具体的に特定して明示することなく、個人情報を取得できるものとする。

2　会社が個人情報を取得したときには、あらかじめその利用目的を公表している場合を除き、速やかにその利用目的を本人に通知または公表するものとする。ただし、次の各号のいずれかに該当する場合には、本人に通知または公表しなくてもよいものとする。

(1) 利用目的を本人に通知または公表することによって、本人または第三者の生命、身体、財産その他の権利利益を害するおそれがあるとき

(2) 利用目的を本人に通知または公表することによって、会社の権利または正当な利益を害するおそれがあるとき

(3) 国の機関または地方公共団体が法令の定める事務を遂行することに対して協力する必要がある場合であって、利用目的を本人に通知または公表することによって、当該事務の遂行に支障を及ぼすおそれがあるとき。

⑷　取得の状況からみて利用目的が明らかであると認められると
き

（個人データの適正管理）

第5条

1　会社は、利用目的の達成に必要な範囲内において、常に個人デー
タを正確かつ最新の内容に保つよう努めるものとする。

2　会社は、取り扱う個人データの漏洩、滅失またはき損の防止そ
の他の個人データの安全管理のために必要かつ適切な措置を講ず
るものとする。

3　会社は、個人データを取り扱わせる会社の社員に対し、個人デー
タの安全管理のために必要かつ適切な監督を行うものとする。

4　会社は、個人データの取扱いの全部または一部を第三者に委託
する場合には、当該第三者に対し、個人データの安全管理のため
に必要かつ適切な監督を行うものとする。

5　会社は、利用目的に関して保有する必要のなくなった個人デー
タにつき、6月を超えて保有することのないよう、確実かつ速や
かに消去することとする。

（個人データの第三者提供の制限）

第6条

1　会社は、次の各号のいずれかに該当する場合を除き、あらかじ
め本人の同意を得ることなく、個人データを第三者に提供しない
ものとする。

⑴　法令に基づくとき

⑵　人の生命、身体または財産の保護のために必要がある場合で
あって、本人の同意を得ることが困難であるとき

⑶　公衆衛生の向上または児童の健全な育成の推進のために特に
必要がある場合であって、本人の同意を得ることが困難である
とき

⑷　国の機関もしくは地方公共団体またはその委託を受けた者が
法令の定める事務を遂行することに対して協力する必要がある

場合であって、本人の同意を得ることにより当該事務の遂行に支障を及ぼすおそれがあるとき

2　次に掲げる場合において、当該個人データの提供を受ける者は、前項の第三者に該当しないものとする。

⑴　会社が利用目的の達成に必要な範囲内において個人データの取扱いの全部または一部を委託する場合

⑵　合併その他の事由による事業の承継に伴って個人データが提供される場合

⑶　個人データを特定の者との間で共同して利用する場合であって、その旨並びに共同して利用される個人データの項目、共同して利用する者の範囲、利用する者の利用目的および当該個人データの管理について責任を有する者の氏名または名称について、あらかじめ本人に通知し、または本人が容易に知り得る状態に置いている場合。なお、利用目的または個人データの管理について責任を有する者の氏名もしくは名称を変更する場合には、変更する内容について、あらかじめ本人に通知し、または本人が容易に知り得る状態に置くものとする。

（保有個人データに関する事項の公表）

第7条

会社は、保有個人データに関し、次に掲げる事項について、本人の知り得る状態（本人の求めに応じて遅滞なく回答する場合を含む。）に置くものとする。

⑴　会社の名称

⑵　すべての保有個人データの利用目的（第4条第2項第1号ないし第3号に該当する場合を除く）

⑶　次条第1項および第9条第1項の規定による求めに応じる手続き

⑷　会社が行う保有個人データの取扱いに関する苦情の申出先

（保有個人データの開示）

第8条

1　会社は、本人から当該本人が識別される保有個人データの開示（当該本人が識別される保有個人データが存在しないときにその旨を知らせることを含む。以下同じ）を求められたときは、身分証明書等によって本人であることを確認した上で、本人に対して保有個人データを開示するものとする。ただし、開示することによって次の各号のいずれかに該当する場合には、その全部または一部を開示しないものとする。

(1)　本人または第三者の生命、身体、財産その他の権利利益を害するおそれがある場合

(2)　会社の業務の適正な実施に著しい支障を及ぼすおそれがある場合

(3)　他の法令に違反することとなる場合

2　前項に定める開示の方法は、書面の交付による方法とする。ただし、あらかじめ本人との間で口頭での回答による開示を合意によって定めている場合には、その方法によるものとする。

（保有個人データの訂正、追加、削除、利用停止等）

第9条

1　会社は、本人から書面または口頭によって、開示に係る個人データの訂正、追加、削除または利用停止を求められたときは、利用目的の達成に必要な範囲内において、速やかに必要な調査を行い、理由があることが判明した場合には、その結果に基づいて当該保有個人データの訂正、追加、削除または利用停止等の措置をとるものとする。

2　会社は、前項に基づいた措置をとったとき、または措置をとらない旨の決定をしたときは、本人に対して遅滞なくその旨（訂正または追加した場合には、その内容を含む）に理由を付して通知するものとする。

（個人情報保護管理者及び苦情対応）

第10条

1　会社は、個人情報の適正な管理を図るため、個人情報保護管理

者を定め、会社における個人情報の管理に必要な措置を行うものとする。

2 前項に定める個人情報保護管理者は、社長とする。

3 会社は、個人情報の取扱いに関する苦情に適切かつ迅速に解決するため、苦情解決責任者を定め、会社における個人情報に関する苦情に対応するものとする。

4 前項に定める苦情解決責任者は、各店舗の薬局長とする。

（社員等の責務）

第11条

1 会社の社員等（ボランティア等の従事者を含む。以下同じ）または社員等であった者は、業務上知り得た個人情報の内容を第三者に漏洩し、または不当な目的のために利用してはならない。

2 本規程は、個人情報保護を目的とした規程であって、会社の社員等（ボランティア等の従事者を含む。以下同じ）または社員等であった者は、プライバシー情報の保護に関しても別途厳格に法令を遵守するよう努めるものとする。

（その他）

第12条

この規程に定めのない事項はその都度社長が決定する。

附　則

この規程は令和○年○月○○日から施行する。

■ 情報管理規程

情報管理規程

（目　的）

第1条　この規程は、株式会社○○薬局（以下「会社」という）の内部情報に関する事項の管理並びに保全に関する措置等について定め、もって、内部情報の漏洩の防止および内部情報の適正な活用を図ることを目的とする。

（内部情報の定義）

第2条　内部情報とは、会社の所有する情報であって、患者情報、社員情報、システム情報、経営資源情報その他事業を運営していく上で必要なすべての情報を指す。

（誓約書の提出）

第3条

1　すべての社員は、入社時に機密情報の取扱いについての誓約書に署名をして提出しなければならない。

2　退職する場合は、退職理由を問わず、退職後も内部情報を開示・提供しないことを誓約し、退職日までに改めて誓約書に署名をして提出しなければならない。

（本部管理体制）

第4条

1　すべての情報管理は、薬局長の統括管理の下で行うものとする。

2　前項によらず、薬局長が指定した者がいればその者が行うことがある。

（パソコンの使用）

第5条

1　すべての社員は、会社所有のパソコン（モバイル機器を含む）を丁寧に扱わなければならない。

2　原則として、プリントスクリーン（画面の複写）機能は使用してはならない。

3　パソコンに赤外線等による通信機能がある場合は、その機能を使用してはならない。

4　会社が所有している機器以外は、勝手にパソコンに接続してはならない。

5　パソコンがウイルスに感染した場合には、システム管理者が対応し、社員が勝手に対応・処理をしてはならない。

6　パソコンを使用する際には、むやみにパソコンから離れてはならない。

（パソコンの破損・紛失）

第6条　故意または重大な過失により会社所有のパソコンを破損・紛失した場合は、原則として全額弁償しなければならない。

（インターネットの使用）

第7条

1　社員は、場所および時間を問わず、会社所有のパソコン・携帯電話・モバイル機器等を使用して業務と関連のない WEB サイトを閲覧してはならない。

2　会社は、必要に応じて会社所有のパソコン・携帯電話・モバイル機器に対してインターネットのアクセス状況を確認することができる。この確認の前後に、故意にアクセス履歴を削除したり、確認を拒否した場合には制裁を課すことがある。

（ソフトウェアのダウンロード）

第8条

1　業務に必要なソフトウェアをダウンロードする際には、あらかじめ薬局長の許可を得なければならない。

2　業務に関連のないソフトウェアを会社所有のパソコン・携帯電話・モバイル機器からダウンロードしてはならない。このダウンロードにより会社が経済的な被害を被った場合には、損害額の全額を本人は負担しなければならない。

（ソフトウェアのインストール）

第9条

1　ソフトウェアのインストールは、業務に使用するソフトウェア
　であっても会社の許可なく勝手に行ってはならない。

2　ソフトウェアの CD-ROM、マニュアル、シリアルナンバーが記
　載された書類は、会社が指定した場所にて一括管理する。

（ファイル共有ソフトウェア）

第10条

1　会社所有のパソコン・モバイル機器にファイル共有ソフトウェ
　アをインストールしてはならない。

2　前項に違反した場合は、制裁を課すことがある。

（ネットワークセキュリティ）

第11条

1　ネットワークへの接続は、ユーザーID とパスワードにより厳密
　に管理するものとする。

2　パスワードは、定期的に変更し、不正なアクセスを予防しなけ
　ればならない。

（電子メール）

第12条

1　電子メールの送信は、会社と業務上何らかの関係のある先のみ
　とし、私用に用いてはならない。

2　業務と関連がないと思われる電子メールを受信した場合は、む
　やみに開いてはならない。

3　電子メールで添付ファイルを送信する際には、パスワードを設
　定した上で送信しなければならない。

4　送受信をした電子メールは、私用の電子メールアドレス（携帯
　電話によるメールアドレス含む）に転送してはならない。

（撮影の禁止）

第13条　私用の携帯電話やデジタルカメラ等により、職場内を撮
　　　　影する際には、社長の許可を得なければならない。

（個人使用のパソコン・記憶媒体の取扱い）

第14条　会社に許可なく、個人使用のパソコンや USB メモリなど

の記憶媒体を職場に持ち込んではならない。万が一私用の記憶媒体を職場内に持ち込んだ場合は、没収し破棄する。この場合、会社は損害賠償には一切応じない。

（裏紙使用の禁止）

第 15 条　コピーやメモ等において、裏紙の使用は一切禁止する。

（立入禁止）

第 16 条

1　会社の情報管理の徹底のため、社長は会社の立入禁止区域を決定する。

2　社員は、会社の立入禁止区域内に第三者を招き入れてはならない。

（シュレッダーの利用）

第 17 条　内部情報の記載がある紙を破棄する際には、必ずシュレッダーによって破棄しなければならない。

（パソコンの廃棄）

第 18 条　故障等によりパソコンを廃棄する場合は、HDD を専用ソフトウェアによりフォーマットし、粉砕廃棄する業者に委託する。

（持出しの禁止）

第 19 条

1　内部情報を会社外に持ち出すことは、薬局長の許可を得た場合を除き一切禁止する。

2　前項に違反した場合は、制裁を課すことがある。

（情報の紛失）

第 20 条　この規程に違反して、情報を紛失した場合は、原状回復費用等の一切を本人に請求する。

（個人情報の取扱い）

第 21 条　個人情報の取扱いは、個人情報保護法に準じて運用する。

（損害賠償）

第 22 条　この規程に違反して会社に損害を与えた場合には、一切

の賠償責任を社員は負わなければならないが、これは退職後も免れることはできない。

附　則

この規程は、令和○年○月○○日から実施する。

■ 通勤手当支給規程

通勤手当支給規程

（総　則）

第1条　この規程は、従業員の通勤手当の支給について定めるものである。

（通勤手当支給対象者の範囲）

第2条　従業員の住居より勤務地までの距離が2kmを超えるものであって、現に公共の交通機関を利用している者に限り、通勤手当を支給する。ただし会社は、特別な事情がある場合には、私有車通勤を認めることがある。

2　1か月以上の欠勤者および休職者には、通勤手当は支給しない。

（一般交通機関を利用する場合）

第3条　通勤に電車、バス等の交通機関を利用する従業員に対しては、通勤に係る実費支弁を目的として1か月定期代相当額の通勤手当を支給する。ただし、通勤の経路および方法は、最も合理的かつ経済的であると会社が認めたものに限ることとし、非課税限度額を超える場合には非課税限度額を限度として支給する。

（私有車通勤の場合）

第4条　本人の住居より最寄の駅まで公共の機関を利用する代わりに、自動車、自動二輪車等で通勤する場合には、次の区分に応じた額を支給する。

片道の距離（自宅から勤務地まで）	自動車	自転車
2km 以上 10km 未満	4,100 円	
10km 以上 15km 未満	6,500 円	2,000 円
15km 以上	10,000 円	

（申請手続）

第5条　通勤手当の支給を受けようとする者は、別に定める所定の様式で管理部に申請しなければならない。

2　次に該当する場合には、遅滞なく、所定の様式で申請しなければならない。

(1)　住居が異動し、通勤経路に変更が生じた場合

(2)　利用交通機関の乗車料金が改定された場合

(3)　交通事情の変化により、通勤経路または利用交通機関の変更が妥当な場合

(4)　その他会社の認める事由により通勤手当を変更する必要が生じた場合

3　支給額の変更は、届出があり次第行うものとし、届出が遅れた場合でも遡って支給額の変更は行わない。ただし、過払いが生じている場合は、返金を求める。

4　通勤経路、交通手段、その他の事項について虚偽の申請を行い、不正に手当の支給を受けた場合は、適正な通勤手当との差額を返還させるものとし、加えて就業規則に定める懲戒規定を適用することがある。

（支給方法）

第6条　通勤手当は、1か月全休（年次有給休暇、慶弔休暇を含む）の場合は支給しない。

2　新規入社、休職および復職、自己都合による退職の場合の当月の通勤手当は、暦日による日割で算定する。

3　通勤手当の額が月の途中で変更となった場合には、変更前および変更後の手当額をそれぞれ暦日による日割で算定する。

附　　則

この規程は、令和○年○月○○日から施行する。

■ 私有車通勤規程

私有車通勤規程

（目　的）

第１条　この規程は、株式会社○○薬局（以下「会社」という）の従業員が所有する車輌を通勤のために使用するときの管理に関する事項について定めるものである。

（適用範囲）

第２条　この規程は、役員、社員、嘱託社員、パートタイマー、アルバイト、有期契約社員等のすべての従業員に適用する。

（通勤用車輌の定義）

第３条　この規程でいう通勤用車輌とは、道路交通法で定める車輌のうち、普通乗用車および自動二輪車をいう。

（通勤用車輌の管理）

第４条　通勤用車輌の管理は、管理部において行う。

（車輌使用基準）

第５条　私有車を運転しての通勤を希望する者には、次の条件基準に照らして、使用許可を与える。

車輌	手続き	条　件			
		通勤距離	強制保険	任意保険	名義
軽四輪車以上	許可申請	片道2km以上	加入済み	対人無制限 対物300万円以上	自己所有
自動二輪車	許可申請	同上	加入済み	対人無制限 対物300万円以上	自己所有

（私有車通勤許可申請）

第６条　私有車を運転して通勤しようとする者は、別紙の私有車通勤申請書および誓約書に免許証、検査証、任意保険証書等の写しを添えて、会社に提出し許可を得なければならない。

（私有車通勤許可の優先基準）

第７条　私有車通勤の許可は、次の基準に照らして判断する。この場合、次の順位に該当する者から優先的に許可を与えるものとする。

⑴　交通機関の利用が著しく不便な者

⑵　遠距離のため、他の交通機関よりはるかに短時間で通勤できる者

⑶　過去に交通事故または道路交通関係法規の違反のない者

（私有車通勤許可証と有効期間）

第８条　私有車通勤を許可された者には、「私有車通勤許可証」を交付する。

2　「私有車通勤許可証」の有効期間は１年間とし、その後１年ごとに更新する。

3　前項の更新手続は有効期間満了の日の２週間前までに会社に届け出ることとし、会社は、再度第７条の基準に照らして審査し許可証を更新する。

（駐車場の使用）

第９条　私有車通勤者の車輌は、会社が指定した駐車場または駐車場所に駐車しなければならない。

2　会社が業務上の必要により、社内駐車場所を他に転用する場合、または社外の駐車場契約を解約したときは、その後の駐車を禁止することがある。この場合私有車通勤者は、会社の指示に従わなければならない。

3　駐車中における車輌の破損、盗難、自然災害等による被害または事故については、会社は一切その責任を負わない。

（通勤手当の支給）

第10条　私有車通勤者に対して、会社は通勤手当を支給する。

2　通勤手当は、自宅から勤務地までの通勤距離が片道2km以上と認められる者について、通勤手当支給規程に基づき算定し支給する。

（業務への使用禁止）

第11条　私有車通勤者は、いかなる場合であっても私有車を会社の業務のために使用してはならない。ただし、会社が特別に承認したときはこの限りでない。

2　前項の定めに違反して事故を起こし、会社または他に損害を与えた場合は、私有車を業務使用した本人がその損害を弁償しなければならない。

（安全運転の励行）

第12条　私有車通勤者は道路交通法令に従って安全運転を心がけるとともに、次の事項を遵守しなければならない。

⑴　飲酒または酒気帯びで運転しないこと

⑵　薬を飲んだ後に運転しないこと

⑶　睡眠不足、過労の状態で運転しないこと

⑷　速度違反運転をしないこと

⑸　その他道路交通法令で禁止されている運転をしないこと

⑹　私有車通勤に当たり会社の指示に従うこと

⑺　指定駐車場または駐車場所以外に駐車しないこと

⑻　常に車輌の整備を行うこと

⑼　相乗り運転をしないこと

⑽　私有車通勤許可証を携帯すること

（事故の補償）

第13条　私有車通勤の通勤途上の事故および通勤車輌の使用による私用外出した場合の事故に関しては、会社は一切その責任を負わない。

（届出の義務）

第14条　私有車通勤者は、次の各号のいずれかに該当したときは、速やかに、会社に届け出なければならない。

⑴　申請書の記載事項に変更があったとき

⑵　交通事故または交通違反を起こしたとき

⑶　やむを得ない理由で、夜間および休日等に社内駐車場等を利用するとき

⑷　私有車通勤をやめるとき

（会社の求償権）

第15条　私有車通勤者がこの規程に違反して事故を起こしたこと
に起因して会社が損害を受けた場合は、会社は私有車通勤者本人
に対し、会社が受けた損害につき賠償請求をする。

（私有車通勤許可の取消し）

第16条　この規程に違反し、私有車通勤者として不適格と会社が
認めた場合は、私有車による通勤の許可を取り消すことがある。

クスリにまつわるお話

〈その2〉　PTPシートについて

　PTPにされるクスリは錠剤やカプセルですが、以下は錠剤を例に話
をすすめます。

① 　PTPシートの形状

●色

　以前はほとんどが銀色でしたが、現在は識別性を高めるため随分と
カラフルになりました。中には多色刷りやグラデーションを効かせた
ものまであります。一部の製薬メーカーでは、同じ成分（名前）のク
スリで、その含有量が異なる場合、主成分の含有量によって色分けを
しています。例えば、最低含有量（5mg）のPTPの色はうす緑色、
中間の含有量（10mg）はブルー、最高含有量（30mg）のPTPシー
ト色は赤といった具合です。

　これも誤調剤や誤飲防止のために、製薬メーカーが行っている工夫
のひとつです。

●錠数

　1枚のPTPシートに入っている錠数は、10錠が一般的ですが14錠
入りのものや21錠入りのPTPシートもあります。14錠入りや21錠

入りをウィークリー・シートといいます。

　１シートが１週間分の服用錠数になっているので便利で、また飲み忘れたらすぐ分かります。

　患者にとっては好都合なのですが、調剤する側からすると、週単位で処方されたときはよいのですが、30日から90日などの長期投与になると計算が面倒になり、現場の薬剤師にはすこぶる不評です。

　その他いろいろ調剤側の経済的な理由などもあって、10錠シートの方がまだまだ幅を利かせているのです。

●割線

　PTPシートに付けられている切れ目や折り目の線のことです。まずクスリの名前が書いてあるPTPシートの上のところ（ミミと呼ばれます）の下に１本入っている場合がほとんどです。最近ではこのミミの下の割線が無いPTPが増えてきています。

　そして、1995年ごろまでは錠剤が入っている膨らみすべてに、縦横に割線があり、１錠づつ切り離すことができました。でも現在は最低でも２錠までです。１錠づつ切り離せた当時に、誤ってPTPシートのまま錠剤を取り出さずに飲み込んでしまい、喉や食道にひっかかるという事故が発生していました。これを重くみた日本薬剤師会が、PTPシートを１錠づつ切り離せないようにせよ、と強く製薬メーカーに要望したのを受け、製薬メーカー各社が対応した結果です。

　先のウィークリー・シートでは、横の割線がなく縦の割線だけにしたPTPもあります。日本薬剤師会からの要望に製薬メーカーが応じたのですが、当初から現場の薬剤師さん達からは不便だと不評で、変更当初はメーカーに多くの抗議が寄せられたそうです。

　患者からしても、ハサミで切るから同じだ、という声が聞こえてきそうです。１錠ずつハサミで切り離した時は、テレビなどを観ながらよそ目をして、うっかりPTPシートごと飲み込まないように注意しましょう。

②　PTP シートの記載事項〜薬品（製品）名の記載〜

　PTP シートには、表や裏にいろいろな情報が記載されています。

　2000 年の秋までは、PTP シートの記載事項はデザインの内とされ、医薬品としての品格を損ねない限り自由とされていました。でも、現在では、誤調剤と誤飲防止対策のため、記載内容は厳しく規定されています。その代表的なものを見てみましょう。

　まずはクスリの名前の記載です。

　以前は、患者やその家族に飲んでいるクスリの名前を知らせたくない、あるいは知らせない方が良いといった考えが医療関係者側に支配的でした。そこでクスリの名前は PTP シートのミミの部分だけにそれも英文で記載されているだけでした。多くの場合、このミミの下の割線で、この英文名まで切り取られて患者に渡されていました。自分の飲んでいるクスリの名前を知りたい患者のために、以前は「医者からもらった薬の名前が解る本」などというものまで出版され、よく売れていたようです。

　某外資系メーカーが1993 年ごろに新発売したクスリの名前を、高齢者が服用する機会が多いクスリだったので飲み間違いを防ごうと PTP シートのミミの部分にカタカナで記載したところ、医療機関から多くの苦情を受けたそうです。それほどに、まだ患者への情報は閉ざされた時代だったのです。

　ついでに言うとこのメーカー、医療事故防止のためという方針を変えずに、2 年後には当時国内で最も処方量の多いクスリのひとつの PTP シートの名前の記載を、それまでの英文表記からカタカナ表記に変更してくれました。

　この時も、医療機関からの風当たりは相当なものだったようですが、その後も英文表記からカタカナ表記への変更を進めていきました。

　現在では、誤調剤や誤飲防止の観点から、PTP シートへのクスリの名前の記載が「和文（カタカナ）」表記であることは、絶対必要事項と規定されています。

③　PTP シートの記載事項～薬品名以外の記載～

次は、クスリの名前以外の記載事項です

薬品名のほかに、PTP シートには、クスリの「取出し図柄」や「分別（大抵は“プラ”）マーク」の表示が義務付けられています。さらに多くの場合、クスリの識別コードやメーカーコードが記号や数字で記載されています。これらは、先にお話しした PTP シートの割線単位（多くの場合２錠ごと）に１つは見えるようにと規定されています。

さらに特殊なクスリには、裏面にその服用方法や注意事項なども記載されている場合もあります。そのため、PTP シート一面にいっぱい記載事項があって、何が書いてあるのか読みづらいといったクスリもあります。またミミの部分などには、製薬メーカーの製造番号が刻印してあります（ちょっと見づらいのですが）。

製造番号があってなぜそのクスリの使用期限が表示されていないのか疑問に思われる方もいるでしょうが、その説明は長くなりますのでここでは控えます。

なお、これらのさまざまな事項に加えて、そのクスリに関する情報をバーコードで表示することがすすめられています。私たちの目に触れる機会はほとんどないのですが、既に注射剤のアンプルやバイアルではその表示が実施されています。バーコード・リーダーでこれを読み取り、医療事故の防止や投薬の記録管理に、さらには医療機関の在庫管理や発注システムなどの効率化にと利用が始まっているのです。PTP シートでも同様の効果が期待されています。

第3部　選ばれる調剤薬局へのステップ

第1章　社員満足の高い会社が成長する

1　企業発展の要は人を育てる人材マネジメント

　第2部では、「経営安定化の要は人事労務の整備」として、就業規則、ルールの徹底、管理者としての労務管理知識など職場秩序を保ち、安心感、公平感のある安定経営のベースとなる部分について述べてきました。そして、極度な薬剤師不足のために調剤薬局が抱えている労務管理上の課題を解決するためには、患者からだけでなく薬剤師からも選ばれる働きやすい会社にする必要があることも確認しました。

　第3部では、「患者からも働く人からも選ばれる調剤薬局へのステップ」として、社員一人ひとりの育成に焦点を合わせた人材マネジメント（人事管理）について述べていきます。

　原則論に戻りますが、企業活動では「人・物・金・情報」といった経営資源をいかに効果的に活用するかという力差が優劣を決めることになります。調剤薬局の場合、立地条件の良さは大きな要件ですが、薬局の売上目標（カネ）を達成するのも、薬という商品（モノ）に付加価値をつけ顧客に提供するのも、社員（ヒト）であることはいうまでもありません。調剤薬局を取り巻く経営環境はめまぐるしく変化し、競争が激化しています（図表3-1）。病院前の最高の立地条件に店舗があり、今順調に経営が成り立っていたとしても、「患者が薬局を選ぶ時代」において収益を伸ばし続け、安定した経営をするためには、人材の確保、育成が最も重要な課題となることは明白です。

　企業の継続・発展は「人」の成長なくしてありません。薬剤師は売り手市場が続いており、離職率が高く、再就職率も高いという特殊な状況にあります。欲しい人材が流出しないためには、求める人材が「働きたい」と思う会社にするほかありません。**社員の持てる能力を引き出し、いかに「やりがい」ひいては自己実現に向けての「生きが**

■ 図表 3-1 調剤薬局を取り巻く経営環境

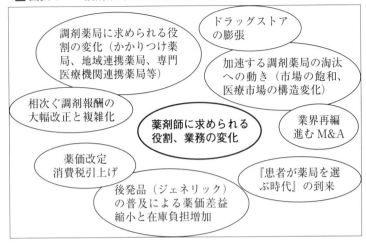

■ 図表 3-2 企業活動＝経営資源（人）の育成・活用

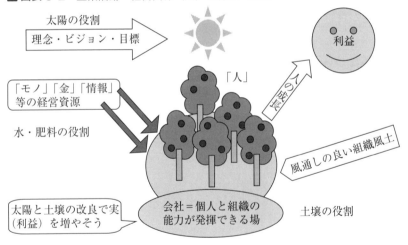

い」を提供できるかが、選ばれる調剤薬局としての魅力になります。

　経営目標に照らして、社員ひとり一人を育成し、付加価値を高める
ことが継続的な利益を生み出します。この利益によって教育など社員
への直接、間接的な還元・投資を行うことができます。また、自分が
働いている会社が発展することは、仕事を通して自分自身が成長し、

自己実現へ向かっているという実感につながります。この好循環を作り出すために個人の能力が発揮できる場を作り、人を活かすこと、人を育て適切なマネジメントを行うことが企業発展の要となるのです（図表3-2）。

第3部では、患者からも薬剤師からも選ばれる調剤薬局になるための「人を活かす労務管理」について取り上げます。

2　社員満足（ES）が顧客満足（CS）を高める

(1)　サービス・プロフィット・チェーン

企業が発展し続けるためには、「顧客の満足」を追求し続けなければならないことは言うまでもありません。そこで注目したいのが、「社員満足が良質なサービスの提供につながって顧客満足を生み、顧客が満足することで業績向上につながる」という視点です。CSとESとの関係について、ハーバード大学ビジネススクールのJ.ヘスケットらが示したサービス・プロフィット・チェーンをご紹介します。

図表3-3の右にある「外部サービスのプロフィット・チェーン」では、①サービス価値の向上が顧客満足を増大させ、②顧客ロイヤルティーの向上につながり、ロイヤルティの高い顧客が反復利用したり、他の顧客へ紹介することで、売上や利益の増加につながることを示しています。

左の「内部サービスのプロフィット・チェーン」では、まず、③売上や利益の増加によってもたらされた人材育成などの適切な運用により内部サービスの品質を向上させ、④社内サービスの向上が社員満足の増大をもたらし、社員ロイヤルティの向上をもたらします。⑤ロイヤルティの高い社員が増えることで定着率が高まり、モチベーションが向上して、高いサービス生産性を発揮するようになります。これが

■ 図表 3-3　サービス・プロフィット・チェーン

「ここで働いてよかった！」「この薬局で働きたい」そんな社員満足の高い会社には、顧客（患者）も集まる。

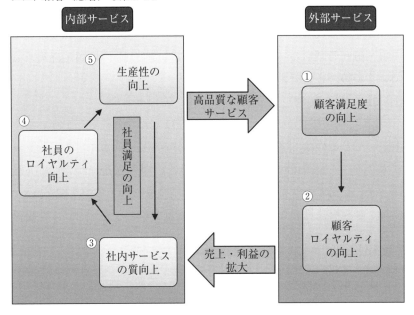

サービス価値の向上をもたらすことを示しています。

ES＝　社員満足　＝「Employee　Satisfaction」の略
CS＝　顧客満足　＝「Customer Satisfaction」の略

　ここでは、あえて「顧客」という言葉を用いました。調剤薬局のお客さんは「患者」ですが、調剤薬局の役割は「治療」だけでなく、「健康をつくること」へと広がってきています。治療を終えた人、家族、地域の住民など「患者」から「顧客」という考え方へのシフトが求められていることを付け加えておきます。

　つまり、社員満足（ES）がサービスの品質を高め、それが顧客満足（CS）を高めることにつながり、結果的に企業利益を高めるという好循環を生み出しているというわけです（図表 3-3）。

(2)　3つの満足の追及

　サービス・プロフィット・チェーンのスタートはどこなのかというと、まず、社員満足の向上なのではないでしょうか。経営の要となる人事・労務管理をしっかり押さえるところから、3つの満足を追求していく姿勢が必要です。

①　社員満足（ES）

　「ここで働いてよかった！」と思う会社はどんな会社でしょう。まず上がってくるのは、「給料が高い、やりがいが感じられる、スキルアップできる、人間関係が良い」などでしょう。社員満足については、後ほど詳しく見ていきますので、ここでは、職場に対する満足度が高く、会社が好きな社員でなければ、患者が満足するようなサービスを提供することなどできないということを伝えておきます。心に不満があると、うわべだけの笑顔や言葉づかいになり、すぐに相手に見透かされてしまいます。自分の会社や仕事に不平・不満を抱いている社員が、患者に満足を与えられるはずがないのです。ですから、顧客満足を求めるならば、まずは意欲を持って働ける環境を整え、社員満足を高めることが必要なのです。

②　顧客満足（CS）

　顧客満足とは、提供された製品を使ったり、サービスを受けたりしたときにその期待が満たされたかどうかということになります。調剤薬局では、説明が分かりやすく安心して服用できた、処方された薬で改善がみられた、スタッフの感じのよい応対で辛い気持ちが和らいだというようなことになるでしょう。患者は期待通りであれば「満足」しますが、期待を下回った場合は「不満足」、さらに期待を裏切られたと感じた場合は「クレーム」ということになります。

　逆に期待を上回った場合は、「感謝」してもらうことになり、さらに思いがけないサービスを受けたときは「感動」を提供することができます。「この薬局があってよかった」、「ここに来れば安心だ」「次もここに来たい」と思ってもらえることが、顧客に対しての存在価値に

なります。一般に、リピートは「感動」レベルになるとぐっと多くなるといわれています。満足からさらに感動を生み出すマネジメントが求められます。

顧客満足

| クレーム | ＜ | 不満足 | ＜ | 満足 | ＜ | 感謝 | ＜ | 感動 |

③　企業満足

　企業満足とは、会社の利益が上がり、新たな投資により事業を拡大できること。会社や店舗の評価が上がり、社会や地域から必要とされる存在になること。経営者、役員の報酬や株主への配当が上がることなどでしょうか。何にしても、社員満足、顧客満足があっての結果ということになります。

(3)　中小企業白書における社員満足度と業績の関係

　仕事のやりがいと企業業績の関係については、2009年の中小企業白書でも取り上げられているので、紹介しておきます。

　白書には、「社員満足度の向上は社員の定着率の向上や生産性の向上、顧客満足度の向上などの効果があり、それが企業業績にプラスの効果をもたらしている」とあります。

1)　仕事のやりがいと企業業績との関係

　「図表 3-4 は、中小企業の正社員について、仕事のやりがいに対する満足度と、勤務先の中小企業の収益状況との関係を見たものである。これによると、明確な相関関係は見られないが、仕事のやりがいが「十分満たされている」「かなり満たされている」とする者の方が、「あまり満たされていない」「ほとんど満たされていない」とする者よりも、勤務先が「若干の黒字」と回答している者の割合がやや高く、また「若干の赤字」「大幅な赤字」と回答している者の割合がやや低い傾向が見て取れる。」

■図表3-4　中小企業で働く正社員の仕事のやりがいに対する満足度と収益の関係～仕事のやりがいが満たされている企業ほど収益は黒字の傾向～

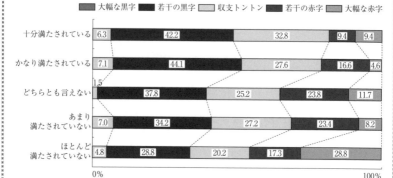

資料：三菱 UFJ リサーチ＆コンサルティング（株）「働きやすい職場環境に関する調査」（2008 年 12 月）
（注）1. 中小企業の正社員のみ集計している。
　　　2.「わからない」は除いて集計している。

2）社員の満足度の向上が中小企業に与える影響

　「中小企業のうち 10 年前に比べて社員の満足が向上したと考えている企業に対して、満足度の向上がどのような効果をもたらしているか調査したところ「社員の定着率の向上」をあげる企業が最も多く、次に「生産性の向上」や「顧客満足度の向上」を挙げる企業が多かった。（図表 3-5）

　このことから、中小企業において、仕事のやりがいに対する社員の満足度を向上させることは、社員の定着率や生産性の向上を通じて、その企業の業績にプラスの効果をもたらすことを示唆していると考えられる。」

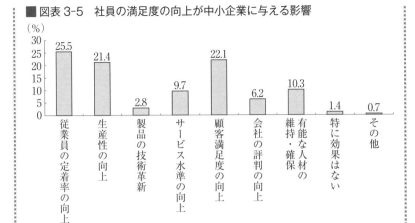

■図表 3-5　社員の満足度の向上が中小企業に与える影響

資料：(株) 野村総合研究所「企業における人材マネジメントの取組に関するアンケート
　　　調査」(2008 年 12 月)
(注)　1.無回答は除いて集計している。
　　　2.「10 年前と比べて従業員の満足度が高くなった」と回答した中小企業のみ集計し
　　　　ている。

（**図表 3-4**、**3-5**のグラフ及び「　」内は「中小企業白書」より抜粋）

　このような好循環をより効果的にもたらすためには、まず ES の現
状を的確に把握・分析し、その上でどのような施策をとれば CS につ
ながるのかという点に着目し、具体策を検討することが大切です。

３　やり甲斐の提供〜モチベーションマネジメントの基本

　企業発展のためには社員満足を上げる人材マネジメントが必要なこ
とは、理解いただけたと思います。

　では、社員に満足（やり甲斐）を感じてもらうにはどうすればよい
のでしょうか。

　これまでは働く側も、仕事に求めるものは給料や休日などの待遇面
が重要視されてきましたが、最近になってそれも大きく変化してきま
した。将来性や社会性のない会社、人間関係がギスギスした職場、自
己成長が感じられない仕事などは、いくら賃金が良くても社員を満足

させることができなくなりました。それは離職率などにハッキリと現れてきます。

　特に薬剤師は、より高い給料に惹かれることはあっても、給料が低いことを理由に辞める方は少ないでしょう。自分が関わった患者に感謝されること、自分の仕事を通して職場の上司や部下、ひいては、自分の家族や社会の役に立っていると実感できること、仕事を通じて自分が成長していることを実感できることなど、これからの成熟社会では、従業員に単に賃金だけでなく「心の報酬」も与えるよう知恵を絞る必要があります。物心両面、トータルで従業員を満足させる環境をしっかりと整えていく必要があるのです。

　次に、労務管理理論としてよく用いられる3つの理論を紹介しながら、何が社員のやりがいの提供になるのか考えていきましょう。

⑴　ハーズバーグの動機づけ要因

　満足不満足を起こす要因について提唱しているのが、F・ハーズバークの動機づけ・衛生理論です。人の「やる気」は不快から逃れたいという「衛生要因」と「自己の成長を図りたいという意欲要因」の2つから成るという考え方です（図表3-6）。

　衛生要因とは、具体的にいうと「給料」や「労働時間、休日・休暇等の就業条件」「福利厚生」などで、これらの要因が満たされないと、社員は不安や不満を覚えます。例えば、給与の支給基準があいまいで、不公平感があった場合、自分が正しく評価されているのかどうか、今後昇給があるのかどうかなど、不安や不満が出てきます。しかし、評価基準があるからといって、ことさら頑張ろうという意欲が増すこともあまり考えられません。

　逆に、プラスの効果を狙って、昇給額を増やしたり、賞与を奮発した場合はどうでしょう。嬉しくて仕事への意欲も増すでしょう。しかし、一般的には、数か月も経つと昇給した給料は、「これくらいもらって当然」という気になり、少し忙しい日が続くと、今の給料では安い、もっと上げて欲しいとと考えるようになります。賞与もお金を使って

■ 図表 3-6　ハーズバーグの二要因モデル　意欲要因と衛生要因からの考察

意欲要因（満足向上要因） ・仕事の達成 ・周囲（上司や同僚など）の承認 ・やりがいのある仕事 ・自己の成長 ・役割への使命感 ・社会、家族からの承認 ・チームワークの良さ		意欲要因が満たされると、従業員の モチベーションは継続的に高まる 非金銭的報酬
衛生要因（不満足低減要因・安心要因） ・会社の経営方針の明確化 ・分かりやすい人事制度 ・公平な賃金制度や賞与 ・労働条件、社会保険など ・安定した給与水準 ・就業規則等の明確ルール ・快適な作業環境・福利厚生制度		衛生要因が満たされないと従業員は 不安・不満になる。また、満たされ た場合でも一時的満足感であり、モ チベーションは継続しない。 金銭的報酬 又は 基本的労働条件（規則）

しまったころには、多くもらったことさえ忘れ、次の賞与は、さらに多くならないと満足感は満たされません。

　このように、衛生要因は、満たされないと不満になりますが、満たされたとしてもその満足は長続きしないのです。

　それに対して、仕事の満足に関わる**意欲要因**は、欠けていても特に不満足を引き起こすわけではありませんが、満たされると満足感を覚えます。

　意欲要因となるのは、「仕事や目標を達成する」「認めてしてもらう」「より高度な新しい仕事を与えられる」「責任のある仕事を任される」などです。これらの意欲要因が満たされることによってもたられるモチベーションは、継続的に高まります。

　例えば、与えられた日常業務を問題なく行い、1日の仕事を無事終えることができる状態であれば、特に不安や不満が出てくることはありません。しかし、もし自分なりの工夫をして分かりやすい書類を作ってほめてもらった。ちょっとした気配りをしたことで患者にお礼を言ってもらった。というような体験があったときはどうでしょう。

「また喜んでもらいたい」という気持ちが、仕事に対する意欲を引き起こすことになります。工夫や勉強を積み重ねることで、できることが増え、達成感を味わう機会が増えるので、仕事を通して自分が成長していることが実感できるようになります。このように動機づけ要因から引き出されたモチベーションは、継続され、また次のモチベーションを引き出す要因ともなります。

　ただ、ここで注意しておきたいことは、成果を上げさせるために、操作的にほめたり、ほうびを与えたりするのとは違うということです。ほめて育てると一般に言われますが、うわべだけの承認はかえって不信感を買いますし、ほうびをもらうことが目的になっては、本来のモチベーションを引き出すことはできません。

　人間が本来持っている「成長したい、認めてもらいたい、人の役に立ちたい」といった本質的な欲求に働きかけ、本人の自己成長を促すものでなければなりません。意欲要因を意識した労務管理を行うことで、会社において、働く喜び、人生の充実を感じてもらえるようになればしめたものです。社員満足はどんどん上がって、職場も活性化し業績へも反映されていくことになります。

　先に述べた中小企業白書においても、仕事のやりがいはどこから生まれてくるのというテーマでの報告がありました。

　図表3-7 は、大企業と中小企業の正社員に対して、仕事のやりがいの源泉のうち最も大きいものを聞いた結果です。これによると、賃金水準（昇給）を挙げる者が最も多く、次に「自分がした仕事に対する社内の評価」や、「仕事をやり遂げた時の達成感」といった項目を挙げる者が多くなっています。

　賃金や昇給は、仕事をしたことへの具体的な見返りであり、企業内での評価でもあるので、この項目を挙げた人が最も多いのは当然と考えられます。しかし、業績や生産性に関わらず、毎年昇給させることは難しいでしょう。しかし、2番目、3番目に挙がっている「社内の評価」「達成感」は、経営者がリーダーシップを発揮し、本気で取り組むことによって、いくらでも工夫できます。そして、これらが、先に

■ 図表 3-7　正社員における仕事のやりがいの源泉

～仕事のやりがいの源泉としては賃金水準の割合が最も高く、次に仕事をやり遂げた時の達成感や自分がした仕事に対する社内の評価が続く～

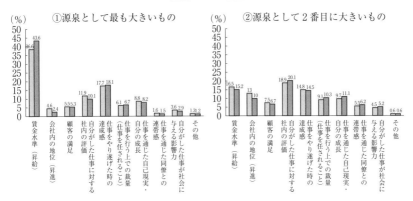

資料：三菱 UFJ リサーチ＆コンサルティング（株）「働きやすい職場環境に関する調査」
　　　（2008 年 12 月）
（注）正社員のみ集計している。

述べた意欲要因（満足向上要件）であることはいうまでもありません。

　労務管理として、これらの意欲要因への働きかけが、継続的に行われるしくみづくりが必要なのです。具体的には、次のような施策が考えられます。

- 社員が目標を持ち、自分の成長の度合いを確認できるキャリアパスを確立すること。
- 社員が仕事の成果を正当に認めてもらったと思える評価体制を整備すること。
- より高度な仕事にチャレンジし、仕事の達成感を味わえるよう、一人ひとりの成長段階に応じた計画的な人材育成を行うこと。
- 身近な管理職が、常に承認のメッセージを与えられるしくみをつくること。

　これらに注力することが、社員の仕事のやりがいを高め、継続的に仕事に取り組む意欲を引き出す上で効果的だと考えられます。

⑵　マズロー5段階欲求説の応用

　欲求5段階説はマズロー（アメリカの心理学者1908〜1970年）が提唱した説です。人間は常に何らかの欲求を持ち、人間の行動は欲求を満たすためのプロセスだとしています。

　人間の欲求は、①生理的欲求が満足したら、②安全・安定の欲求にいく……という下から順に欲求段階が上がっていきます。適切な労務管理を行うには、人間としてのこれらの欲求を十分に理解し、社員のモチベーションアップ（意欲づけ・動機づけ）は、これらの欲求を段階的に満足させることが重要です。

　図表3-8に、マズロー5段階欲求説の応用として、労務管理上のマネジメントと会社としての施策をまとめておきますので、どの層に対してどんなことに取り組んでいくべきかの参考にしてください。

　次に、これを調剤薬局の労務管理にあてはめてみます。

　第1段階の「生理的欲求」については、給与が適正に支払われており、労働時間、休日、休暇等の労働条件が整備されて、雇用契約書や就業規則により明示されていればこの段階は満たされることになります。薬剤師については、一般に給与水準も高いことから、第1段階は就職した時点である程度充足されていると考えられます。

　第2段階の「安全・安定の欲求」は、怪我や病気の心配がない職場であることで充足されます。また、感染症の患者の応対をすることもあるため、感染防止対策がきちんととられていることや法定の定期健康診断はもちろん、必要に応じた健康管理も最低限の要素となります。また、企業規模等も含め、経営が安定しているかどうかもこの領域に入るかもしれません。

　第3段階の「社会的欲求」は、仲間として受け入れられたいという欲求です。

　調剤薬局では、薬剤師不足という現状や結婚、子育てでいったん現

■ 図表3-8　マズローの欲求5段階を応用した労務管理の原則

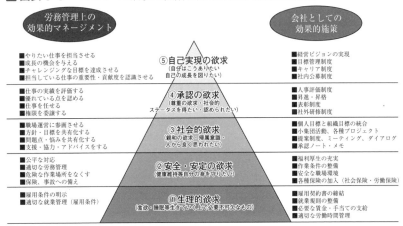

役を退いた薬剤師をパートタイマーとして活用している薬局は少なくありません。立場や責任、仕事の分担などで正社員とパートタイマーとの間に軋轢が起こることがあります。法改正により、パートタイマーや契約社員に対する不合理な待遇は禁止されます。適正な評価によって労働条件を決定し、福利厚生や教育の機会なども均等に与えることで、パートタイマーの労働意欲が上がり能力を発揮してもらうことができます。また、勤務時間のずれによるコミュニケーションギャップが起こらないよう、引継ぎや業務連絡等が確実に行われるようなしくみづくりも大切です。

　第8章で正社員とパートタイマーのギャップを埋める取組み事例を取り上げます

　第4段階の「承認の欲求」とは、自分を価値ある存在として認めて欲しいという欲求です。上司から認められる、部下から尊敬される、自分の意見が取り入れられるといったことになります。

　人事施策とは離れますが、平成23年の東日本大震災において、薬剤師の活躍が大きく取り上げられたり、医師から非常に感謝されたりして、薬剤師としての使命感ややり甲斐を再認識したという話を聞きました。1成分の先発医薬品に対して、20銘柄ものジェネリック医薬

品があります。いくら薬があっても、ジェネリック薬の名前がわから
なければ医師は処方することができません。そんな災害時の混乱状態
の中で、薬剤師の専門性と重要性が注目を浴びました。一例ですがこ
のように、自分の仕事の価値が社会から認められると承認の欲求が満
たされ、モチベーションの向上につながります。

　第5段階の「自己実現の欲求」とは、自分の能力、可能性を十分
に発揮したいという欲求です。代表的な方法としては、部下に仕事を
任せ、高度な仕事への挑戦と成功体験を積んでもらうなどが該当しま
す。任せるタイミングは難しいものですが、任されたと自覚した途端、
人は急激に変化するものです。

⑶　キャリア・アンカー

　最後に、アメリカの心理学者エドガー・シャインによって提唱され
た「キャリア・アンカー」という概念を紹介しておきます。

　キャリア・アンカーとは、自らのキャリアを選択する際の最も大切
な価値観や欲求のことです。人が行動を決定する最終場面で何をより
どころにするか、逆に言えば、どうしても犠牲にしたくないものです。
組織と個人の関係からキャリアを考え、次の8つに分類されていま
す。

◆専門性……特定の分野で能力を発揮することで活躍したい。

◆ゼネラルマネジメント……リーダーシップを発揮するなど、組織の
　期待に応え管理職になることにやりがいを感じる。

◆自律（自立）……組織のルールや規則に縛られず、自分のやり方、
　ペースを守って仕事に取り組みたい。

◆安定……安全・確実で、将来の変化をある程度予測して、経済的安
　定を得て余裕をもって仕事をしたいと考える。

◆奉仕……社会貢献や人助けなど価値あることを成し遂げたい。

◆起業家的創造性……リスクを恐れず、新しいものを作り出し達成す
　ることに幸せを感じる。

◆ピュアチャレンジ……困難な課題や手ごわい相手に挑戦し打ち勝ちたい。

◆ライフスタイル……仕事と家庭生活、個人の時間の両方を大切にし、両者のバランスを取ることに幸せを感じる。

　モチベーションは、周囲の変化や置かれた状況によって変化しますが、キャリア・アンカーは、キャリアを積むプロセスで個人の内面で無意識に固まってくるもので、一度形成されると変わりにくいとされています。

　組織内でどのような働き方を望むかということは、本人がキャリアパスを考える上でも参考になりますし、現在の働き方にどの程度満足感を持っているかという現状と、本来はどうしたいのか、何を大切に思っているのかという理想とのギャップに焦点を当てることより、モチベーションマネジメントに活用できます

　また、薬剤師のキャリア・アンカーの大きな傾向として、専門領域を高めたいという「専門性」や人の役に立ちたいという「奉仕」が多く、「ゼネラルマネジメント」が少ないようです。**薬局長は薬剤師の就任すると決めている会社が多いですが、組織をまとめ、結果を出すという薬局長の役割りの大きさを考えると、必ずしも薬剤師である必要はないかもしれません。組織を構築する上では、柔軟なキャリアパスを考える必要があるともいえるでしょう。**

4　調剤を通じての CSR が社員のモチベーションへ

　本章の最後に、CSR（企業の社会的責任＝Corporate Social Responsibility）の観点から、労務管理を考えてみます。

　CSR というと、「法令順守」や「企業倫理」と同じようにとらえられることがありますが、それは CSR の第一歩です。法令違反をしないなどという後ろ向きのものでなく、社会で企業活動を行うものとして、社会に対してどのような貢献をするかという使命と置き換えても

よいでしょう。

　仕事を通じて患者に満足してもらい、調剤薬局という事業を通じて世の中を幸せにする。その喜びこそが企業活動の原点であり、その会社の存在意義ということになります。**自分の働く調剤薬局が地域医療に役立ち、「その地域にとってなくてはならない会社になること」「周囲から感謝される存在であること」は、そのままそこで働く社員の誇りへとつながります。**社員は、自分の仕事が社会に果たす使命を実感できることで、業務がマンネリ化せず、新たな意欲が継続的に生まれることになります。

　次に、具体的な手法に入っていきますが、本章で述べることの根底には、人の成長を通して社員の幸せを願う心があることが伝われば幸いです。それこそが企業価値を高め、真の会社の成長につながるからです。

　次章から、選ばれる調剤薬局へのステップに入ります。本書では、次に示す流れで取り上げていきます。

STEP1　第２章　現状の把握から組織開発へ

STEP2　第３章　経営理念の浸透で経営者と社員の想いを一つにする

STEP3　第４章　キャリアパスで社員のビジョンを創る

STEP4　第５章　人事制度で社員を育てる

STEP5　第６章　社員満足につながる教育を行う

第2章 現状の把握から組織開発へ
～現状分析から課題を明確にし、必要な施策に取り組む

1 ES（社員満足）調査とは

会社が成長発展するための ES（社員満足）の重要性は前章でお伝えしました。

では、適正な労務管理を行い、ES を上げていくためには、何をどうすればよいのでしょうか。まずは、現状の把握により課題を明確にすることから始めます。これは、会社組織や労務管理に対して、社員がどういう点にどの程度満足し、またどんな問題意識を持っているのかを調査・分析する手法を用います。一般的に、「モラールサーベイ」「社員意識調査」等と呼ばれますが、ここでは「ES 調査」としておきます。

調査する内容は、職場環境や福利厚生、会社への評価・忠誠心、人間関係、指示命令系統や権限などの職務遂行上の課題、報酬、仕事そのもの、仕事への意欲、組織全体の風土など幅広く考えられます。社員がこれらのどの要因に満足しているか、満足していないかを定量的に把握し、その結果に基づき、社員の意欲向上のための施策を立案することになります。

2 実施方法

実施に当たっての手順と注意点を挙げておきます。

(1) 目的を明確にする

事前に「調査を行う目的は何か」ということを明確にし、誰に向けて調査をし、何を基準に分析するのかなどの点においてブレが出ないようにします。例えば「店舗による売上の差を労務管理の観点から探

りたい」「社員にやる気が感じられないので理由を探りたい」「人事制度の見直しに当たり、現在、社員が問題と考えている点を把握しておきたい」などが考えられます。また、ES調査をすることにより、社員に経営参画意識が芽生え、日ごろの不平不満を吐き出すことによるカタルシス効果が得られるなど調査自体にもメリットがあります。一度したから終わりではなく、取組みの成果を確認するためにも、定期的に行うことが望まれます。

　ここでは目的を「ES向上（→CS及び業績向上）のために、現状の課題を把握すること」として進めます。

⑵　対象者の決定

　⑴で目的がはっきりとしていれば、対象者については自ずと決まってくるものですが、全社員を対象にするか、管理職のみとするか、部門を限定して行うかなどを検討します。

⑶　調査方法の決定

　ES調査と一言でいっても、様々な手法が存在します。アンケート形式の意識調査が一般的ですが、紙ベースでアンケートをとるものから、外部業者のサービスを介してWEB上で回答する方法も広く導入されています。外注する場合であれば、どの業者のどのような手法を用いるのか、社内で設問の作成から分析まで行うのか、また、回答は

■図表3-9　調査を社内で行うメリット、外注するメリット

社内で行うメリット	外注するメリット
・コストが少なくてすむ ・目的に合わせて調査項目や設問を設定できる自由度が高い（外注先によっては、オリジナルな調査項目や設問を設定することができる場合もある）	・調査累の回収・入力の際、上司等の目に触れることなく処理でき、社員に安心感がある（匿名性が高い） ・客観的な立場での分析により、説得力が増す ・外注先の分析力、レポートスキルを活用できる ・社内の省力化が図れる

記名とするか匿名とするかなどの検討をします。社内で行うか外注するかについては、それぞれのメリットを考慮しながら検討するとよいでしょう（図表3-9）。

⑷　事前の説明をきちんとする

　調査という言葉に対して、センシティブな反応をする人もいるため、調査の実施を公表する前に、各部門の責任者など個別に協力を仰いでおくべき人物がいるようであれば話を通しておきます。実施をする際にも、調査の趣旨を経営トップのメッセージとして、きちんと伝えておくことが重要です。

3　CUBICを用いたES（社員満足）調査

　ES調査のイメージをつかんでいただくために、弊社で使用している「CUBIC」による様々な分析方法から「モチベーション測定」と「組織活力測定」の２例を紹介します。

①　モチベーション測定

　「モチベーション測定」は、「働く際に何を重要視したいか」（理想）を測定し、「現在どの程度充実感を持っているか」（現状）との関係を比較することで、理想と現状のギャップ（満足度）を診断することにより、その人物が「行動を決定する最終場面で何をよりどころにするのか」を探ります。モチベーションのあり方を診断することにより、「社員満足度」を知ることができるのです。

　CUBICの測定内容は、次の８つの因子に分けられます。

　仕事をする上で、この８つの因子のうち、何を重視しているかを測定します（図表3-10）。

　診断結果フォームには、これら８つの因子が様々なグラフやコメントで表示されますが、その一部をご紹介しましょう。

　図表3-11は、理想と現状、またそのギャップを分かりやすくするため、レーダーチャートで表示したものです。凸凹のはっきりして

■ 図表 3-10　CUBIC モチベーション測定　8 つの因子

(A) 専門志向	仕事そのものに関心が高く、専門的色彩が強い
(B) 自己実現	自分なりの考えを提案し、職務に活かしていく
(C) 自立志向	他人に頼ることなく一人で行動を起こしていく
(D) 人間関係	仲間との関係を大切にし、協調しながら取り組む
(E) 管理志向	的確な指示や命令を与え、組織を統制していく
(F) 安定保障	変化を好まず安定した組織や生活保障を求める
(G) 評価志向	周囲からの期待に応え、より高い評価を求める
(H) 公私充実	私生活を充実させることで仕事の意欲を高める

■ 図表 3-11　CUBIC モチベーション測定「理想と現状の比較」

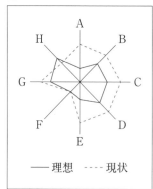

—— 理想　---- 現状

●理想と現状のギャップの大きいもの1
「管理志向」
　自己判断で周囲を指図しながら仕事を進めていく職務ではないようだが、本人はもう少し思ったとおりに行動したいと考え、マニュアル通りでは物足りないと感じているようだ。重大な決定事項ではないにしても、自主的な判断での運営を任されれば、今以上に張り切って業務に取り組むだろう。指示やマニュアルに従う業務よりも、多少でも自分なりの考えを反映させ、主導権を握ることができれば、やりがいを感じられそうだ。

●理想と現状のギャップの大きいもの2
「専門志向」
　突出した専門性を求められているわけではないが、ある程度の経験や知識を必要とする職務に就いていて、もっと詳しくなり、それを生かしたいと考えている。学習、知識習得など、自分の専門性を高められることでやる気が向上する。ゆえに専門志向外のことには興味を高めることは少ないとも言える。現在の職務がそれほどの専門性を要さないのであれば、本来持ち得ている能力発揮、やる気の阻害要因にもなりかねない。

いるところ、差が大きいところに着目すると、その個人が感じていることが見えてきます。コメントは、理想と現状の差が大きいものから

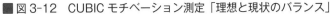

■図3-12　CUBIC モチベーション測定「理想と現状のバランス」

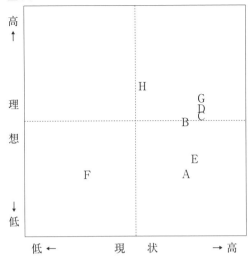

順に２つをピックアップして解説しており、個人の置かれている状態や心理状況を把握することができます。

　図表3-12 は、理想と現状がプロット表示されています。これらのバランスを見ることにより、本人の心の状態を探ることができます。実際の診断では、図の下に「グラフの読み方」が表示され、それぞれの場所に各因子が位置していることにはどのような意味があるのか解説されますので、本人へのフィードバックの際に役立ちます。診断の結果、理想と現状があまりにもかけ離れている場合には、離職や士気の低下を招く可能性があり、逆に理想と現状が高いレベルで維持されていれば、やる気が低下することはありませんが、双方の数値が極端に高い場合は、理想と違う職務に興味を示さず、配置転換に難色を示す可能性があります。

　図表3-13 は、組織全体のすべての社員がどの位置にいるのかをプロット表示したものです。ここでは１つの因子（自立志向）をピックアップしていますが、実際には８つの因子それぞれに同様のグラフが表示されます。このグラフにより組織全体の志向性を把握すると

■図 3-13　CUBIC モチベーション測定「傾向分析」

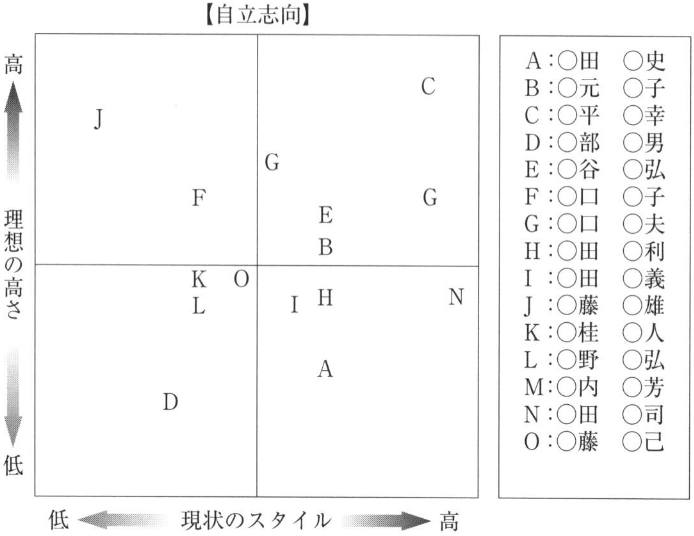
【自立志向】
高
理想の高さ
低
低
現状のスタイル
高
J
F
K
L
O
D
C
G
G
E
B
I
H
N
A
A :○田　○史
B :○元　○子
C :○平　○幸
D :○部　○男
E :○谷　○弘
F :○口　○子
G :○口　○夫
H :○田　○利
I :○田　○義
J :○藤　○雄
K :○桂　○人
L :○野　○弘
M:○内　○芳
N :○田　○司
O :○藤　○己

もに、個人と他の人物との位置関係を見ることで個人の現状を相対的に把握することができます。

② **組織活力測定**

組織活力測定（**図表 3-14**）は、次の５つの分類において、社員の満足度を調査したものです。図は、全社員の調査結果を掲載していますが、これらは、部門別、役職別、年齢別など様々な角度から測定することができ、それぞれの切り口で社員が何に満足し、何に不満を感じているかが明らかになります。

CUBIC による組織活力測定の内容

◆風土厚生面

人事考課と賃金システムの整合性、福利厚生の満足度、休日・休暇問題、職場の雰囲気、慣行など

◆人間関係面

チームワーク、職場の意欲と活気、コミュニケーション、管理者のマネジメント能力、採用と人員充足、定着性など

◆会社評価

　　会社への帰属意識、組織改善の必要性など

◆職務遂行面

　　社員の能力発揮度、意欲充実度、目標達成力、業務実行力と方法、

仕事への姿勢など

◆組織構造面

　　企業理念、仕事の能力発揮度合、仕事の流れ、任務の理解、目標

方針の明確さと浸透度、他部門との連携など

　このCUBIC組織診断では、各項目における目標水準値を40ポイ
ントと設定しています。まずはそれに達していない項目に着目しま

■ 図表 3-14　CUBIC 組織診断

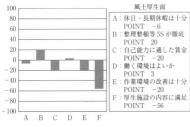

風土厚生面

A：休日・長期休暇は十分
　　POINT －6
B：整理整頓等5Sが徹底
　　POINT 20
C：自己能力に適した賃金
　　POINT －20
D：働く環境はよいか
　　POINT 3
E：作業環境の改善は十分
　　POINT －20
F：厚生施設の内容に満足
　　POINT －56

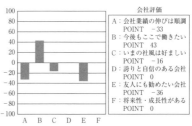

会社評価

A：会社業績の伸びは順調
　　POINT －33
B：今後もここで働きたい
　　POINT 43
C：いまの社風は好ましい
　　POINT －16
D：誇りと自信のある会社
　　POINT 0
E：友人にも勧めたい会社
　　POINT －36
F：将来性・成長性がある
　　POINT 0

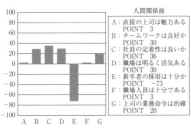

人間関係面

A：直接の上司は魅力ある
　　POINT 3
B：チームワークは良好か
　　POINT 30
C：社員の定着性は良いか
　　POINT 36
D：職場は明るく活気ある
　　POINT 30
E：新卒者の採用は十分か
　　POINT －73
F：職場人員は十分である
　　POINT 3
G：上司の業務命令は的確
　　POINT 20

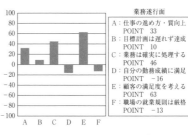

業務遂行面

A：仕事の進め方・質向上
　　POINT 33
B：目標計画は遅れず達成
　　POINT 10
C：業務は確実に処理する
　　POINT 46
D：自分の勤務成績に満足
　　POINT －16
E：顧客の満足度を考える
　　POINT 63
F：職場の就業規則は厳格
　　POINT －13

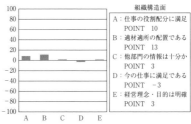

組織構造面

A：仕事の役割配分に満足
　　POINT 10
B：適材適所の配置である
　　POINT 13
C：他部門の情報は十分か
　　POINT 3
D：今の仕事に満足である
　　POINT －3
E：経営理念・目的は明確
　　POINT 3

す。また、組織が健全に機能する水準値を最低15ポイントとしており、これに満たない項目については特に注意する必要があります。問題のある項目については、さらに部署・役職等の属性ごとに分析を深めることで、真の問題点がどこにあるのか追及していくことができます。

　ES調査の手法の一つとしてのご紹介なので、組織活力測定についての事例の分析はここでは行いませんが、この調査結果に基づき、重要度・緊急度に応じて対策を講じることになります。

４　結果をフィードバックする

　診断結果に基づき、具体的な施策を実施する前に、まずは社員に調査結果をフィードバックすることも忘れてはなりません。「調査に協力したが、結果がどうだったのか報告もなかった」という状態になればせっかくの調査・分析が活かされないばかりか、不審感や無力感を招くことにもなりかねません。社員と課題を共有し、その後の対策に共に取り組むことで経営への参画意識が生まれます。ただ、全社員に向けてフィードバックするのは属性別等の細かいデータまでは必要なく、組織全体の分析結果のみでよいでしょう。

　一方、部門長等に対しては、各部門別の細かい分析結果を開示し、場合によってはそれを元に、各部門ごとに対策を提示させることも有効です。内容によっては、委員会やプロジェクトチームを作って社員参加で取り組むと社員間の相互理解が進み、組織力の向上という成果につながります。

５　分析結果を活用する

　今回ES（社員満足）調査を実施する目的は、「現状の課題を把握することでES（社員満足）を向上させ、CS（顧客満足）と業績の向上につなげる」ということでした。その目的を達成するために、分析結

果を今後どのように具体的な施策に展開するのか、また、その施策は誰に向けて実施するのかを十分に吟味する必要があります。分析結果を活用した展開例を挙げておきますので参考にして下さい（**図表3-15**）。

　課題によっては短期間に改善できるものではなく、中・長期的な取組みが必要となるものもあります。継続的に課題に取り組んで行く中で、社員満足度がどのように「変化しているか」を観察し、場合によっては施策内容を軌道修正しなければならないこともあります。ES調査は何かあったときに単発的に実施するのでなく、毎年、もしくは少なくとも隔年ペースで定期的に行い、その都度前年までの結果と比較分析してみることが大切です。

　さらに、ES調査に合わせCS調査も継続的に行うことで、ESが

■ 図表3-15　分析結果の施策への展開（例）

現状の課題	具体的な施策（例）
会社の業績・将来性への不安	経営理念の浸透、経営戦略の共有 管理職研修の実施
賃金等、処遇への不満	賃金制度、評価制度見直し インセンティブ導入
上司への不満	管理職研修 評価基準見直し 複眼評価実施
愛社精神、帰属意識の欠如	経営理念の再認識・クレドの作成 グループ活動強化 社内行事・社内報の発行
自己の成長、達成度への不満	階層別研修 指導員制度の導入
情報共有・コミュニケーション不足	コミュニケーション研修 ミーティング手法見直し 社内報の発行
余暇不足への不満	残業削減対策・就業規則の見直し 人員配置見直し リフレッシュ休暇

CSにどのような影響を及ぼしているのか、その関連性を把握し、より効果的な対策を講じることが可能となります。

そして、計画（plan）、実行（do）、評価（check）、改善（action）といった一連のサイクルにES調査を組み込み、中・長期的な視点に立って「ES向上→CS向上→業績向上」を実現するのだというスタンスで取り組むことが重要です。

経営理念の浸透（第3章）、評価制度（第5章）、コミュニケーションの改善等（第7章）については、後述します。

6　課題解決と組織開発へのアプローチ

社員満足調査や組織診断で改善すべき課題が見えてきました。ここから課題解決に向けて取組みを始めますが、課題解決の方法には2種類あります。一つが不具合原因追求型の「ギャップ・アプローチ」、もう一つが、組織や人の強みや価値に焦点を当てる未来創造型課題達成の「ポジティブ・アプローチ」です。

「問題」には感情のない機械やシステムなどの問題と、人や組織のように感情がある対象があります。機械の調子が悪く製品に不具合が起こっている。コンピューターのシステムが本来出すべき性能を出せていない。そのような生産設備の技術的・物理的な問題は、主に「ギャップ・アプローチ」を使って解決します。

組織における課題解決においても、従来の診断型組織開発では、組織の欠陥や弱みに注目し、それを解決したり打開したりするという問題解決手法（ギャップ・アプローチ）がとられていました。しかし原因の特定が難しく複雑な人や組織の課題解決には「ポジティブ・アプローチ」が有効です。ポジティブ・アプローチとは、組織や人の強みや価値に焦点を当て、関係する組織全体に働きかけ、その強みの相乗効果が生み出されることを期待します。働く人の夢や組織のありたい姿を描くことから内的モチベーションを引き出し目的・目標・アクションプランを導き出す解決手法です。

この二つのアプローチ方法をもう少し詳しく見ていきましょう。

⑴　ギャップ・アプローチ（不具合原因追求型）

　ギャップ・アプローチでは、「問題」を見つけて解決します。不具合や欠陥がある場合には改善する必要があります。そのために原因を追求してその原因を突きとめ、対策を打つものです。最も一般的に使われている問題解決方法です。

　不具合の原因追求は、一般的に次のように進めます。

---

①問題を特定する

②問題を起こしている真の原因を見つけ分析する

　・考えられる原因を網羅する。

　・なぜなぜ問答を繰り返し、真の原因を見つける。

　・データや統計を取り、真の原因を探す

③対策を考える

　・真の原因に対して、対応策を打つ

④解決する

　・アクションプランを作成して解決する

　この不具合の原因を追求するギャップ・アプローチでは「真の原因」を見つけることがカギとなります。ここで、重要なことを確認しておきます。真の原因が見つからないで、手を打っても解決できないということです。単純な例として、コピー機が紙詰まりを起こすという不具合が起こった場合を考えてみましょう。「用紙が正しくセットされていない」「用紙が湿気を吸っている」「給紙ローラーが汚れている」「故障」などの原因が考えられます。原因が「用紙の厚さが設定されたものと異なっていた」のであれば、その原因を特定しピンポイントで取り除かなければあれこれ手を尽くしても解決しないということです。「なぜなぜ」問答を繰り返し、本当の原因を見つけなさいというのが原因追求型の解決です。このギャップ・アプローチは、とて

も大切な手法で、高品質の日本製品は、このギャップアプローチの考え方から作り出されたといえるでしょう。

　しかし、人や組織の問題は、真の原因が見つかるとは限りません。「なぜ間違えたの」と理由を聞いても、真実を話してくれないことが良くあります。本人にもその理由が分からない場合や責任の追求を恐れて守りに入り、本質を話さないこともあります。原因がつかめないものにギャップ・アプローチをつかっても問題の解決ができないばかりか、マイナスの効果が起きてしまうことがあります。このような人や組織の問題には、別のアプローチが必要です。

⑵　「ポジティブ・アプローチ」未来創造型課題達成

　「原因」に注目するギャップ・アプローチに対し、ポジティブ・アプローチでは、組織や人の「価値」や「強み」に焦点を当て、将来のありたい姿に向かって現状を変えていきます。

　例えば、「ミーティングで意見が出ない」という課題があったとします。何が原因でしょう？「テーマや課題が明確になっていない」「発言すると追求されたり非難されるから黙っている方が安心だと感じている」「ミーティングの進め方自体に問題がある」など複数の理由が考えられ、原因を特定することは困難です。また、上司は「部下が無気力だ。主体性がない」と感じている一方で、部下は「いつも上司の中で答えは決まっていて、提案しても聞いてもらえないからムダ」と思っているなど、それぞれが考える原因や思いが異なる場合があります。「真の原因」を見つけようにも特定することは難しく、それぞれが複雑に絡み合っていることがほとんどです。

　このような課題をギャップ・アプローチ（不具合原因追求型）で取り組むと「何が問題か」という議論は「誰が問題か」という犯人探しの議論にすり替わりがちです。その結果、組織を「問題ありの部分」「問題なしの部分」あるいは「治療する側」と「される側」に分断してしまいます。不具合原因追求型の問題解決手法は、対立を起こしたり、関係性を壊す危険をはらんでいるのです。また職場での犯人探し

は、たとえ犯人が現れたとしても、それ以外の人が問題を他人事として
てしまうことにもなりかねません。

　組織の課題解決にとって重要なのは、**原因を追求して人に改善を求**
めることでなく、**問題を自分たちのこととしてとらえ組織で取り組む**
ことであり、**自分たちで解決できる自立した組織を作っていくことで**
す。

　このような人や組織の問題は、問題・原因に目を向けず「どうある
べきか」「どうなりたいか」という未来に注目し、関係者を巻き込ん
だ対話を重ねることで未来を作り出す未来創造型のポジティブ・アプ
ローチが有効なのです（**図表 3-15-2**）。

■ 図表 3-15-2　ギャップ・アプローチとポジティブ・アプローチ

⑶　AI（アプレシエイティブ・インクワイアリー）

　ポジティブ・アプローチとはどのようなものでしょうか。コーチングやメンタリングなども未来を扱うのでポジティブ・アプローチと言えますが、ここでは、組織開発の手法として注目を浴びている AI（アプレシエイティブ・インクワイアリー）についてご紹介します。

　アプレシエイティブ（Appreciative）は、「価値を認める」という意味です。これにインクワイアリー（Inquiry）という「問いかけ」が一緒になってアプレシエイティブ・インクワイアリーが生まれました。つまり、「価値を認めるための問いかけ」をして、ありたい未来を描き出し、巻き込んだメンバーと共に「対話」を通じて実現方法を考え実現していく方法です。

　「問いかけ」つまり「質問」を投げかけることで、メンバーの最高経験を引き出し、成功要因を見つけ、既に持っている能力・強みを発揮させていきます。階層や部門の壁を超えて組織全体に働きかけ、その成功要因を分析してありたい姿を共有し、ありたい姿を実現するために何をするかを決めて実行します。ありたい姿に向かってアプローチすることで結果的に課題解決が図られた状態になっているのです。

　AI が問題を扱わないとは、問題から目を背けるとか放置するということではなく、組織や人のポジティブな側面に焦点を当て、その問題が解決した未来を実現する組織開発のアプローチといえるのではないでしょうか。

⑷　AI を進めるプロセス

　最初にやるべきことは、**解決したい問題をポジティブに表現して戦略テーマを決めること**です。例えば「従業員の定着率が悪い」という問題に関心がある場合「なぜ辞めるのか？」「どうやって離職率を下げるのか？」というアプローチはとらず「働き続けたくなる職場はどんな職場か？」「薬剤師にとって魅力的な職場とは？」といった質問を

■図表3-15-3 AIのプロセス

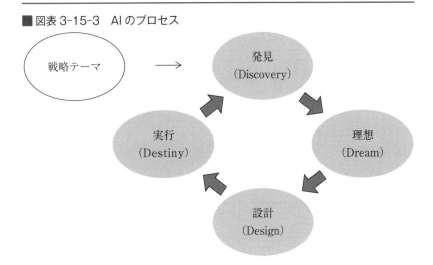

つくります。問題点をテーマに挙げなくても結果的に問題が解決されることが期待されます。従ってテーマは、ポジティブなものにします。

　戦略テーマが決まったら、次はメンバーを巻き込みます。AIは、メンバーにやらせるのではく、巻き込んだメンバー自身が何をやるか考えて知恵を出し、行動を起こすような仕組みになっており、対話を中心に進めていきます。AIは通常、①発見②理想③設計④実行という4つのプロセスに従って進められます（**図表3-15-3**）。このプロセスは、それぞれの段階の頭文字をとって4Dプロセスと呼ばれています。仮に戦略テーマは、先程の例から「誰もが働き続けたくなるイキイキ職場をつくる」としておきます。

① **発見（Discovery）**

　この発見段階では、主に過去に焦点を当てます。戦略テーマに合った質問を投げかけて強みやうまくいっているところを引き出します。戦略テーマが「誰もが働き続けたくなるイキイキ職場をつくる」であれば「これまでの仕事経験で一番職場に愛着を感じたのはどんな時？」「この仕事をしていて一番嬉しかったことは？」「最高の達成感を味わった瞬間は？」といった質問が考えられます。

　ペアを作ってお互いに相手にこれらの質問を投げかけ、これまでの

最高体験について語り合います。それらを共有することで、上手くいっていることや強みなど成功するための要因を探します。この段階で、自分の良さや組織の強みを再認識します。ここでは「成功体験」でなく「最高体験」を語ることが重要です。最高を考えることでリミッターが外れ思考の枠組みが広がります。例外的なこと、奇跡的に上手くいったことを引き出すのがポイントです。また、最高体験の物語を共有する中で、このような最高体験をもたらす共有要素・成功要因（ポジティブ・コア）が抽出されていきます。

ポジティブ・コア（例）

・率直なコミュニケーションがとれていること

・お互いを認め個性を尊重すること、感謝し合うこと

・わからないことはすぐに尋ねられる関係性

・スキルアップへの意欲

---

②　理想（Dream）

　ここでは、発見段階での体験をもとに、理想の未来像を共有します。最高の理想像をイメージするため「もし魔法の杖を使って理想の組織をつくったとしたら何がどのようになっていますか?」「朝起きたら突然理想の職場になっていました。その時は、あなたはまだそのことに気づいていません。いつ、何を見た時、何があったときそれに気付きますか?」といった仮想的な質問が投げかけられます。「こんな職場にしたい」「こんな働き方をしたい」「こんなふうになりたい」という「働き続けたい職場」の未来像を具体的に描きます。そのためにやはり質問の手法を使います。

　そうしてイメージできた理想の職場を「実現できる世界」として具体的に共有するために、その最高の未来像を寸劇で表現したり、コラージュを作ったりと五感を駆使して一緒に作り込んでいきます。一緒になって考えることで、一人ひとりが主体的に組織の未来づくりに関わりたくなるようになっていきます。そんな場をつくるのが理想段

階です。AIには「対話が未来をつくる」という考え方があります。

③　設計（Design）

　この段階では、理想を実現するために「何をするか」を話し合い、理想の組織像を描写する宣伝文を作成します。宣伝文とは、スローガンのようなものと考えて良いと思います。

　これまでの段階で抽出された言葉やイメージを総動員し、これから何をすればありたい姿を実現できるかを皆で考えます。発見段階で見つけた成功要因はメンバーの"誰も"が"いつも"できていることばかりではありません。これらの中から、もっとすれば戦略テーマにつながることを選びだすと良いでしょう。

> **宣言文（例）**
>
> 私たちの職場は、「誰もが働き続けたくなるイキイキ職場となっている」そのためには、「いつも笑顔を忘れず、お互いを尊重し、協力し合い、プロとしての誇りをもって学び続ける」

　参加者一人ひとりが納得するまで十分な時間をかけて話し合って作成することで、この宣言文は、メンバーの内的モチベーションを引き出すものになります。

④　実行（Destiny）

　この段階では、宣言文の状態を実現するために実行可能なアクションプランに落とし込み、成果を作り上げる活動を行います。メンバーは、これまでの発見、理想、設計という段階を仲間と共に知恵を出し合い力を合わせて進んで来ました。一人ひとりが自信を持ち、仲間との絆を深め、主体的に行動する準備ができています。この信頼関係の構築と当事者意識を育むプロセスが重要だと言えます。

　ここからは、自由にアクションについて提案してもらい、それに賛同する人々でチームを作り、行動に移していきます。誰がいつ何をするのかを具体的なアクションプラン（行動計画）を作成し実行していきます。

```
                    アクションプラン（例）
 ◆活動目標
  「何時でも明るく笑顔であいさつをしましょう」
 ◆目標
    きちんとあいさつすることで、お互いの状態や気持ちを理解する
   ことができる。コミュニケーションの機会を増やすことで、仲間意
   識を高める。
 ◆方　法
    必ず相手の顔を見て、明るい声であいさつする。朝と帰りだけで
   なく、一日を通して色々な場面でたくさんのあいさつをし合う。
 ◆ゴール
    人と人が接するときはいつもあいさつされている状態
```

⑸　AI はどうして効果的なのか

　ここで193ページの**図表3-15**　「分析結果の施策への展開」を今一
度見てみてください。挙がっている現状の課題については、ほぼこの
AI が効果的なアプローチであることがわかるでしょう。

　AI では、新鮮な問いかけに答えることで、現状の枠組みを外して
新鮮な考え方を生み出すことができます。また、犯人探しをしないの
で、誰かを責めることなく、前向きでいきいきとしたコミュニケー
ションを通じて問題解決ができます。その解決策が自分たちの経験に
基づいているため自信や自己肯定感、自己効力感が生まれます。AI
のプロセスにおいて、対話に多くの時間をとることは負担に思うかも
しれませんが、対話から参画意識と信頼関係が生まれ組織が強くなり
ます。外科手術のように劇的にすぐに効果が現れるわけではなく漢方
薬のようにゆっくりとですが、組織の免疫力が高まり土台が強くなる
ため組織風土としてしっかり根付いていくことが期待されます。

　この AI は1980年代にアメリカで始められた組織開発に関する取

組みです。最近また注目を浴びており、関連する書籍も多く出ています
のでぜひ取り入れてみてください。

参考文献

＊「健康いきいき職場づくり」北居明ほか　著（生産性出版）

＊「米国人エクゼクティブから学んだポジティブ・リーダーシップ」　渡辺誠
　著（秀和システム）

第3章 経営理念の浸透で経営者と社員の想いを一つにする

　地域で調剤薬局を経営するK社。ここ2年で2店舗から8店舗に増やしました。すべて順調のようなのですが……

> 社労士：○○にまた新しく店舗を出されたのですね。
>
> 顧　客：ええ。おかげさまで。ただ、社員数が急に増えたもので、人や店舗によっても対応にバラツキがあってこれでいいものかと……。
>
> 社労士：そうなのですね。例えば？
>
> 顧　客：患者さんの中には、薬と関係のない話を長々とする方がいらっしゃるんですね。もちろんいつまでも相手をしているわけにいきませんが、その対応がね……。最近入った△店のBさんなんですが、話を聞いてはいるようなのですが、パソコンを見ながら迷惑そうな表情でただ「ハイハイ」と繰り返していて……。
>
> 社労士：たしか御社の理念は、「私たちは、患者さんの立場に立った医療サービスにより、地域の皆さんから多くの笑顔と感謝をいただける薬局を目指します」でしたね。
>
> 顧　客：そうなんです。うちは、かかりつけ薬局として、処方箋がなくても立ち寄って相談してみようかなと思ってもらえるくらい地域のみなさんの健康のよりどころとなる存在を目指しているんです。
>
> 社労士：なるほど……。その対応では、笑顔と感謝はいただけないかもしれませんね……。

　Bさんは、正確に迅速に調剤することが自分の仕事だと思って

います。他の患者が待っているのが気になって、早く次の処方箋にかかりたかっただけで悪気はなかったのかもしれません。患者の話は、きちんと聞くようにと言われていたので、話を遮ることもできずにそのような態度になってしまったのかもしれません。

　でも、ここでＢさんが、経営理念を意識していたらどうでしょう。「この患者さんからも笑顔と感謝をもらいたい。でも、他の患者さんにもできるだけ早くお薬を渡してあげたい」。悩みどころではありますが、少なくとも、目の前にいる患者の話を聞くときに、顔も見ないでおざなりの返事をするなどといった態度にはならなかったのではないでしょうか。

　では、患者からの評判もいい先輩のＡさんならどうしたでしょう。

　Ａさんは、人が長々と話をするときには、何か理由があると思っています。「話を聞いてもらえる人が身近にいなくて寂しいから話が長くなるのだろう。もしかしたら、自分の病気に対する不安や悲観的な気持ちが高まって、どうしようもなくて誰かにその気持ちを受け止めてもらいたいのかもしれない。理由がどうであれ、患者さんは、自分のことを理解してもらいたくて私に話をしているのだ」と考えます。そもそも、「話が長くて困る」というのは、自分たちの都合を優先する立場で、理念にある「患者さんの立場に立った」とは違うなと思っているので、とことん相手の話に傾聴するように努めています。そして相手に「ちゃんと聴いていますよ。こういうことですね。」と聴いていることが伝わるように返事やあいづち、繰り返しなどで返します。聴いてもらえた、わかってもらえたという手応えを感じてもらえたら、すっきりとした笑顔になって「ありがとう」といって、それ以上話が長くならないことを知っています。

　それでも一方的な話が続く場合は、嫌な顔をして話を聞き続けたりせず、はっきりと「他の患者さんが待っていらっしゃいますので、また今度続きを聞かせてくださいね」とか「もう少しお話

を伺いたいのですが、このように混んでいますので、○時ごろま
た来てくださいませんか」と伝えるようにしています。きちんと
伝えれば、こちらの事情も分かってくれることがほとんどです。

　また雑談のようでも、患者の考え方、日常生活の環境、家族の
人間関係など、服薬行動に影響を与える情報が豊富に含まれてい
ることがあります。Ａさんは、雑談だから聞いてもしょうがない
というのでなく、これらの情報を服薬ケアに活かそうと考えてい
ます。

　**自分の仕事は、調剤した薬を渡すことだと考えているＢさん
と、自分の仕事はこの薬局に来てくれる人に心身ともに満足して
もらえる医療サービスを提供することだと考えているＡさんと
の違いがお分かりいただけたかと思います。**

　Ｋ社では、社員数が少ない間は、経営者が一緒に仕事をしたり、
一人ひとりと話をしたりする機会もあったので、患者に対しての
接し方や事業にかける自分の想いを日ごろから伝えていました。
しかし店舗が点在し社員も増えてくると、経営者自身の想いや会
社の目指すところを直接共有してもらうことが難しくなってきま
す。そうすると、Ｂさんのように違った方向に意識が向いている
社員も出てくるでしょう。目指す方向や意識のずれをなくすため
に、経営理念を全社員が共有することが必要になってくるのです。

1　経営理念

(1)　経営理念の重要性と役割

　前章で取り上げた ES 調査により、課題が明確になりました。ここ
で、具体的な改善施策に取りかかる前にまず重要なのは、経営者自身
が経営理念を明確にすることです。なぜならば、「経営理念」は、「会
社の存在目的」そのものだからです。何を目指して進むのか、どの方

向へ改善していくのか、これが明確になっていないと、それぞれの取組みは、バラバラの方向へ向かうことになります。経営戦略、人事戦略、人材育成、人事評価制度……これらすべては、経営理念の実現に沿ったものでなければなりません。

　ここで、経営理念とはどういう役割を持つのかということを確認したいと思います。

① **経営理念は、社員のベクトルを揃える力を持つ**

　同じ会社に勤めているからといって、社員全員が同じ方向を向いて働いているかというと、決してそうではありません。それぞれ生い立ちや受けてきた教育、経験が違うので、育まれてきた価値観は十人十色皆違います。しかし、価値観は異なっても会社として大切にしたいものは、共感・共有されている必要があります。経営理念はそのために必要なのです。「我が社が経営する薬局は、こういう考え方のもとこっちの方向を目指していますよ」と明確に示すことによって、異なったベクトルを一つの方向に向けることができるのです。つまり経営理念の一番目の役割は、個々人の立場を越えて、組織の一員として同じ方向に向かわせるものだということです（図表3-16）。

② **経営理念は、すべての判断の基準、行動の指針となる**

　何か問題が起きたときに、それぞれ社員が個人ごとに「私はこう考

■図表3-16　経営理念に向かってベクトルを揃える

える」「私はこうした方がいいと思う」とバラバラの対応になるようでは、患者は戸惑ってしまいます。

　次のような場面を考えてみましょう。

　薬剤師が薬を渡して説明しようとすると、患者から「いつもと同じ薬だし、説明はいらないわ」と言われました。Cさん、DさんEさんは、それぞれ次のような対応をしました。

　　Cさん……「でも、法律で説明が義務付けされていますから……」
　　　　　　　と一から説明を始めました。

　　Dさん……「そうですか。わかりました。ではお大事に」

　　Eさん……「薬の種類はいつもと同じですが、このピンクの錠剤だけは、1日3回から2回に変わっていますから注意してくださいね。何か変わったことがあれば連絡をください」

　確かに薬の説明をするのは義務ですが、慢性疾患などの場合、毎回同じ説明を聞くのは無駄だと考える患者もいらっしゃるでしょうし、その日は急いでいたのかもしれません。だからと言って、患者がいらないと言ったら説明しないのであれば、そもそも薬の説明は必要なのか不要なのか、どういう意味を持っているのか、疑問に思うでしょう。経営理念は「**私たちは、患者さんの立場に立った医療サービスに……**」でした。「患者さんの立場に立つ」とはどういうことでしょう。患者の意向に沿うことも大事ですが、経営理念の真の意味を理解し、その理念に基づき薬剤師としての役割と責任をどうとらえるのかということが行動の判断基準になるのではないでしょうか。

　採用の場面でも、判断基準の基となるのは経営理念です。会社によっても、個人にとっても価値観は様々です。入社してから目指すところが違ったというのでは、お互いに不幸です。採用の可否を決めるとき、自社の価値観を共有できる人物であるかどうかを見極めることは重要ポイントの一つです。

　このように、経営理念というものは、すべての判断、行動の指針と

なるものでなければならないのです。

③　経営理念は、ビジネスチャンスを生み出す

　経営理念は、言い換えればその会社だけがもっている「〜らしさ」です。買い物に行って、同じような店が並び、同じような商品がたくさんある中で、あなたがその商品を手にしたのはなぜでしょう？まったく同じであれば、どれでもいいはずです。その商品を選ばせたものには、「他とは違う良さ」があったからにほかなりません。その違いが「商品の価値」であり、それは「〜らしさ」から生まれるのではないでしょうか。経営理念は、その会社特有の価値、独特の商品やサービスを生み出すものなのです。調剤薬局に求められる役割や存在価値は同じでも経営理念から社員が生み出すものが私たちならではの新しい価値を生み出します。他の薬局ではなく「○○薬局へ行こう」という気持ちにさせます。つまり、選ばれる調剤薬局になるためのビジネスチャンスを生み出すのです。

④　経営理念は、社員の存在価値と意欲を高める

　一般に社員は、ほとんどの意識が目の前にある日々の業務を行うことに向いており、何のために自分が毎日努力をしているのかをあまり考えていません。この仕事に何の意味があるのかなと懐疑的になることさえあります。これでは社員のモチベーションは上がりません。

　研修やビジネス書でもよく取り上げられる話ですが、ここで「3人のレンガ職人」という話を紹介します。

　ある旅人が道を歩いていると、3人の職人がレンガを積んでいるのを見かけました。

　その旅人は、1人の職人に何をしているのか尋ねました。するとその職人は「ただレンガを積んでいるだけ。つまらない仕事さ」と不機嫌そうに答えました。次の2人目の職人にも同じことを尋ねると、「強い頑丈な壁を作っているのさ。仕事は大変だけど、賃金が良いのでね」と答えました。3人目の職人にも同じことを尋ねると、彼はにこやかに胸を張ってこう答えました。「私は大聖堂をつくっているのです。ここで多くの人が祝福を受け、悲しみを払うのです。この大聖堂は、

多くの信者の心のよりどころとなるでしょう。私はこの仕事に就けて幸せです。」

　3人ともレンガを運んで積み上げるという同じ仕事をしています。この3人に共通なものは何でしょうか？　3人とも、この日のレンガ積みのノルマや、今やっている作業の期限などの「目標」は持っているはずです。3人とも持っているものは「目標」です。それでは、違いは何でしょうか？　それは、「目的」です。1人目は「目的」を持っていません。目の前の「目標」を達成することだけ考えて作業をこなしているだけです。2人目はお給料をもらうことが「目的」です。そして、3人目は人の役に立つことが「目的」です。レンガを積んでいるのではなく、多くの人の喜びをもたらす教会を作っているのです。

　相談事例にあったAさんとBさんの違いですね。仕事の目的、つまりは、その仕事が生み出す価値です。何のために、誰のために今の仕事をしているのか。これらを明確にすれば、自分の存在価値・理由が見えてきます。「やらされている」から「ただやっている」そして「自信と誇りを持ってやっている」と仕事に取り組む意識・姿勢がまったく違ってくるでしょう。

　このように経営理念は、社員、利害関係者、社会の環境をより良い方向に向かわせる力をもっています。ですから、常に全社員に浸透させるしくみと努力が必要なのです。現実には、経営理念はあるけれど形骸化し、戦略にも反映されないし、業務を行う上での判断基準にもなっていない、ベクトルを合わせる力にもなっていないという会社が少なくないのは残念なことです。経営理念や社是、社訓を額に入れて掲示したり、毎朝の朝礼で唱和したりしていても、そこに込められた意味を具体的に社員が認識していなければ絵に描いた餅になります。

　繰り返しになりますが、**経営理念は、会社の存在目的です。経営理念を明確にし、社員一人ひとりが共有すること。そして、「会社理念」と「個人の理念」つまり社員が仕事をする目的や意義が結びつくことで、社員は、自分の仕事に価値を見出し、自分の存在価値とやり甲斐を感じることになります。**経営計画や人事評価制度、教育計画は、理

■ 図表 3-17　「理念経営」の概念図

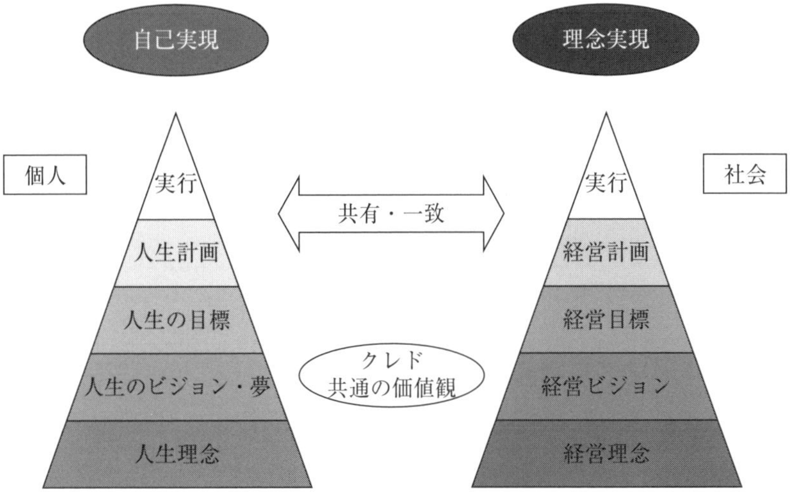

（アチーブメント出版「人事を変えれば社員は育つ」より一部変更）

念の実現に向かうものであり、それを明確に社員に伝えていくものでなければなりません（**図表 3-17**）。

⑵　調剤薬局の経営理念を考える

　経営理念の作り方については、いろいろな本が出ていますので、ここでは詳しくは述べませんが、経営者としての夢、どんな調剤薬局を作りたいのか、患者に対してどんな役割を果たしたいのかを自分の言葉で具体的に表現すればよいと思ってください。自分に次のような質問を投げかけて言葉にしていくとよいでしょう。

　　・個人としての自分の人生観、信念は？
　　・調剤薬局の社会的使命は？
　　・地域社会とどんな風に関わっていきたいか？
　　・患者様から見たあなたの調剤薬局のイメージは？
　　・社員にはどんな風に働いてもらいたいか？
　　・社員の行動指針を作るとしたら？
　うまく言葉にまとまらないときは、同業者の HP を見るといろいろ

出てきます。その中から、自分がこれだと思うキーワードを抜き出して組み合わせながら、イメージを膨らませるとよいでしょう。だんだん自分の言葉になってきます。できたら、数日おいて修正し、また数日おいて見直します。この見直し作業の中でだんだん核心に迫ってくるものがあります。じっくりと熟成していくことが大切です。

2 社員満足を生み出すクレドの作成

(1)　ES クレドを軸とした組織づくり

　経営理念を日常的に意識してもらうためのツールの一つに、クレドを作るという手法があります。

　経営理念は、会社の存在目的・存在意義を定義したものですが、クレドは、経営理念を実現するために必要な共通の価値観（組織の価値観）を分かりやすい言葉でまとめたものです。組織の一員として必要な行動の「よりどころ」となります。会社の行動指針のようなものととらえてもよいでしょう。クレドのもともとの意味は、「信条」を意味するラテン語だそうです。

　ここでは、有限会社人事・労務が主催され、筆者が学ばせてもらっ

■図表 3-18　経営理念と ES クレド

【ES クレドと経営理念】

経営理念
・トップダウンで作成
・経営の目的を明文化したもの

会社の存在意義・
仕事の意義を
社員に伝える

ES クレド
・ボトムアップで作成
（社員が集まって対話し、共有し、
　考え、選び、言葉にまとめる）

「仕事の意味」
「仲間への関心」
で結びつく

た日本 ES 開発協会が提唱している「ES クレド」という考え方と手法に基づくクレドの作成と活用についてご紹介します。

　先に述べたように、経営理念は、経営者自身が決めるものです。それに対して、ES クレドは、社員が主体になって作り上げるものと考えて下さい（図表 3-18）。

```
経営理念  ⇔  組織の価値観（ES クレド）  ⇔  個人の価値観
```

⑵　ES クレドで経営理念と個人の価値観を結びつける

　人はそれぞれ、自分なりの価値観の中で、仕事をする目的を持っています。しかし、自分の価値観だけを大切にする人だけが集まっても、会社という船は目的地に向かってまっすぐに進むことはできません。組織で大切にするべき共通の価値観を「クレド」という目に見える旗として立てることが必要です。

　「組織の価値観」と「個人の価値観」は、必ずしも一致するとは限りませんが、目に見えるようにすることで自分自身の価値観と一致する部分を見つけることができるのです。

　例えば、「人に喜んでもらえる仕事をしたい」という価値観を持つ社員が「私は、患者様のお顔とお名前を覚えて笑顔で話しかけます」というクレドを実践し、一人ひとりの顔を覚えます。そして、店舗に入って来られたら、すぐにこちらから「○○さん、おはようございます。今日も良いお天気ですね。」と名前を呼んで笑顔で挨拶をしたらどうでしょう。きっと患者さんの顔はほころび笑顔で返してくれることが増えるでしょう。どれだけ忙しくても、どんなにプライベートでしんどいことがあっても明るい笑顔で応対することで、患者の安心した笑顔が増えていくことに気づき「患者に喜んでもらえた」という実感が持てるでしょう。これが、会社の価値観と自分の価値観がつながっていることの実感です。

　「漫然と与えられた仕事をこなす」だけでは、患者の笑顔を見るこ

とはできませんし、感謝の言葉も聞くことができません。当然、仕事に対する喜びもやりがいも生まれてこないでしょう。一つひとつはささいなことかもしれませんが、大切にすべき「組織の価値観」を目に見える「クレド」という形にして実践してこそ、社員の気づきは生まれるのです。

(3)　ES クレドで個人の価値観を明確にする

「組織の価値観」は、経営理念で明確になっています。しかし、「個人の価値観」が明確になっている社員はそう多くないのが現実でしょう。クレドが社員と結びついて効果的に作用するためには、仕事をする目的である個人の価値観を社員一人ひとりがしっかりと意識して持つことが大切です。

個人の仕事をする目的である価値観を明確にしながらクレドを作成する手法が、社員主体のプロジェクトによる ES クレドの作成です。社員がクレドを作成していく過程で、組織として大切にする価値観のみならず、個人の価値観を明確にすることができるのです。

社員がクレドを作成すると、会社の経営理念とずれてしまうのではないかとの懸念も考えられますが、実際に作成してみると、社員がつくったクレドの文言には、経営理念や経営者が常日ごろ繰り返し社員に説いてきた言葉、会社にかける想いがきちんと盛り込まれているものです。また、経営理念は不変のものですが、クレドは時代背景や組織の状況が変化するたびに、柔軟に作り変えていくことができます。

(4)　具体的な ES クレド作成の手順

社員主体でクレドを作成するためには、まずプロジェクトを立ち上げます。メンバーは、主旨を説明して立候補してもらい、中堅社員を中心に各部署、各店舗から出してもらうようにします。作業は、6〜10 人くらいがまとまりやすいでしょう。ただし、作文は、全社員に書いてもらうため、結果としては全員参加になります。

具体的なクレド作成の流れは、①自分を振り返る→②価値観を共有

する→③共感するキーワードを言葉にまとめる→④クレド発表会となります。完成したESクレドは、小さなカードにして、社員全員がいつも持ち歩けるようにします。綿密に作れば完成までには6か月〜1年ほどかかることもありますが、その過程で自社にとって大切なことが見えてきます。ぜひ、社員を中心としたクレド作りに取り組んでみてください（**図表3-19**）。

■ 図表3-19　具体的なクレドの作成手順

STEP1　自分を振り返る

　プロジェクト初回では、自らの人生の中でターニングポイントとなった出来事をシートに書き出し、その体験を通しての「気づき」について対話し共有します。また、仕事を通して成長を実感した瞬間や、心に残る出来事を、「成功体験記」と題した作文にまとめます。この作文は、原則として全社員に記入してもらいます。この過程で「個人の価値観」を明確にしていきます。

⇩

STEP2　価値観を共有する

　STEP1で作成した「成功体験記」を、プロジェクトメンバーで読み合わせて共有し、共感できるキーワードに線を引いていきます。

⇩

STEP3　共感するキーワードを文章にまとめる

　作業の中で出てきた共感できるキーワードを付箋に書き出します。集まった付箋を内容ごとにグループにまとめ、模造紙に貼り出していきます。対話を重ねながら、グループのタイトルや言葉の背景となるべき意味を考え、クレドの文章にまとめます。

⇩

STEP4　クレド発表会

　全社員に向けてクレドを発表し、発表会の開催や社内報で特集するなど共有する場を設けます。自分たちの書いた成功体験記からクレドが生まれた、ということを知ってもらうことが大切です。

⑸　クレドの活用例

①　朝礼等でクレド実践の発表をし、成功体験を共有する

　朝礼やミーティングの時にクレドに結びついた日々の成功体験を発表し合い、理念を実現するための具体的な日常の業務につなげていきます。

　クレドを導入し発展を続ける企業として有名なホテル「ザ・リッツ・カールトン」では、社員がクレドを自分のものとする取組みの一つとして、毎日の朝礼で、全世界の3万人近い従業員が、同じリッツ・カールトン・ベーシック（クレド）について考える時間がとられています。それを何十年もコツコツと続けることで、継続を力としていくしくみが生まれているということです。

　人の成功体験を聞くことで、どうすれば患者に喜んでもらえるのかを具体的な行動として共有することができます。また、社員は、顧客である患者が喜んでくれる様子を通して、自分の仕事や会社の存在意義を知り、社会や地域との「つながり」を体感することができるようになります。何か行動を起こすとき、自分が一番大事にしているものは何かと考え、そこに「経営理念」「クレド」が出てくるようになってくることを目指します。

②　仲間意識を生む対話のツールとする

　クレドを共通言語として持つことで、仲間意識が生まれます。クレドの実践に薬剤師も事務も、正社員もパートもありません。その会社にいる人は皆クレドを大切にし、実践しなければなりません。日常業務の中で、「これってクレドの○番のプロ意識よね」「今の説明△△という専門用語は分かりにくかったかもしれないわ。クレドで患者様にわかりやすい言葉で……ってあったでしょ」「そこは（クレドの）チームワーク、チームワーク！」などという会話が出てくればしめたものです。クレドを実践することから対話が生まれ、社員はよりお互いをよく知るようになります。お互いに相手に対する関心を持つことで、単なる職場の「同僚」から「仲間」へと変化していきます。

　例えば、自分の担当外の仕事でトラブルが起こったとしても、その仕事を担当する「仲間」を助けるために共に解決策を考えるなど、協力し合うことが当たり前の風土が育まれていきます。社員は、その職場で働くことにやり甲斐を感じ、質の高い仕事を生み出すようになります。その結果、患者から感謝の言葉を受け取ることで、ますます仕事が楽しくなるというプラスのスパイラルが始まるのです。

③　ES クレドで効率的に目標を達成

　弊社のクレドに、「お互いの個性を尊重し、多様性を活かします」とあります。一緒に一つのプロジェクトをするときに、自分とはまったく違った意見が上がった場合でも、賛同するかどうかは別として、クレドのおかげでこれが多様性というものだと相手の意見を尊重して聞くことができます。また、自分とペースが違ってイラっとくることがあっても、その人の個性ととらえることで、スムーズに協働作業を進めることができるようになるなど、クレドの実践で効率的に目標に向かうことができるようになります。

④　マニュアルの基準にする

　クレドには会社の理念や使命、仕事に対する姿勢などが織り込まれているので、目標やマニュアルを作るときにも活用できます。例えば接遇マニュアルを作成するとき、その言葉づかいや対応がクレドに沿ったものであるかどうかを確認しながら作成すると、自分たちの会社らしい、後輩にも伝えたい想いのこもったマニュアルになることでしょう。

⑤　その他の活用方法

①　役員会、店長会議などのときにクレドカードを必ず持って参加する。いろいろな違う意見が出て迷ったらクレドに合っているかどうかに戻って考える。

②　クレドをベースによりよい組織を創るための改善活動を行う。店舗ごとに毎月ミーティングを実施し、チームごとに設けた改善テーマの進捗・成果を発表する。改善プロセスは「見える化」し、互いに承認し合いながら活動を継続する。

クレドを社員表彰、人事制度に活用する事例については、第8章で詳しく取り上げます。

このように工夫して活用することで、クレドという1枚のカードが会社にもたらす効果は無限大といえます。

【参考資料】

世界的にも有名な、ジョンソン＆ジョンソンのクレドとエピソードをご紹介しておきます。

〈ジョンソン＆ジョンソン　の　クレド──「我が信条」〉

☆　我々の第一の責任は、すべての顧客のため

☆　我々の第二の責任は、社員一人ひとりのため

☆　我々の第三の責任は、地域社会、さらには全世界の共同社会のため

☆　我々の第四の責任は、会社の株主のため

という価値の優先順位が簡潔に表現されています。

（ジョンソン＆ジョンソンホームページより）

＊エピソード

1982年9月、シカゴで端を発した「タイレノール」毒物混入事件。ジョンソン＆ジョンソン（以下、J&J）の人気鎮痛剤「タイレノール」に毒物が盛られ、7人が死亡する事件が起きました。このとき、J&Jは、「どうぞ、皆さん、今すぐ服用をおやめください」と全米に呼びかけ、全品の回収を図りました。地方の一ドラッグストアの棚にある一品まで回収し尽くしました。

この騒動のさなかにおけるJ&J社の情報発信量の多さは、JFK暗殺ニュース以来といわれ、全米中にあっという間に情報が浸透しました。

そうしたメディアでの告知や回収コストに一億数千億ドルを要しましたが、同社の客の利益を第一に考える姿勢に迷いはありませんでし

た。

　単なる危機管理として対応することに終わらず、「消費者への責任」を第一に考えた体制をとりました。これは J&J の会社理念である「我が信条（Our Credo）」の第一の責任に立ち返った意思決定だったのです。

　J&J のこの事件における対応は、一般消費者をはじめ政府・産業界からも、これまで以上に高く評価されました。そして全社員が一丸となった再市場努力の結果、予想をはるかに超える速さで市場を回復していったことはいうまでありません。

相談事例

　調剤薬局を10店舗経営する○社では、定着率が悪く社員が短期間で辞めるケースが続いています。先日もようやく採用した期待の新人が……。

> 顧　客：先日、新卒で採用した薬剤師が3か月で辞めてしまいましてね……。
>
> 社労士：どの業界でも、最近は「したい仕事ではなかった」とか「思っていたのと違う」という理由で、すぐに辞めてしまうことが多いですからね。他の薬剤師の定着率はどうですか？
>
> 顧　客：実は、数か月から1～2年という短期間での離職者も多いのです。高い費用をかけて苦労して採用してもなかなか続かない。慢性的な人員不足で、今回辞めた新入社員にも2か月の間に4店舗ほど応援に行ってもらったかな。
>
> 社労士：それは、いろいろな店舗を経験してもらうという意図で？
>
> 顧　客：もちろんそういう目的もあるけど、人がいないから緊急の対応に迫られて応援に行ってもらうというのが本音ですね。でも、新入社員なんだからそのくらいは頑張ってもらわないと……。
>
> 社労士：それはそうですが、頑張るには目標が必要です。キャリアパスは明確に示していますか？
>
> 顧　客：いや、まだそういったものは……。
>
> 社労士：自分が将来どうなるかは、身近な先輩を見て判断することが多いと思います。将来像が見えないままに、「あち

　　　　らへ行けこちらへ行け」では、会社は自分のことを考え
　　　　てくれているのだろうかと不安を感じてしまうかもしれ
　　　　ません。
顧　客：なるほど……自分は将来こうなりたいというイメージが
　　　　持てれば、目先のことばかりにとらわれず頑張れるので
　　　　すね。

　新入社員に限らず、入社するときは「この会社ではどんな仕事
ができるのだろう」「キャリアアップできて楽しく働ける職場だ
といいな」などと希望に胸を膨らませています。雇われる側の意
識やキャリアも重要ですが、雇う側も入社してきた人がやる気を
持って働き続けることができるように将来のビジョンをイメージ
させてあげることが必要です。キャリアパスを明確に示し、社員
の将来の夢とつながることでやり甲斐が生まれるのです。

1　キャリアパスとは

　キャリアパスとは、企業の人材育成制度の中で、どのようなポス
ト・仕事があり、どのような職務を選択し、どう歩んでいくのかとい
う道筋のことをいいます。一言でいえば、昇進、異動のルートのこと
です。キャリアパスを明確に示すことで、社員は、中長期的にどのよ
うなスキルや専門性を身につけることができ、どんな業務に就くこと
ができるのか理解でき、自分の将来を考えることができます。また、
目指すべき道を上司と共有することにより、コミュニケーションをと
りながらサポート体制を整えることができるようになります。

　これまで述べてきた中で、社員満足としての重要なキーワードに
「成長」がありました。目標を持ち、仕事を通して社員自身が「自己
成長」を実感できるようにすることが、やり甲斐や意欲の向上につな
がります（図表3-20）。

■ 図表 3-20　キャリアパス

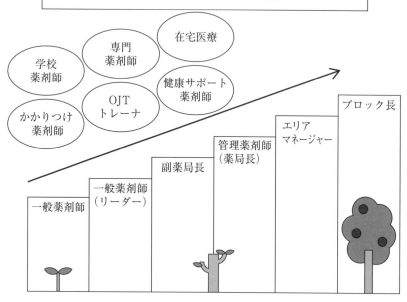

キャリアパス=「キャリア（職歴）、パス（経路）」

どのようなポスト・仕事があり、どのような職務を選択し、
どう歩んでいくのかという道筋

在宅医療

専門
薬剤師

学校
薬剤師

健康サポート
薬剤師

かかりつけ
薬剤師

OJT
トレーナ

ブロック長

エリア
マネージャー

管理薬剤師
（薬局長）

副薬局長

一般薬剤師
（リーダー）

一般薬剤師

　当然ながら、このキャリアパスも、経営理念の実現に沿ったものとなります。会社が５年後、10 年後どうあるべきかという最終目標となるゴール、つまりビジョンを明確にし、そのビジョンを実現するために、社員にはどのように成長してほしいかというメッセージを目に見える形にしたものでなければなりません。自分の将来の姿がイメージできると「この会社で自分のキャリアをこんなふうに磨こう」という具体的な目標が明確になってきます。会社の中での自分の目指す方向（進む道）が明確になり、そこで働く目的（意義）を自分で見出すことができれば、会社や仕事に対する意識も変化してきます。

　社員に会社の想いが伝わり、社員がやり甲斐をもって働くことができるキャリアパスを示すことが、社員の目的意識を高め、自発的な成長を引き出すのです（図表 3-21）。

■ 図表 3-21　キャリアパス構築の考え方

| 経営理念 | 会社の使命・存在目的 |

| 会社のビジョンを明確にする |

最終目標となるゴール（5年後、10年後実現したいあるべき姿）

会社として、ビジョンを実現するために、
社員にはどのように成長してほしいか？

| 社員に会社の思いが伝わり、社員がやりがいをもって
働くことができるキャリアパス体系の構築 |

| 社員の自発的な成長 |

2　薬剤師のキャリアパス

　ここで、経営戦略と薬剤師のキャリアパスについて考えてみたいと思います。

　先に述べたような変化の中で継続発展していくためには、調剤薬局の経営は、将来を見据えたものでなければなりません。経営戦略と、どのような薬剤師を育てていくのかということは、非常に密接な関係にあります。

　調剤薬局の薬剤師の代表的業務である処方箋の受付、調剤、鑑査、服薬指導、薬歴管理等については、一般的に2〜3年あれば、基本的な流れの中で概ねできるようになります。そこで「次はどうするのか？」と立ち止まってしまうことがよく見受けられます。この「次」を提示するために、薬剤師の将来の選択肢を広げていくことが大事になってくるのです。

　拡大路線をたどり店舗を増やしていくのであれば、エリア長やブロック長といったマネジメント職が必要になってきます。しかし、多店舗展開を目指さない場合、マネージャー職というポストにつける人は限られてきます。また、専門志向の高い人は、マネジメント職には魅力を感じないかもしれません。

　医療技術の高度化、医薬分業の進展等に伴い、平成18年度より薬学教育は、4年から6年に延長されています。この中で、実務実習の拡充や医療薬学教育の充実が図られ、患者やかかりつけ医をはじめとした多職種との積極的なやりとりを通じて地域で活躍する薬剤師も出てきています。

　調剤薬局の薬剤師が、仕事を通して自己実現を目指すためには、「職域拡大」や「新しい業務へのチャレンジ」が必要になってきます。

　厚生労働省が2015年に発表した「患者のための薬局ビジョン」には「薬局の薬剤師が専門性を発揮して、ITCも活用し、患者の服薬情報の一元的・継続的な把握と薬学的管理指導を実施する」、薬局再編の全体像には、2025年までにすべての薬局を「かかりつけ薬局」へとあります（**図表3-22**）。薬局が置かれた現状に照らすと、実現は容易ではないと思いますが、「門前」から「かかりつけ」そして「地域」へという基本ビジョンに沿って今後の法改正などが行われていることは間違いないでしょう。

　これからの社会・医療体制において、調剤薬局と調剤薬局で働く薬剤師に求められる役割は、大きな転換期を迎えています。中長期的なビジョンに立って社員一人ひとりにどのような将来の選択肢があり、そのためにどのような専門知識やスキルを身につける必要があるのかをイメージできるようにしていかなければなりません。どのような経営戦略で薬局経営を行うのかということ、薬剤師のキャリアパスの構築は切り離して考えることはできないのです。

■ 図表 3-22 「患者のための薬局ビジョン」

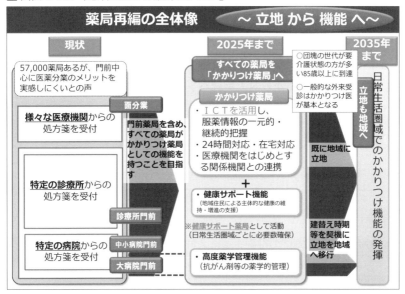

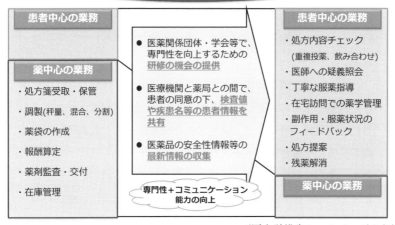

（厚生労働省ホームページより）

3　これからの薬剤師に求められる役割と能力

　前出の「患者のための薬局ビジョン」には、かかりつけ薬剤師の役割として**「対物業務から対人業務へシフトを図ることが必要」**であるという方針も打ち出されています。具体的でわかりやすいので転載しておきます。

　　　　かかりつけ薬剤師としての役割の発揮に向けて
　　　　2015年「患者のための薬局ビジョン」より一部抜粋

○かかりつけ薬剤師の役割を踏まえれば、薬剤師は、従来の対物業務から対人業務へとシフトを図ることが必要である。これまでは、調剤室での調製等、患者とは直接接しない業務が中心であった。

　しかしこれからは、患者が医薬分業のメリットを実感できるよう、処方内容のチェック、多剤・重複投薬や飲み合わせの確認、医師への疑義照会、丁寧な服薬指導、在宅対応も通じた継続的な服薬状況・副作用等のモニタリング、それを踏まえた医師へのフィードバックや処方提案、残薬解消などの対人業務を増やしていく必要がある。

　また、在宅医療の現場など薬局外での活動や、地域包括ケアにおける取組も求められる。このため、薬剤師が対人業務においてより専門性を発揮できるよう、業務の効率化を図るなど薬剤師・薬局業務の見直しを併せて行う必要がある。

○また、患者・住民が、安心して薬や健康に関する相談に行けるようにするには、患者の心理等にも適切に配慮して相談に傾聴し、平易でわかりやすい情報提供・説明を心がける薬剤師の存在が不可欠であり、かかりつけ薬剤師には、こうしたコミュニケーション能力を高める取組が求められる。

　これからの薬剤師には、このような対人業務に関する高度な専門性やコミュニケーション能力が求められることがわかります。

　また高度な薬学管理に対応する「専門医療機関連携薬局」の認定制度も検討されています。がんやHIV、難病のように専門性が高い疾患の薬学管理に対応するには、かかりつけ薬剤師・薬局の機能に加え、専門薬剤師のような高度な知識・技術と臨床経験を有する薬剤師が求められることになるでしょう。

　今後は、ますます期待されるかかりつけ薬局としての様々な役割を果たしていくことを見越したうえで、薬局薬剤師の未来をつくる自社のキャリアパスの構築が必要になってくるのではないでしょうか。

4　キャリアパスの構築

　ここで、キャリアパスの事例を紹介しておきます。

　図表3-23は、全国に多店舗展開をする調剤薬局を想定したキャリアパスです。

■図表3-23　キャリアパス図

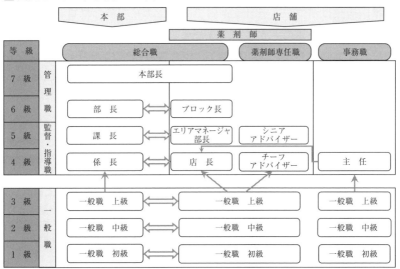

　大きく本部と店舗に分類しています。本部には、人事・総務、営業、経営企画、薬剤情報等の部署があり、店舗とは調剤薬局のことです。

　この会社では、本部社員は、全国の拠点への転勤などの異動もあり、キャリアアップとしては、管理職を目指すこととなります。一般に言われる総合職と考えればわかりやすいでしょう。

　専門職としての薬剤師は、3等級までは、調剤業務を中心にスキルアップしていきますが、4等級からは、店長、エリアマネージャー、ブロック長と店舗のマネジメントを行う管理職を目指すコースと、薬剤師専任職コースを設定しています。薬剤師専任職コースは、例えばガンなど特別の分野の薬物治療の専門性を深めたり、先に述べた在宅医療やセルフメディケーションのエキスパートとして専門スキルを磨いてスキルアップしていきます。

　事務職は、原則として地域ごとの採用とし、3等級までは転勤などの異動範囲も一定の地域に限定されています。ただし、4等級になると本人の意向と試験の結果により、総合職へ転換することができます。

　このキャリアパスで特徴的なのは、店舗薬剤師と本部のキャリアを相互にコース転換できる制度になっていることです。一般に調剤薬局では、店長はイコール管理薬剤師であり、エリア長、ブロック長も当然、薬剤師がなることが多いようです。しかし、実務上求められる能力は、薬剤師としての専門知識よりマネジメント能力であることを考えれば、必ずしも薬剤師である必要はありません。むしろ専門分野は任せて、運営や労務管理といった管理業務に専念したほうがうまくいくこともあります。事務職や本部社員も店舗におけるマネジメント職に挑戦することができるというのも魅力のひとつでしょう。

　一方、薬剤師として職についたものの、経営や人事部門といった別の専門分野等の業務に魅力を感じ、能力を発揮する薬剤師もいるでしょう。このようなフレキシブルなキャリアパスが用意されていることで、新しい業務や知識の修得に挑戦する意欲が生まれてきます。

第5章　人事制度で社員を育てる

1　人事制度の持つパワーと概要

　社員の成長によってより質の高いサービスや付加価値を提供することができるようになり、顧客満足度が向上し、これが利益となって還ってくることは、繰り返し述べてきました。その社員の成長を継続的に支援していくためのしくみの一つが人事制度です。人事評価制度の一連の仕組みの中で社員1人ひとりの現状と課題を明確にし、面談で課題に対する目標設定をし、改善へ向けての支援を行い成長を促します。

　会社（使用者）は、「人事権」「教育権」という権利を持っています。労働契約に基づき、これらの権利を適正に行使することによって、会社の方向性にベクトルを合わせ、目的達成に必要な人材を育てることで初めて経営目的を達成できます。権利行使の前提として、人権や本人の生活、信条への一定の配慮が必要なことは言うまでもありませんが人事制度は、まさにこの人事権、教育権という2つの権利（パワー）を適正に行使するためのシステムとも言えます。

　人事制度が持つパワーを活用するには、目的を意識した適正な運用がより重要なポイントになります。

(1)　人事制度の目的

　ここで、あらためて人事制度の目的、役割を整理しておきたいと思います。

①　直接的目的

⑦　人材の育成

　　人事制度が社員数何人から必要かというと、どの程度のものを作るかは別として、筆者は一人でも必要だと考えています。それは、人事制度は、社員の格付けや賃金の決定のためだけにあるの

■ 図表 3-24　人事制度の目的

1. 直接的目的
   ① 人材の育成：目標・成長ステップを明確にし、成長をサポート
   ② 社員の意欲向上と組織の活性化
   ③ 給与・賞与の決定、昇給、昇格等の処遇の明確化
2. 間接的目的
   ① 企業理念を浸透
      評価項目の中に、理念を反映させる
   ② 管理者の育成
      評価者訓練を行うことにより管理者を教育し、幹部意識とマネジメント能力を高める。

でなく、会社が期待する社員像を明確に示し、社員の成長を促すためのものだからです。たった一人の社員だったとしても、1年後にはこんな能力や知識を身につけていてほしい、このような働き方をしてほしい、3年後にはこうなって欲しいと思っているはずです。あるべき姿や成長ステップを目に見える形にしたものが、人事制度です。

㋑　**社員の意欲向上と組織活性化**

　人事考課制度により具体的に考課基準を設定し、一人ひとりの目標を明確にすることで、チャレンジする気持ちを引き出すことができます。頑張っている社員に対して昇格、昇給といった目に見える評価をすることは、直接的な社員のモチベーションアップにつながります。日々の業務の中で目標達成に向けて上司が面談やサポートをすることで、仕事への興味とやり甲斐を引き出すことができます。

　また、評価の中に、部下育成やチームによる目標達成、協働意識などを盛り込むことにより、自分自身の役割に向き合い、組織の一員として何が求められるのかを意識するようになります。**社員同士が、共に成長するという視点を身につけることは、会社全体の活性化**につながります。

㋒　**給与・賞与の決定、昇給、昇格等の処遇の明確化**

　人事制度では、明確な評価基準に基づいて人事考課を行い、そ

の結果に基づいて給与、賞与、その他を決定します。**評価の高い社員ほど給与が上がり、会社の幹部候補としてふさわしい社員に上級職に就いてもらうことができるようになります。**

② 間接的目的

⑦ 経営理念を徹底

評価項目の中に、経営理念を反映させ、具体的な行動レベルまで落とし込むことで、日常業務の場面でどのような行動をとるべきか理念に沿った判断ができるようになります。

④ 管理職の育成

管理職になっても自分自身の仕事に追われ、その役割に対して高い認識を持っている人は多くありません。考課者訓練等を通して、管理職の仕事が、自らの業務を遂行するだけでなく、むしろ部下を育てて底上げを行い、チームとしての結果を出すことであると認識することができるでしょう。また、自分が教えている部下が育っていくのは、うれしいものです。せっかく管理職に登用されたのですから、部下を育てることの喜びも味わってもらえるようにしたいものです。**部下育成は、責任と覚悟の伴う大変な役割ですが、部下と向き合うことで「育てる人」つまり管理職自身が成長するのです。**

⑵ 人事制度の全体像

人事制度は、人事考課によって社員の能力およびその発揮度を的確かつ公正に把握し、この考課結果を基礎に、処遇（昇給、昇格、賞与等）、配置、教育訓練の方針などを決定するシステムです（図表3-25）。

人事制度は大きく分けると「成果主義型」と「育成型」の2つがあります。調剤薬局では、人材育成の視点に立って職務遂行能力を基準に等級を定める「育成型」がふさわしいと考えていますので、「職能等級制度」（図表3-26）を取り入れることを前提として話を進めます。

■ 図表 3-25　人事制度の全体像

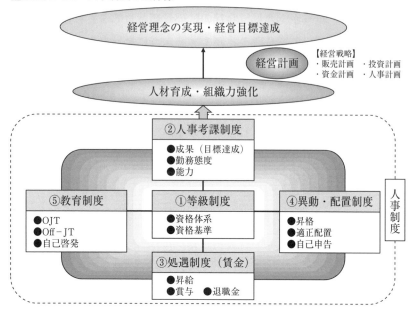

① **等級制度**

　等級制度は、社員の能力が向上していくステップを段階として表現するもので、人事制度の骨格となります。それぞれの等級に求められる能力や仕事の難易度、社内での役割・責任などを明確にすることで、社員は自分にはどのような能力が必要なのか、何が求められているのかを知ることができます。

② **人事考課制度**

　人事評価では、上司が一定の評価期間における部下の職務行動を「成果」「能力」「勤務態度」といった評価項目によって評価し、現状を把握します。「評価」と「考課」を区別して使うことは少ないですが、ここでは、人事評価用のシートに従って点数を付けることを評価とし、評価結果を総合的に勘案して格付けし、成長に向けて動機付けし、人材育成を図ることに用いることを人事考課とします。人事考課による総合的な判断により、処遇（昇給、賞与等）、昇格、配置、教育訓練の方針などを決定します。

■ 図表 3-26　職能等級制度

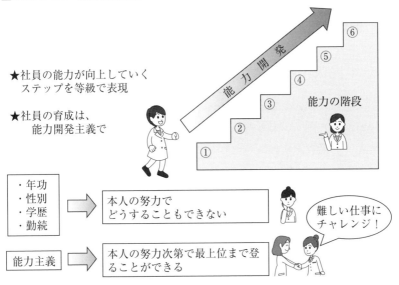

★社員の能力が向上していく
　ステップを等級で表現

★社員の育成は、
　能力開発主義で

| ・年功 ・性別 ・学歴 ・勤続 | → | 本人の努力でどうすることもできない |
| 能力主義 | → | 本人の努力次第で最上位まで登ることができる |

能力開発

能力の階段

難しい仕事にチャレンジ！

③　処遇制度

　人事考課の結果を昇給、賞与などへ反映させます。

④　異動・配置制度

　人事考課の結果や等級制度に基づき、昇格による等級のランクアップや適正な人事異動を行います。

⑤　教育制度

　会社の将来的な人事戦略と本人の希望を考慮し、各等級ごと、個人ごとに求められる専門知識・能力を身につけるために段階的、継続的な教育を実施します。

　人事制度の適正な運営により、人材育成を通して経営目標を達成することが人事制度の最終ゴールとなります。

2　人事制度構築のポイント

　人事制度の目的と全体像がつかめたところで、人事制度構築のポイ

ントを取り上げていきます。

⑴　現状分析および基本方針の決定

> ### 相談事例
>
> 　T社では、人事考課制度があるにはあるのですが、評価の時期がきたら評価シートを配布し、評価者は、その時になってはじめて部下のことを思い出して記入し、本部に送るという形式的なものになっています。また、人事考課面談もすることになってはいるのですが、実態は把握しておらず、形式的に1人5分ほどで終わっている店舗もあるようです。評価者は、人事評価について勉強したことも指導を受けたこともないので、やむを得ない状況と言えますが、これでは、制度はあってもまったく機能していません。T社の社長は、人事制度を見直すことにしました。
>
> 　人事制度の構築を始める際には、まずどのような制度にするのかという基本方針を明確にすることが必要です。どの会社も人事に関する問題を何か抱えています。どんな課題を解決したいのかをヒアリングし、整理します。また、先に述べたES調査や人事制度に関するアンケートを行い、その結果も加味しながら基本方針を決めていきます。
>
> ---
>
> 社労士：人事制度を見直すことが決まりましたが、人事制度に関してどのような課題があると思われていますか？
>
> 顧　客：何度もお伝えしていますが、定着率の低さと人材不足が一番の問題です。
>
> 社労士：そうでしたね。人事制度を導入したからと言って、すぐに定着率が上がることはないかもしれませんが、役割を明確にし、管理職のマネジメント力を上げることは、離職対策の大きな力になります。また、人事制度に基づいた研修制度を充実させることで他社との差別化が図れ、

　　　　向上心の高い薬剤師にとって魅力的な職場にすることが
　　　　できますよ。
顧　客：それから薬局ごとに風土といいますか、雰囲気が違うこ
　　　　とが気になっています。店舗ごとにマニュアルもシフト
　　　　の組み方もバラバラですし……。
社労士：情報共有やベクトル合わせができていないということで
　　　　すね。店舗を運営するに当たって要となる薬局長の役割
　　　　を明確にし、管理職として育成するほかには？
顧　客：給与日が来る度に「この社員にこれだけ支払っていいの
　　　　か。実際の功績と給与の額が逆転しているのではない
　　　　か」といつも疑問を持っています。
社労士：基本給は、入社時の相場で決まりがちです。その後、毎
　　　　年同じように昇給する仕組みのままでは、モチベーショ
　　　　ンが上がりせんね。経験なのか能力なのか成果なのか？
　　　　　何に対して給与を払うのかは経営者からのメッセージ
　　　　の一つです。賃金制度も見直しましょう。社員さんのモ
　　　　チベーションが上がる運用ができるように考価者研修に
　　　　も力を入れていきましょう。
顧　客：だいぶんイメージが湧いてきました。これで、問題が解
　　　　決しますね。
社労士：あっ、これからですよ！　人事制度は、制度の内容より
　　　　運営のほうがより重要です。

　T社では、人事制度の見直しに当たって現状の課題を把握するため
に、社員に対して第2章で取り上げたES調査を行い、同時に人事制
度についても意見を書いてもらいました。
　アンケートは、今回は、社長の意向により無記名式とし、店舗ごと
にまとめて直接弊社に送ってもらうようにしました。無記名にすると
本音が出てきやすい反面、会社批判や愚痴になりやすいといった弊害

があります。記名式にすることで、社員の意見を取り入れ「自由に意見が言える職場を作っていく」という意思をアピールでき、建設的な意見を引き出すことができるでしょう。

　さて、Ｔ社の人事制度に関するアンケートは、問いに対して自由に記載してもらう方式とし、同じ主旨のものをまとめて集計しました。結果は次のようなものでした。

■ 図表3-27　人事制度に関するアンケート結果-1
〈質問1〉　納得のできる人事評価を行うためには何が必要と思いますか？
〈回答〉

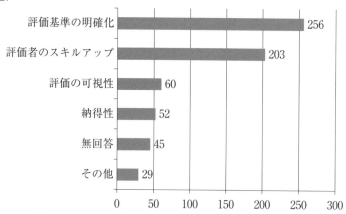

◆評価基準の明確化

　・評価項目が分かりにくい　　・店舗毎の条件が加味されていない

　・評価シートが整備されていない　　・目標が明確でない

　・公平な評価になっていない

◆評価者のスキルアップ

　・評価に感情が入る　　・考課者と被考課者の信頼関係がない

　・評価者が現場を知らない　　・評価者のレベルが低い

　・部下に関心がない　　・評価者に魅力がない

　・目が行き届かない

◆評価の可視化

　・評価結果が不透明　　・フィードバック面接がない

　・昇給・昇格の基準が分からない

◆納得性

　・接点がない人が評価している　　・評価が一方的である

■ 図表3-28　人事制度に関するアンケート結果-2

〈質問2〉　当社が発展していくための現状の課題は何でしょうか？

＜回答＞

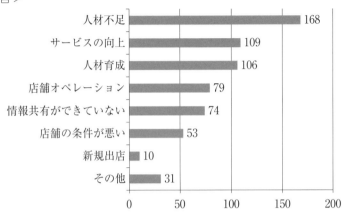

◆人材不足

　・人員不足　　・定着率が悪い（離職率が高い）

◆サービスの向上

　・待ち時間が長い　　・顧客満足度が低い　　・店舗ごとの特徴がない

　・リピート率が低い

◆人材育成

　・コミュニケーション能力が低い　　・接遇力がない

　・教育制度がない　　・社員の能力が低い

◆情報共有ができていない（店舗オペレーション含む）

　・本部の指示が全員に伝わっていない

　・店舗間のコミュニケーション不足

　・店舗ごとに調剤業務がバラバラ　　・マニュアル化できていない

◆その他

　・人事異動が多すぎる（応援含む）　　・会社の方針が見えない

　・店舗の条件が悪い　　・職種、雇用形態による差別がある

　経営者へのヒアリングおよび上記アンケート結果から、T社が新たに作成する人事考課制度の基本方針を次のように決定しました。

人事制度の基本方針

◆求める人材像を人事制度に具体的に落とし込み、経営理念・経営方針を社員が共有できるようにする。

◆等級ごとの役割と責任を明確にし、努力や成果に対して、公平な処遇ができるしくみをつくる（昇格、適正な賃金、賞与）。

◆定期的に管理職（考課者）研修を行うことによって、管理職の育成を行うとともに、公平な評価が行われるようにする。

◆人事制度の一環としての教育制度の充実により、体系的に全社員の能力の底上げを行う。

---

(2)　等級制度の設計

　次に、人事制度の骨格となる「職能等級制度」を定めます。まず、組織図や将来構想に基づき等級数を決め、さらに等級ごとに求められる能力・役割の等級基準を定義づけしていきます。人事制度では、この等級に従って役職や賃金テーブルを設定することになります。

社労士：先に（第4章）でキャリアパスの話をしましたが、キャリアパスはこの等級と連動します。

顧　客：キャリアパス図にも等級という数字がありましたね。当社では、いったい何等級にすればいいのでしょう。

社労士：等級数については、社員数や組織図を参考に決めていきます。将来的に拡大する場合には、予想される組織図を想定して決める必要があります。

顧　客：薬剤師だけでなく、事務スタッフ、本部では経理や営業などさまざま職務がありますが、それぞれ作成するのですか？

社労士：職務ごとに作成することもありますが、すべての職務で共通の基準を使用するのが一般的です。全社共通の等級基準では、職務ごとに求められる具体的な知識や職務遂行能力を表現することは難しいので、社員がそれぞれの職務を通じてどのくらい会社に貢献できるのか、どのような役割と責任を果たすべきかを相対的に示すことになります。等級基準を決めるときは、「仕事を遂行する上での視点」を考えると分かりやすくなりますよ。

　会社ごとに違いはありますが、「仕事を遂行する上での視点」を大きく次の3段階に分けて考えます。

○一般社員……「自分と自分の周囲」に配慮し、自分の業務を責任をもって遂行する。
○監督・指導職……自分の仕事だけでなく、自分の所属するチーム全体を見渡す広い視野に立って部門をマネジメントする。
○管理職（幹部社員）……会社の立場に立ち、中長期的な視点から、会社や部門運営をする。

　この「仕事を遂行する上での視点」を念頭におきながら、次の目安を参考にして等級数を決定します。現在は、一般薬剤師と薬局長の2段階という状況であったとしても、この等級は社員の「成長ステップ」を示すものなので、最低でも4段階ぐらいに設定して、将来どのようにキャリアアップの可能性があるのかを明確にするとよいでしょう。例えば、薬剤師という立場で、一見同じ業務をしているようでも、処方通りに単に調剤して、渡すだけの人もいれば、豊富な経験と知識を持ち、患者との会話や薬歴からあらゆる情報を読み取って多面的、長期的な視点で対応してる人もいると思います。また、自分だけの仕事でなく、店舗全体に気を配り采配している人もいるでしょう。そう考

えると、一般職を2段階にしたり、新たに数人をまとめるリーダー職
を作ったりすることも考えられます。

①　等級数の決定

　等級数は、その数が多すぎても運用が大変ですし、少なすぎても社
員の能力向上のための「成長ステップ」となりません。5〜8等級が
妥当でしょう。**図表3-29**を参考に等級数を考えてみてください。

■ 図表3-29　等級決定の目安

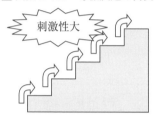

等級数が少ないと昇格の機会が
少なくなり、社員の動機付けと
いう面では問題が残りますが、
各等級の職務遂行能力を明確に
説明することができ、昇格の運
用が厳密になります。

等級数が多いと昇格の機会が多
くなり、社員の動機付けに役立
ちますが、等級数が多くなるこ
とにより、各等級間の能力の違
いを明確に説明することが難し
くなり、昇格の運用も曖昧にな
る危険性があります。

②　等級定義・役職対応表の作成

　以上を検討した結果に基づいて、「等級定義・役職対応表」を作成
します。(作例：**図表3-30**)

■図表3-30　等級定義・役職対応表（5等級）

等級	対応役職						等級基準	主な能力・役割
5			管理部門（上級）	部長	本部長		【管理統括】 ・統括した部門の統括責任者として、経営者的判断により部門の目標設定と立案ができる ・部門のすべての部下・業務に責任を持ち、部門運営を行うことができる	・計画策定への提言及び「部目標」の設定を行う ・人材を育成する（課長クラス管理者の育成） ・経営層のサポートとしての役割を有し、経営層の意思決定にとって有益な情報提供並びに進言を行う ・部目標の100％達成に向けあらゆるリソースを有効活用する ・部業績（結果）については全責任を負う ・経営者層の意向に沿い定められた特命事項を完遂する
4	管理職		管理部門（初級）	課長		エリアM	【管理・企画】 ・複数の組織を統括し、自ら部門方針の作成に携わり、責任をもって実行することができる ・部門方針達成に向けた企画を立案し実行する ・課またはエリアのすべての部下・業務に責任を持ち、部門運営を行うことができる	・2か所以上の部署（店舗）を管理できる ・部門計画策定への提言及び「課・エリア目標」の設定を行う ・人材を育成する（次代を担う若手管理者の育成） ・課またはエリアの方針を部下に浸透させ、部下を指揮・監督しながら、その実現に向けての取組みを実践する ・担当業務における潜在的な課題を抽出し、その解決に取り組む ・課またはエリア目標の100％達成に向けあらゆるリソースを有効活用する ・課またはエリアの業績（決算結果）について全責任を負う ・課またはエリアの特徴を把握して、企画を立案し、提案・実行できる
3		監督・指導職	監督・指導（上級）	係長		薬局長	【監督・指導】 ・課または店舗を統括し、部署・店舗方針の達成に向け結果責任を負う ・部下の教育・育成を行うことができる ・課または店舗の進捗管理ができる。経験判断が必要な業務、および、部下の指導・店舗のまとめができる。また、担当業務について高度の専門的知識を有し、積極的に業務の効率・拡充を図ることができる ・独自の判断により業務にあたる能力を備え、課長またはエリアマネージャーの補佐としての仕事を任せることができる ・課またはエリアの方針達成に向けた企画を立案し、実行することができる	・課またはエリアの方針にもとづき、職場全体の方針策定・課題抽出・課題解決などの業務を行う ・課またはエリアの方針・目標設定にも積極的に参画する ・店舗の目標設定を行う ・高度の専門的知識をもとに、担当業務の運営を行う ・部下（または後輩）を指導・育成する ・判断力・決断力・行動力・コミュニケーション力、管理責任をもって業務に当たることができる。 ・課または店舗の業績（決算結果）について責任を負う
2			一般職（上級）	主任		一般職	【複雑、非定型作業・初任指導】 ・上司からの概略的な指示、部門の方針によって、複雑な業務もしくはイレギュラーな業務の対応をも行うことができる（非定型業務、トラブルに対応できる。現場のことはすべて、把握できている） ・業務全般において後輩の指導もできる ・薬局長の補佐として一定の仕事を任せることができる	・担当業務における熟練スキルまたは全般的専門的知識を用い職場における一連のまとまった業務を遂行する ・担当業務全般の実施推進や改善・調整を行う ・下級者への指示・指導を行う ・創意工夫、判断力、積極性、責任性をもって業務に当たることができる ・薬局長の業務を自ら進んでサポートすることができる
1	一般職		一般職（初級）	一般職			【一般定型作業】 ・上司からの指示、または定められた基準に従って、自己の裁量の範囲内で判断し、一般的定型業務を行うことができる（日々の通常業務については一人でまかせて支障がない） ・仕事に対して前向きに取り組むことができる	・上司、上級者の具体的指示またはマニュアルに従い、担当業務の遂行を行う ・担当業務全般の実施推進を行う ・日常定型業務を確実かつ遂行できる必要な技能・知識を習得する ・一般常識、責任性、積極性、協調性、規律性をもって業務に当たることができる

(3)　評価項目の決定

社労士：次に、人事考課を行うための評価項目の決定を行います。会社が目指す方向を示し、そのためにはどのような人材が求められるのかということを評価項目に反映させるようにします。何を評価するのかは、会社から社員に対してのメッセージなのです。

顧　客：なるほど。社員からは、評価要素を見れば会社が何を求めているのかが分かるということですね。

社労士：はい。評価要素を御社の経営理念や経営方針に沿ったものにすることで、社員への浸透を図ることができます。

顧　客：具体的なイメージが湧きにくいのですが……。

社労士：そうですね。御社の経営方針の中で「患者様の満足の追及」とありましたよね。それを、成果項目として挙げるとすると、患者満足の結果としての「リピート率の増加」やそのプロセスに必要な「改善提案の件数」。能力としては、顧客ニーズを把握し、「相手や状況に応じて対応する力」や「改善力」が、勤務態度としては、「誠実さ」や「使命感」といったものを取り入れる必要があるのではないでしょうか（図表3-31、32）。

顧　客：ほう。こんな風に関連づけしていくのですね。確かにメッセージとして伝わると思います。どうやって決めて行けばよいのでしょう？

社労士：社員に何を求めるかを、具体的な視点から考えていきましょう。

■図表3-31　評価項目の決定〜何を評価するか？

何を評価するかは、会社からのメッセージ

① 企業の価値観を具体的に評価基準で明示
② 価値観に沿った行動をした者・成果を出した者を評価

⇩

「経営目標」「経営方針」を社員へ浸透

ex. 経営方針　「患者様満足の追及」
　　→評価要素への中に落とし込みをする
評価要素
　成果…「リピート率増」「処理時間短縮」「改善・提案件数増」
　能力…「コミュニケーション力」「状況対応力」「専門知識」
　勤務態度…「共感性」「誠意・感謝心」「向上心」「使命感」

■図表3-32　求める人材のイメージを明確化

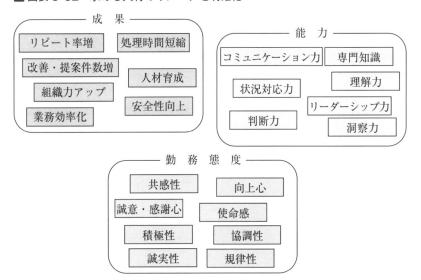

① 具体的な評価の視点

　どのような視点から評価するかは、企業によって様々ですが、多くの人事考課制度では、「成果」「能力」「勤務態度」という3つの視点からの評価によって社員の情報をインプットし、評価の結果を処遇（昇給、賞与等）、昇格、配置、教育訓練の方針などにアウトプットします。

■ 図表 3-33　人事制度 7 つのしくみの図

```
┌──────────┐          ┌──────────┐
│  経営理念  │          │  個人の夢  │
└────┬─────┘          └────┬─────┘
     ↓                      ↓
┌──────────┐          ┌──────────────┐
│  経営計画  │          │ キャリアビジョン │
└────┬─────┘          └────┬─────────┘
     ↓                      ↓
╔═══════════════════════════════════════╗
║          人　事　制　度                 ║
║  ┌─────────┐ ┌─────────┐ ┌─────────┐ ║
║  │①成果評価 │ │②能力評価 │ │③勤務態度 │ ║
║  │(目標管理)│ │(発揮能力)│ │  評価   │ ║
║  └─────────┘ └─────────┘ └─────────┘ ║
║              インプット                 ║
║          ⟨④人事考課⟩                   ║
║           (情報の整理)                  ║
║              アウトプット               ║
║  ┌─────────┐ ┌─────────┐ ┌─────────┐ ║
║  │⑤処遇    │ │⑥配置転換 │ │⑦教育訓練 │ ║
║  │(賃金・賞与│ │         │ │(能力開発)│ ║
║  │ ・昇格)  │ │         │ │         │ ║
║  └─────────┘ └─────────┘ └─────────┘ ║
╚═══════════════════════════════════════╝
```

（有限会社人事・労務「ES 向上型人事制度 7 つのしくみ」より）

　人事評価の 3 つの視点とそれぞれのポイントについて、**図表 3-33** を引用した有限会社人事・労務の「ES 向上型人事制度 7 つのしくみ」の考え方からご紹介します。この視点をもとに具体的な評価項目を決めていきます。

⑦　成果評価（業績評価、目標管理制度 etc）

　　結果としてアウトプットされたものを評価します。言うなれば「過去」の評価です。どのような努力をしたかという部分は原則としてここでは評価しません。会社が求めている結果を実際にどの程度出せたかということを評価します。

　　ポイントとしては、経営方針、会社目標、部門目標に基づいて「個人目標」を立て、その目標を会社・上司・部下が共有することです。目標を立てることは「あるべき自分（なりたい自分）」に近づくことです。上司は、部下個人の夢やキャリアビジョンも把握した上で、仕事上の目標との関連づけを行うことで、意欲を

引き出します。

㋑　発揮能力評価（プロセス評価）

　　仕事を進めていくプロセスにおいて、会社が求める業績向上に直結する能力をどれだけ発揮できたか評価します。ここで評価されるのはあくまでも行動として表れていた「発揮」された能力です。たとえ能力を有していても、業務において発揮されていなければ評価されません。このような能力を仕事で発揮してくれれば必ず近い将来に成果が出るという「近い将来」の評価をしているといえます。

　　ポイントとしては、会社が評価すべき発揮能力を明確に示し、社員はその示された能力を磨きます。また、上司も部下の持っている潜在的な能力を引き出し、発揮させることが求められます。

㋒　勤務態度評価（組織の一員として「大前提の心構え」）

　　仕事をしていく上で、このような「心構え」「態度」で仕事に取り組んでもらわなければいけない、ということを評価します。業績、業務に直結しないことであっても、社会人として、また同じ会社で働く仲間として、最低限共有しなければならないことです。会社と社員の価値観を統一し企業文化を浸透させていくための評価として重要な位置づけになります。会社の経営理念への理解やロイヤリティも含め、一般的には「規律性」「責任性」「協調性」「積極性」の視点で評価します。

　　会社は組織で仕事をしています。組織で仕事をしている以上そこには秩序が必要です。一緒に働く仲間が気持ちよく仕事ができなければなりません。一人だけ自分の思った通りの仕事ができても周りが不快な気持ちになったり、仕事がし難い雰囲気になってしまっては組織としての相乗効果は生まれません。勤務態度は、組織で働く上での大前提です。勤務態度がきちんとできていない職場は、いずれ荒廃し、バラバラになってしまいます。新入社員、若手社員には、特に大切な評価要素です。

■ 図表 3-34　評価の視点・等級別ウエイト（例）

等　　級	成　　果	発揮能力 （プロセス）	勤務態度
管理職	70%	30%	0%
監督 指導職	50%	30%	20%
一般社員	20%	30%	50%

② 評価のウエイト

　これらの３つの評価の視点のうち、どの項目に重点をおくかは、等級によって当然違ってきます。当社がどの評価要素に重点を置いているか、また、それぞれの階層ごとに何を求めるかを明確に示すメッセージにもなります。

　図表 3-34 のように、一般的には、初級者には勤務態度を、中級者には能力を、上級者では成果に重点を置くようにします。図では、上位等級者（管理職）の勤務態度が「0」になっていますが、これは上位等級者に勤務態度が必要でないということではなく、等級が上がれば勤務態度はできていて当然で、その上で能力の発揮や成果が求められるということです。もし、上位等級者で勤務態度ができていない社員がいれば、その地位にふさわしい人物なのかどうかを考え、降格も含めた措置を考えるということになります。

③ 評価項目要素決定の方法

　次に、評価項目の細目を決めていきます。経営者、上司等へのヒアリングを行う方法と、社員アンケートをとる方法の２通りをご紹介しておきます。

　㋐　ヒアリングによる期待する社員像の具体化

　　１つ目は、経営者や職場のリーダーからヒアリングする方法です。評価する能力は、職務の種類、階層によって異なりますが、着眼点として次の段階で落とし込んでいきますので、一般的な調剤薬局では、事務職、薬剤師、管理職の３つのくくりぐらいが妥

当でしょう。それぞれの職務、階層ごとに「成果を上げている社員」「優秀な社員」の行動を思い浮かべながら、会社の一員として期待する成果や行動パターンを聞いて項目を抽出していきます。とにかく結果を出しているといった行動でなく、経営理念や会社の方向性に沿ったものであることを意識することが大切です。

⑦　社員アンケートによる期待する社員像の具体化

　人事制度を成功させるには、社員を巻き込むことが最も重要です。可能であれば、各部署から代表者を選出してプロジェクトを組み、そのプロジェクトメンバーで人事制度を構築すると最も実行性が高くなり、運用もスムーズにいきます。人事制度構築全般にわたってプロジェクトを組まない場合でも、要所要所でアンケートをとって意見を聞いたり、会議等で途中経過を報告するなどして、会社が自分たちの意見を取り入れて会社を良くしようとしていることを示していくことが大切です。

　評価要素を決める段階で社員を巻き込む場合は、アンケートを配布し上司や部下に期待する社員像を書いてもらいます。「どんな部下が好ましいか」と聞かれて明確な答えを持っている経営者や上司は多くありません。具体的な行動を書いてもらうことで、どのような人材を育てる必要があるのかを考える機会にもなります。

ここでも注意点は、あくまでも経営理念に沿ったものである必要があります。アンケートを実施する前に、必ず会社としての方向性、会社として求める価値観はしっかり説明しておくようにします。等級定義表も参考にします。

　図表3-35 は、社員への説明文、図表3-36 は、アンケートの例示です。

④　**評価項目のまとめ**

　ヒアリングやアンケートで上がってきた行動や能力を「成果」「能力」「勤務態度」のそれぞれの項目に分けて、具体的な評価項目に表していきます。

■ 図表 3-35　期待する社員アンケート　通知文例

平成○年○○月○○日

社員各位

株式会社○○○○

代表取締役○

人事考課制度導入にあたって

評価項目作成のためのアンケートのお願い

　この度、会社では、社員の皆さんが意欲を持って働ける会社づくりのために新しい人事制度をつくることにしました。この人事制度では、「人が育つしくみを第一に考え」「わかりやすく」そして「公正な評価に基づく昇格、成果配分による昇給ができること」を目指しています。

　評価制度づくりの第一歩として、みなさんの協力により「評価表」を作成したいと思います。「頼りになる人」「仕事ができる人」「まじめな人」といわれても、どのように行動すればよいか分からないと思います。そこで、皆さんにも当社で経営理念に沿って成果を上げている人は「どのような行動をとっているのか」「どのような能力を持ち、どのような努力をしているのか」ということを考えてもらい、その行動をもとに評価要素を決めていきたいと思っています。別紙アンケートに記入のうえ提出してください。

記

1. 提出期限：平成○○年○○月○○日
2. 提出先：本部総務課　担当者：＊＊＊＊＊＊
3. 「期待する社員像」記入シートの記入の仕方

　当社社員として期待する社員（上司・部下）の成果・能力・勤務態度をできるだけ具体的に記入して下さい。

　このシートでは、「成果」「能力」「勤務態度」と、3つのグループに評価項目を分けています。当社社員として期待する社員（上司・部下）はどのような人物だと思いますか。「成果」は会社利益の増大につながりそうな行動、「能力」は担当する職務を遂行し、自分の役割りや責任を果たすために必要な能力、「勤務態度」は組織人として仕事をしていく上での好ましい「心構え」「態度」をできるだけ具体的に書いてください。

経営理念　＊＊＊＊＊＊＊＊＊＊＊＊＊＊＊＊＊

■ 図表3-36　「期待する社員像」記入シート

「期待する社員像」記入シート

氏名：		エリア・部署名		店名・部課名	
職　種	店舗薬剤師・事務・営業・管理		**役　職**	部長・課長・ブロック長・エリアM・薬局長	

※当社社員として期待する社員（上司・部下）の成果・能力・勤務態度を具体的に記入して下さい。

	一　般　職（薬剤師）
成果	患者様に応じた言葉や態度で適切な服薬指導ができる
	薬歴をしっかり記載できる
	在庫管理を効率良く適切に行える
	薬情や後発医薬品比較表等、帳票類の更新をこまめに実施している
	正確で迅速に調剤・監査ができる
能力	迅速に的確な疑義照会ができる
	トラブルに対して的確な解決策を講じ、情報共有もできる
	他の職員とのスムーズな仕事のやり取りができる
	状況に応じた投薬ができる（混雑時に雑談などで長引かせない等）
	患者さんの言いたい事は何なのか？を理解し、それに対応した応対ができる
行動（勤務態度等）	他の職員とのスムーズな仕事のやり取りができる
	勉強会に参加するなど自己啓発に取り組んでいる
	薬剤師としてのプロ意識がある
	社員と協力、連携し、業務を遂行できる
	お互いさまの気持ちをもって他の職員と関わることができる

職種と等級別にシートを分けて3種類作成します。
例＞
①一般職（事務）
②一般職（薬剤師）
③管理職

■ 図表 3-37　評価項目例

	一般社員　　　　　　　　　　　　　　　　　→　　管理職		
成果 （成績・ 業績）	・仕事の正確さ ・仕事の速さ ・安全性 ・担当業務実績	・仕事の質 ・患者満足の向上 ・人材育成 ・目標達成度	・士気向上 ・改善実績（改善力） ・組織力アップ（組織化） ・部門実績
能 力	・基礎知識 ・理解力 ・創意工夫力 ・表現力 ・実行（践）力 ・コミュニケーション力 ・改善力	・専門知識 ・判断力 ・企画力 ・折衝力 ・指導力 ・洞察力 ・情報収集力	・周辺知識 ・決断力 ・リーダーシップ力 ・渉外力、交渉力 ・管理・統率力 ・先見性 ・問題認識（発見）力
勤務態度 （心構え・ 態度）	*規律性 *責任性 *協調性 *積極性	・誠意、感謝心 ・自主性、自発性 ・共感性 ・自己啓発意欲	・経営意識 ・マネジメント意識 ・使命感 ・率先垂範

■ 図表 3-38　S 社の評価要素（事例）

等級	一般職	監督・指導職	管理職
評価 項目	1～2 級	3～4 級	5～6 級
成 果	仕事の質・正確さ	目標達成度	事業計画の推進・達成
	患者満足向上	患者満足向上	改善実績度
	チームワーク	組織力アップ	組織力活用
	業務改善	部下育成	人材育成
能 力	基礎・実務知識	問題解決力	渉外力
	専門知識	リーダーシップ	リーダーシップ
	理解力	判断力	決断力
	コミュニケーション力	コミュニケーション力	マネジメント力
勤 務 態 度	規律性	率先垂範	経営意識
	責任性	責任性	使命感
	積極性	向上心	実行・実践
	協調性	共感性	革新性

　社員参加型のプロジェクト形式で人事制度を構築する方法をとっている場合は、上がった内容を一つ一つ付箋やカードに記述し、同じ内容を表しているものを集めてグループごとにまとめていくという手法を用います。カードにして話し合いをしながら作業を進めていくと、その工程自体がメンバーの学びになるのでお勧めします。

　図表3-37 は、調剤薬局で上がってくると考えられる評価項目をまとめたものです。左から右に向かって等級が上がるにつれてさらに求められるものを挙げています。図表3-38 は、アンケート方式により決定したＳ社の評価項目です。

⑤　評価の段階

　評価は、3段階〜10段階と様々ですが、5段階ぐらいが妥当だと思います。ここでは、下記のような基準による5段階評価を例として挙げます。

評価段階	レベル
S	特に優れていた／会社が求める要求を大幅に上回っていた
A	優れていた／会社が求める要求以上であった
B	普通であった／会社が求める要求どおりほぼできていた
C	努力を要する／会社が求める要求に達していなかった
D	特に努力を要する／会社が求める要求に達せずまったくできていない

⑥　評価シートの作成

　評価項目、ウエイトが決まれば、評価の回数（昇給、賞与）や評価時期などを決めて評価シートの設計を行います。シートは、職種ごとに、上位等級者用（管理職）、中級者用（監督・指導職）、初級者（一般職）を作成します。上位等級者に求められるものは、どの職種でもほぼ共通しているので共通のシートでも良いでしょう。

　例えば、6等級とすると評価シートの種類は、次の5種類になります。

> 1・2級…薬剤師用、事務職用
> 3・4級…薬剤師用、事務職用
> 5・6級…管理職用

　様式については、**図表3-39**にサンプルを掲載しておきますが、インターネットや書籍でいろいろな様式が見られますので、それらを参考に自社の目的に沿った使いやすいものを設計してください。

⑷　着眼点表の作成

①　着眼点表とは

　評価結果の記入は、評価シートで行いますが、補助資料として評価を公正公平に行えるように「評価の着眼点」を決めていきます。抽象的な「評価項目」だけでは、評価する人によってバラつきが出てしまいます。誰が評価しても同じような結果となるように、着眼すべき行動を抽出し、具体的な共通の基準を「評価の着眼点」としてあらかじめ決めておこうというものです。

　評価項目については全社共通のものとしましたが、人事評価の対象となる行動は、全社的に共通するものもあれば、その部門、職場に限られるものもあります。また、仕事の内容やレベル（等級）が 違えば、着眼すべき行動はもちろん違ってきます。着眼すべき行動の抽出は、各部門、資格等級ごとに作成します。

②　着眼点表の作成方法

　着眼点表の作成は、各評価項目について、各部署ごとにどういう行動に着眼して評価するのか、それがどのような行動であれば、評価が高くなるのか、または低くなるのかを話し合って決めていきます。評価項目ごとに「できる社員」「優秀だと思う社員」と「そうでない社員」の行動を思い浮かべ具体的に表現します。評価は5段階ですが、着眼点は「S・B・D」の3つを作成し、AとCはその中間ということで割愛するほうが使いやすくなります。

■図表 3-39　人事考課シート

【人事考課シート】（1～2級用）　職種　薬剤師　所属　　　　氏名

評価項目		ウェイト	自己評価	1次・2次評価	調整（最終評価）
評価要素	評価内容（着眼点）				

成果

	仕事の質・正確さ	□ 仕事の過程や結果は正確で信頼性があったか	成果ウェイト [20] 評価別ポイント S：20 A：18 B：16 C：14 D：12	S A B C D	S A B C D	S A B C D
	報告・連絡・相談	□ 情報の重要性を理解し適切に報・連・相ができているか		S A B C D	S A B C D	S A B C D
	目標達成度	□ 定められた目標を達成できているか		S A B C D	S A B C D	S A B C D
	顧客満足度向上	□ 患者が満足できる対応ができているか		S A B C D	S A B C D	S A B C D

＜1次・2次評価＞
※1次評価者は○印、2次評価者は1次評価者と異なるとき◎印とする
（記入例）同じとき S A B C D　異なるとき S A B C D

「成果」に対する評価	S A B C D 自己評価 評価　　点	S A B C D 1次評価 2次評価 評価　点 評価　点	S A B C D 最終評価 評価　　点

発揮能力

	基礎・業務知識	□ 調剤及び保険知識に精通しているか	成果ウェイト [30] 評価別ポイント S：30 A：27 B：24 C：21 D：18	S A B C D	S A B C D	S A B C D
	理解力	□ 状況や環境を的確に把握し、自分の役割・責任を理解した上で業務を遂行できたか		S A B C D	S A B C D	S A B C D
	判断力	□ 状況を判断し適切に対応できるか		S A B C D	S A B C D	S A B C D
	コミュニケーション力	□ 処方元、スタッフ、患者と信頼関係が築け、意思疎通が図れるコミュニケーションがとれているか		S A B C D	S A B C D	S A B C D

「能力」に対する評価	S A B C D 自己評価 評価　　点	S A B C D 1次評価 2次評価 評価　点 評価　点	S A B C D 最終評価 評価　　点

勤務態度

	積極性	□ 自らを向上させるようにしているか	勤務態度ウェイト [50] 評価別ポイント S：50 A：45 B：40 C：35 D：30	S A B C D	S A B C D	S A B C D
	規律性	□ 上司の指示・命令、業務上の規則を順守したか		S A B C D	S A B C D	S A B C D
	責任性	□ 与えられた業務を最後までできているか		S A B C D	S A B C D	S A B C D
	協調性	□ 職場の秩序を乱さず仕事に積極的に協力できたか		S A B C D	S A B C D	S A B C D

「勤務態度」に対する評価	S A B C D 自己評価 評価　　点	S A B C D 1次評価 2次評価 評価　点 評価　点	S A B C D 最終評価 評価　　点

【総合評価（評語の点数区分）】
S ＝ 95 ～ 100　←　特に優れている
A ＝ 86 ～ 94　←　優れている
B ＝ 76 ～ 85　←　標準的
C ＝ 66 ～ 75　←　努力を要する
D ＝　 ～ 65　←　特に努力を要する

総合評価	S A B C D 自己評価 評価　　点	S A B C D 1次評価 2次評価 評価　点 評価　点	S A B C D 最終評価 評価　　点

　例えば、「協調性」という評価項目の細目があれば、協調性が高いと思う社員の何を見て協調性が高いとを評価したのかを考えます。

例1）協調性

「S」の評価……常に周囲に気を配り、同僚や上司が忙しい時には、いつも自ら声をかけて手伝う

「B」の評価……同僚や上司が忙しい時には、上司に言われれば手伝う

「D」の評価……上司に言われても、同僚や上司が忙しい時でも手伝うことを嫌がるか手伝わない

例2）薬剤師3・4等級の着眼点

	細目	S	B	D
成果	部下育成	育成計画に基づき、習熟度に応じて適切な指導・助言ができている。	個人の能力を把握し、それに応じた育成計画を立てている。研修の機会を与えている。	個人の能力が把握できず、育成計画を立てていない。
発揮能力	問題解決力	発生した諸問題に対して、被害を最小限に抑え、報告・連絡・相談を的確に行い、再発防止策を立案・実行した。	発生した諸問題に対して適切に対処し、きちんと報告・連絡・相談を行った。	発生した問題に対して被害を拡大させてしまい、再発を抑える努力もしなかった。
勤務態度	責任性	業務上のミス、問題点が必ず報告され、迅速に対応できるしくみを作っており、問題があった場合には自ら対応している。	業務上のミス、問題点が必ず報告され、迅速に対応できるしくみを作っている。	責任体制があいまいで、問題点が把握できておらず業務に支障をきたしている。

③　着眼点作成の注意点

　着眼点は、下記の点に注意して作成してください。また、**着眼点は、一度作ったらそのままというのでなく、社員のレベルや実践度に合わせて変えていくことが必要になってきます。作業としてもかなり時間を要しますので、当初から100％を求めず、まずは使いながらバー**

ジョンアップしていくくらいのつもりで作成してみてください。

○誰が見ても同じ判断ができる具体的な内容にする

○できるだけ数字を使う

○建前ではなく本音で、実状に合った内容にする

○今までにプラスα一歩進んだ行動や結果を表現する（新しい業務に必要な行動も含む）

○「性格」を評価するのではなく、着眼すべき「具体的な行動」を評価する

○自分も周囲も働きやすい組織になり、やる気になる職場をイメージする

---

④　着眼点表は日常でも活用

　着眼点表の全体的なイメージは、**図表3-40**のようになります。評価項目を具体的な行動に落としているので、被考課者にとっても非常に分かりやすいものになります。

　人事考課の一環として行われる目標設定面談でも、この着眼点表を参考に個人の目標を設定し、具体的に自分がどのような行動をとれば良いのかを明確にしていきます。

　また、社員は、一人ひとり各自で着眼点を保管し、できれば毎週、最低でも月に一度は自己評価し、上司が面談を行うようにします。着眼点表の右端に自己評価の記入欄を設けるなどの工夫が考えられます。

　面談の時間は、一人10〜15分程度でもかまいません。「今週は、これをこのくらいまで頑張る」とその期間でできることや心がけることをコミットメントしてもらいます。日々意識することが重要です。あまりハードルは高くせず、少し頑張ればできるくらいの小さな約束がよいでしょう。約束が果たせたという成功体験は、本人の自信とやる気につながります。面談ではできたことを承認し、できていない場合は「何があればできるか」を本人に考えてもらいます。上司にどのよ

■ 図表3-40　人事考課の着眼点表

部署名：薬剤師　　　　　　　　　　　　　　　　　　　　　　指導監督職
　　　　　　　　　　　　　　　　　　　　　　資格等級：4・5級

項目	評価要素	着眼点	着眼点のレベル（評価期間中の成績に対する評価レベル）		
			S	B	D
成果	組織力アップ	経営方針を理解したうえで、会社指示をスタッフに理解させ、チームで取り組ませることができたか	経営方針を理解したうえで、会社指示をスタッフに浸透させ、チームで大きな成果を上げた	経営方針を理解し、会社指示をスタッフに浸透させ、チームで取り組ませ成果を上げた	経営方針を理解し、会社指示をスタッフに浸透させることができなかった
	人材育成	部下の性格・能力・適性を正確に把握し、効果的な指導を行うことにより部下の能力を引き出し、次世代リーダーを育成したか	部下の性格・能力・適性を正確に把握し、効果的な指導を行うことにより部下の能力を引き出し、次世代リーダーを育成した	部下の性格・能力・適性を正確に把握し、効果的な指導を行った	部下に無関心で、指導を行わなかった
	目標達成	与えられた経営資源のもと、店舗の目標を作成し、スタッフに周知しながら協力し期日までに達成することができたか	与えられた経営資源のもと、店舗の目標を作成し、スタッフに周知しながら協力し期日までに達成することができた	店舗の目標を作成し、スタッフに周知しながら協力し期日までに達成することができた	店舗の目標を達成することができなかった
	業務改善	仕事の遂行上の問題点を見出し、合理化・改善の実現をあげて、新しい知識や情報を仕事に取り入れ改善しているか	仕事の遂行上に問題点を見出し、合理化・改善の実現をあげて、新しい知識や情報を仕事に取り入れ改善している	新しい知識や情報を仕事に取り入れ改善の提案をした	新しい知識や情報を仕事に取り入れる努力が見られなかった
勤務態度	向上心	常に自分を見直し、改善・工夫に努め、仕事に反映できたか	積極的に自己研鑽に努め技術を習得し、自店舗で活かすことができた、またそれが店舗外の良い影響があった	積極的に自己研鑽に努め知識・技術を習得し、自店舗で活かすことができた	自己研鑽を怠り、知識が増えなかった
	共感力	同僚・上司・患者と密接に関わる事柄の考え方、処方方、相手の心情を理解し立場を理解して物事に対処しているか	相手の話をいつも真摯に聞き、話を遮ったり閉ざすことなく、共感し適切な対応ができる	相手の話を聞こうと努力しているが、時々相手の話に耳を傾けなかった	自分一方的に話すのみで、相手の話に耳を貸そうとしない事が多い
	達成意欲	目標達成に向かって諦めることなく、あらゆる方策を練って最後まで目標を達成しようとしているか	目標に向け可能な限り具体的方策を打ち立て、巻き込んで達成させる意欲を持ち続けた	目標に向け方策を打ち立て、達成させる意欲を持ち続けた	目標を達成する意欲がなかった
	使命感	自己の役割・期待を認識し、困難な状況であっても業務をやり遂げる意志があるか	自己の役割・期待を認識し、困難な業務でも重要性を理解して取り組む意欲がある	任された業務を困難な状況でも最後まで取り組む意欲があった	困難な状況になると後回しにしたり、やる気が起きないことがあった
能力	判断力	周囲の状況を正確に把握し、重要度・重要性を優先順位に基づいた行動ができたか	状況に対しての分析・予測が的確で、判断を導くことができた	状況に対しての分析は一般的である	状況に対して分析・判断が遅れることがあった
	指導力	的確な指導をし、計画性を持って会社の方針を自分の言葉でスタッフに理解させているか	計画性を持って会社の方針を自分の言葉でスタッフに理解をさせ、分かりやすい言葉に変えて伝えることに努力し実行した	計画性を持って会社の方針を自分の言葉でスタッフに理解させ、方法を変えて伝えるように努力し実行した	叱責が多く指導教育の姿勢がとれなかった
	問題解決力	発生した問題に対して、関係部門と連携し、問題解決に要する情報を収集して適切に解決したか	発生した問題に対して、同時に起こった報告・相談・連絡をその原因分析を行い再発防止策を立て、実行して同じ間違いを起こさせないよう指導することができる	発生した問題に対して、被害を最小限に抑え報告・連絡・相談を行い対処した	発生した問題に対して被害を拡大させてしまい、再発を抑える努力もしなかった
	人材育成力	スタッフ1人ひとりの適性、実力を把握し、その人のキャリアや目標に合わせて指導することができたか	スタッフ1人ひとりの適性・実力を把握し、その人のキャリアや目標に合わせて信頼を得て計画的に指導することができる	スタッフ1人ひとりの適性・実力を把握し、指導することができる	人材を育成する観点が少なく、その場の業務推進に心が行き、部下・後輩の実力を向上させ得なかった

うなサポートをしてほしいかも尋ね、応援していることを伝えます。上司が常に見守ってくれていることは、部下にとっては大きな励みになります。

3 人事制度の運用と評価者の成長

　人事制度は、評価を通じて社員の成長を継続的に支援していくシステムです。評価で部下の現状を明確にし、その課題についてやるべきことを確認して目標設定し、部下がやっていることを確認して、次の評価までの間に改善へ向けての支援を行い、やった結果を評価し次の課題へと導くことにより成長を継続的にサポートしていきます（図表3-41）。人事制度の成功は、管理職（評価者）がこのことを十分に理解し、このサイクルを見える化し、実行していけるかどうかにかかっています。「この上司の評価なら納得できる」そう思われる**評価者の在り方と成長が人事制度を活かすための最重要課題**となります。

　人事考課における評価者の心構え、課題、注意点については、人事考課マニュアルとして次に掲げておきます。

■図表3-41　「評価」で重要なポイント／やるべきことの見える化⇒ステップアップ

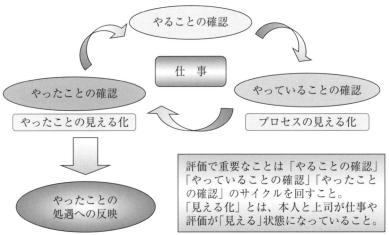

　人事考課制度の結果のアウトプット先のひとつである人材育成については、第6章に、部下を育成する立場にある者が身につけたいマネジメントの在り方については、第7章に掲げますので、日ごろの関わり方また考課者面談に役立ててください。

人事考課マニュアル（例）

1.　人事考課の目的

「社員全員のベクトルを合わせ、

　より高い能力を身につけてステップアップしてもらう」こと

　人事制度の第一の目的は、人材の育成です。企業にとって、人材の優位性が成長の決め手となります。会社が発展していくためには、人事考課制度を人材育成の重要な手段として活用していくことが必要です。評価者はこの点を十分理解した上での人事考課制度を活用しなければなりません。

⇩

> 評価者自身の成長が最重要ポイント

2.　評価者の心構え

(1)　部下の将来を考え、やる気を引き出す関わりをすること。評価を受ける部下の人間性を損なう恐れのある評価や面接を行ってはならない。

(2)　人事評価のしくみを良く理解すること

(3)　人事評価は、給料などの処遇に差をつけることだけがねらいではなく、部下の能力開発・指導育成という目的のウエイトが大きいことを理解すること

(4)　常に自らを振り返り、磨くこと

3. 評価者の課題

(1) 客観的な判断基準による評価を行う

　評価基準やルールの理解について共通性や客観性がなければ、自分の価値判断・経験などにより評価要素を自分なりの解釈で、評価することになり、納得性のある公平な評価ができなくなります。人事考課そのものは、技術的なもの技法的なものであり、自分の主観的な判断でするものではないことを認識しておきましょう。

(2) 評価は主要業務の一つであるという認識を持つ

　人事評価が一時期の付随業務でなく、自分の基本的役割であり、自分に課せられた主要業務のひとつであるという認識を持ってください。

(3) 継続的な評価者訓練により評価能力、技術を向上させる

　人を評価するのでなく、発揮された能力行動・結果などを評価する視点が必要です。人間の価値・人間の保有する全ての能力を評価するのではありません。持っている能力のうちごく一部である仕事の担い手としての職務遂行能力を評価するものです。人柄、性格と職務遂行能力との区別をし、トータルとしての人間を見た評価をするのでなく、各要素ごとに評価しなければなりません。評価者が、各要素の内容や要求される水準を十分理解し、分析的な視点で評価することにより、育成指導が実現できます。評価能力、技術を向上させるため、継続的な研修が必要です。

(4) 誤り易いエラーについて知っておくことが必要です。

〈主なエラー（評価誤差）と対応策〉

評価誤差の種類	評価誤差の意味	評価誤差の主たる対応策
ハロー効果	被評価者のある部分が優れていたり、劣っていたりすると、他の部分についても、あるいは、全体についてもその影響を受け、同様の評価をしてしまうこと。 ハローとは、太陽や月の回りにできる暈（かさ）や仏、菩薩の身体から輝いてでる後光をいう。 「坊主憎けりゃ袈裟まで憎い」 「あばたもエクボ」	先入観の意識的排除。例えば、学歴、経歴、容姿、外観、言動など 推測による評価を排除し、具体的事実に基づいて評価要素ごとに評価する。
寛大化傾向	評価者が実際よりも寛大な、甘い評価をする傾向。 評価者が日頃毎日顔を合わせている被評価者に悪い点をつけたくないとう評価者側の「優しさ」が関係してくるといわれる。 「義理と人情」の世界	評価段階の基準について理解を高めること。特にB評価（標準）のレベルを十分認識しておくこと 部下の能力開発の観点から、評価するという使命感を持つこと。部下にも、厳しい評価は自分の将来のためになることを理解させること。
中心化傾向	評価の分布状況が中央の普通または標準レベルに集中し、優劣の差があまり出ない評価状態をいう。 評価基準があいまいで、かつ評価者が評価に対して確たる信念を持っていない場合に生じやすい。 「ドングリの背くらべ」の類	評価者の評価能力の向上により自信を高めて評価を行うこと。 具体的事実情報を多く集め、要素別評価を行うこと。 評価基準をしっかり理解すること
論理的誤差	評価者が論理的に考えるあまり、関係がありそうな評価要素間に、相関関係をもたせ、同一あるいは類似した評価を行う傾向のこと。 論理的、分析的に物事を考えるどちらかといえば、理工系出身の評価者に多く見られる。	評価者に対して、横断的評価を行なう 1つの評価要素の着眼点やチェックリストごとに視点をおき、そこに精神を集中して評価する。 評価に当たって、あまり考えすぎないように事実を素直に評価する。

対比誤差	評価者が評価基準よりも自分自身を基準にして評価することによって生じる。無能な評価者、有能な評価者、得意分野をもつ評価者、不得意分野を持つ評価者などに表れやすい。	評価者は、自分と正反対の特性を持つ被評価者に対しては、意識して公正な評価を行うようにする。評価基準をしっかり理解し、謙虚な評価姿勢でのぞむ
二極化傾向	中心化傾向の逆で、評価の結果に普通や標準がなくて、優劣の二極に分かれてしまう傾向による誤差。評価者の頭の中の物差しが極端に高いか低いために起こる。「アクの強い評価者」「好みのはっきりした評価者」の起こしやすい誤差	評価基準および評価段階の基準レベルを再度確認する謙虚な評価姿勢でのぞむ
近接誤差	評価要素がお互いに近接している場合は、評価結果が類似する傾向があり、これによって生じる	評価要素に類似したものがないかどうか見直す。評価者が評価要素の定義・基準を十分理解し評価にのぞむ。
期末効果	評価を行う時期に比較的近い時期の行動や成績が全体に大きく影響することをいう。	評価対象期間の全期間にわたり、観察活動を行い詳細な記録をとる。

⑸　面談指導力を磨く

　評価結果は本人に対して面談指導で報告し，評価結果の原因と次年度での対策，そして本人の活動目標を定めます。考課者の関わり方が，目標設定における納得性や非考課者のモチベーションに大きく影響することを踏まえ、面談力、会話力を磨くことが必要です。

相談事例

　県内で調剤薬局を 10 店舗経営する○社。地域の人に愛される"かかりつけ薬局"を目指して接遇研修を行いました。研修後言葉づかいに少し変化があったものの事務的な対応は変わりません。

社労士：今薬局の中を通ってきたのですが、あいさつが明るく感じられました。なにか変化があったのですか？

顧　客：ええ、まあ。ありがとうございます。接遇研修をしたんです。実は、患者さんから、「○○さんに薬の副作用について聞いたんだけど、まるで役所のように事務的ね。それに、いつも難しい顔をしているのでこちらが悪いことをしているようで、薬を待っている間に余計気が滅入ってくるわ」という話を聞きましてね。

社労士：さっそくその効果が現れたのですね。

顧　客：それが、研修から日が経つにつれもとに戻ってきているのです。翌日はよかったのですが、3 日目でもかなりトーンダウンしています。研修自体はよかったと思うのですが……。

社労士：そうですか……。研修をすると、一時的にモチベーションが上がりますが、長続きしないことが多いようです。本当に必要な力を身につけてもらうためには、人材育成計画に基づいて、継続的に研修を行う必要がありますよね。それと、研修というと専門知識や接遇スキルといったものが思い浮かびますが、なぜ接遇が大切なのか、なぜこの仕事を選んでいるのかといったことに意識を向けるマインド面への教育も必要なんです。内的モチベー

ションを上げることで研修効果が継続します。

　人材育成の必要性については、どの経営者も認識されていますが、人材育成は、人の何をどう育てるのかを明確にする必要があります。

1　人材育成は人の何を育てるのか？

　どんなに優れた専門知識や技術を持っていても、高学歴であっても、必ずしも成果となって現れない人がいます。なぜでしょうか。良い仕事をするには、もちろんその仕事の知識や技術は必要です。でもそれだけでは、成果を上げたとしても一時的であったり、本人だけが成果を上げていると思っているという状態になりがちです。

　仕事に対する使命感が根底にあって初めて、継続的に能力が発揮されるのです。

　図表3-42は、職務を遂行する上で必要な能力を示したものです。人を樹木に例えています。樹木は、大地にしっかりと根が張っているからこそ、水分や養分を吸収し、幹が太くなり実を結びます。同じように、よい仕事をするためには、人としての土台になる根がしっかり固まっていなければなりません。根ができたら次は、幹を太らせます。幹は、規律性、責任性、協調性、状況判断力、コミュニケーション等職種には関係なく社員全員に求められる能力です。つまり、根の部分は、人間として社会人として必要なもの、幹に当たる部分は、職業人として当然に必要な能力になります。

　そして、葉の部分に当たるのが専門スキルです。薬剤師としての専門知識や事務を効率的に進める上でのパソコン技術、管理職に必要な問題解決力、組織をまとめて成果を出していくリーダーシップ力等です。専門職は、雇う側も本人もどうしても専門性にウエイトを置きがちですが、専門知識を活かすための土台として、まず根の部分、価値観、人間力、感性を見極めて、社員を育てることが必要になってきます。

■ 図表 3-42　職務を遂行するための能力

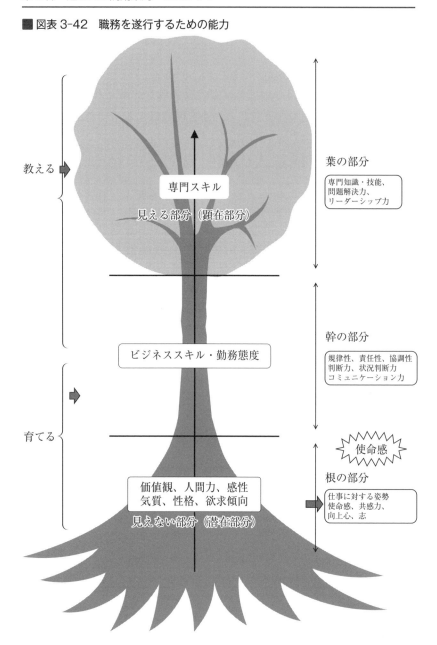

教える

専門スキル

見える部分（顕在部分）

葉の部分

専門知識・技能、
問題解決力、
リーダーシップ力

ビジネススキル・勤務態度

幹の部分

規律性、責任性、協調性
判断力、状況判断力
コミュニケーション力

育てる

使命感

価値観、人間力、感性
気質、性格、欲求傾向

見えない部分（潜在部分）

根の部分

仕事に対する姿勢
使命感、共感力、
向上心、志

２　使命感を育む教育を！

(1)　医療機関で働く人に求められるもの

　薬局で働く人が主に対峙するのは、患者です。身体が痛い、しんどい、心に何か辛いことを抱えているといった方ばかりです。医療の一端の担い手として薬局で働く人には、辛そうな患者の痛みを理解し、患者が元気になることや、健康であり続けるために役に立ちたいという想いが必要です。さらに言えば、**医療人として、痛みを持つ人を助けてあげたい、安らぎを与えたいといった使命感や人としての優しさ、共感できる感性が大切です。**

　どのような実をつけるのかを、その樹木の根が決めるように、**人がどれだけの成果を上げるかの土台は人の根っこの部分、価値観、人間力にあります。目に見えない土中にある根が、仕事に対する使命感や向上心を生み出し、勤務態度等のあらゆる行動に反映されます。**どんなに立派なことを言っていても、その行動や言葉の裏にある気持ちがニセものであれば、人はそれを見抜くものです。人からほめてもらったとき、それが心からのものかお世辞なのかはすぐに分かるのと同じです。

　「お大事に」の一言に心が込められるかどうか。相手の状況や理解度に合わせて、薬の説明ができるかどうか。行動や言葉に気持ちがこもり相手の心に響くかどうかの差は、人の根の部分にあるように思います。

(2)　薬剤師に求められる使命感

　親が女の子になってほしい職業ランキングを見ると、薬剤師はたいてい上位３位までに入っています。理由は、「給料が高い」「早く帰れる」「手に職があれば困らない」「責任がない」だそうです。これが、

裏付けになるわけではありませんが、一般の人が持つ薬剤師という職業のイメージを表していると言えなくはないでしょう。であれば、医療従事者の中でも、医師や看護師に比べて「人を助けたい、役に立ちたい」という使命感を先に持って、薬剤師になる人の割合はそう高くないとも考えられます。もしくは、高い志をもってなったけれども、思っていたより活躍の場が少なく、能力が発揮できないために、使命感が小さくなってしまった人もいるかもしれません。

　ある薬剤師の会では、これからの薬剤師が大きく医療へ貢献するためには仕事に対する「姿勢」が重要だとして、知識・技術の研修に加え、『主体性を発揮できる薬剤師』をキーワードに使命感や向上心を高める研修を行っているそうです。雑誌「DRAG magazin」の記事をご紹介します。

　　少子超高齢社会の到来に伴い、新しい地域医療のあり方が模索され、薬剤師のあり方も、今後大きく変わっていくことが予想される。処方箋調剤業務のみならず、ジェネリック医薬品の選定、介護現場や在宅医療での服薬支援、医師との共同薬物治療管理、OTC医薬品、漢方薬、サプリメント等の適正使用への積極的な関わりによるセルフメディケーション実践など従来とは異なる薬剤師像が造りだされてきている。

　　こうした変化の大きな時代において求められる薬剤師の能力の大部分は、コミュニケーションスキル、ファシリテーションスキル、バイタルサインといった知識や技術である。

　　しかしながらこれらの技術や知識を生かし、個々の薬剤師が大きく医療へ貢献するためには、「姿勢」も重要であると考えた。「姿勢」とは、個々の薬剤師としての向上心や使命感であり、すなわち推進力であると読み取ることができるからである。こうした背景のもとに、コミュニケーションスキル、ファシリテーションスキル、バイタルサイン、在宅療養、死生観等に関する研修など、知識・技術の研修に加え、『主体性を発揮できる薬剤師』をキーワードに姿勢の研修を行ってい

る」

（「DRAG magazin」より一部抜粋）

この「姿勢」の研修こそが、「根」の部分の研修にほかなりません。「人材育成は人の何を育てるのか？」根（土台）が細々としていると葉も繁りませんし、実もなりません。根がしっかりしていないところに、専門知識を得たとしても、少し風が吹くと葉も実もすぐに散ってしまい、枝もポキンと折れてしまうかもしれません。

勉強してどんどん新しい知識を吸収していく人と、学ぶことには興味を示さず、ただ与えられた調剤業務をこなすだけの２つのタイプの薬剤師がいます。どんどん環境が変わり、新しい薬が出てくる中で止まっている薬剤師がいることは、患者にとっても、薬局にとっても不幸なことです。

人は、自分にとって「得になること」「大切なこと」であるという意義を見出したとき、主体的に学び動くものです。**学ぶことが、自己成長や達成感につながり、人生が充実するのだということに気づいてもらうことが必要です。やる気と学びの推進力ともなる「根」の部分、高い人間力、価値観を育て、医療に携わる者としての使命感や責任と自覚を引き出し、医療従事者としての誇りを持ってもらうこと。そして、修得した知識や技術を発揮する場をつくること。**これが、定着率の向上にもつながり、専門職としての人材を生かし、会社を発展させることになるのです。

顧　客：根っこに当たる人間力を育てることの重要性はよく分かりました。人の命に関わる医療に携わる仕事ですから使命感は必要だと思います。もちろん、優しさや思いやりも……。でも、人間力の教育ってどうすればいいのでしょう？

社労士：継続的な学びの機会をもつことですが、まずは、社長が語り、実践することだと思います。短期間で身につくものではないので、毎日の積み重ねになります。先にお話しした経営理念

　　　を浸透させる努力やクレドの実践によっても、社員は人間的
　　　に成長していきます。

顧　　客：クレドを活用して朝礼やミーティング、日常業務の指導の中
　　　で常に意識していくということですね。

社労士：それから、読書も有効です。ある調剤薬局では、毎月１冊の
　　　本を全員に渡して、感想文を提出してもらっています。半年
　　　ぐらい経ったころから、社員さんの感想文の内容や社員間で
　　　話す会話の内容がはっきり変わってきたとおっしゃっていま
　　　した。専門書だけでなく、歴史小説やエッセイ、古典などか
　　　らも幅広い考え方を学ぶことができるので、最初は取り組み
　　　やすい本から始めるといいですね。

顧　　客：本は好きな社員が多いのでそれはいいかもしれませんね。そ
　　　れで、人材育成計画に基づいて、継続的に研修をというの
　　　は？

社労士：すみません！　つい熱が入ってすっかり忘れていました。

３　人材育成計画の整備

　人材育成のために研修を実施することは必要ですが、行き当たり
ばったりの研修ではなかなか効果が上がりません。「知識」や「技能」
を身につけるためのインプット型の研修については、短期で身につき
すぐに活用できるでしょう。しかし、社員が内部に持っている知識や
能力を引き出して、実践につなげるアウトプット型の教育、さらには
人間力や価値観研修等は、特に長期的・全社的な視点から継続的に行
う必要があります。会社の規模や成長段階、現場や社員の教育ニーズ
に照らして、中長期的な視野に立って計画を立て、継続的・段階的に
行います。その上で、直属の上司が、一人ひとりの能力を把握し、成
長や目標に合わせてフォローしていきます。

　人材を育成する仕組みをつくるときのポイントは、次の５点です。

■ 図表 3-43　人材育成の仕組みづくり

```
＜仕組みづくりのポイント＞
(1)　経営計画、人事戦略と教育研修との関係をおさえる
(2)　教育研修ニーズを明確化する
(3)　計画性と継続性を持つ
(4)　人事制度との関連をおさえる
(5)　3本柱の教育機会を連動させる
　　　Off・JT（職場外教育）研修を作る上での軸となる集合研修
　　　OJT（職場内教育）　　集合研修を実務に結びつける
　　　SD（自己啓発）　　　集合研修、OJTを支える基礎体力・
　　　　　　　　　　　　　栄養分
```

(1)　経営計画、人事戦略と教育研修の関係をおさえる

　「組織が機能し、期待する成果を上げるためには、どのような人材がいつまでに、どのセクションにどのくらい必要なのか」経営理念、経営計画、人事戦略から人材育成計画に落としこむ必要があります（図表3-44）。

(2)　教育研修ニーズを明確にする

　教育研修ニーズを明確にするには、経営理念から落とし込んだ求める人材像を明確にし、その研修を行う目的は何かを確認することです。管理職、薬剤師、事務職それぞれの役割を果たすために求める人材像を明確にし、現在の社員が保有する能力を把握します。求める人材像と現状のギャップを埋めるものを修得することが研修の目的になります（図表3-45）。

　「管理職に対して研修をしてほしい」という依頼は多いのですが、どんな管理職になってほしいのかが明確になっていないことがよくあります。もちろん、管理職に求められる共通の役割や能力はあります。

■図表３-44　経営理念から人材育成計画へ

【経営理念から⇒経営方針⇒経営計画⇒人事制度⇒人材育成計画へのステップ】

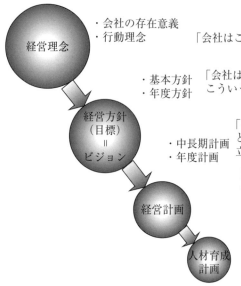

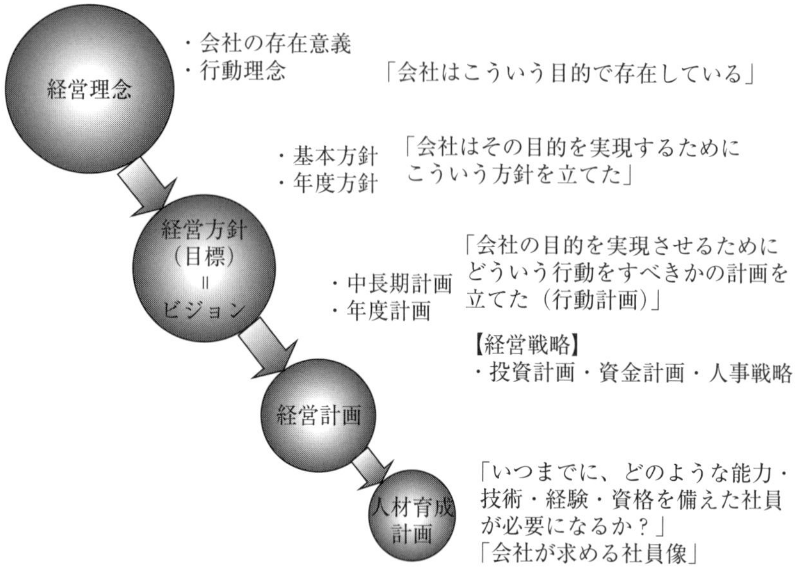

経営理念
・会社の存在意義
・行動理念
「会社はこういう目的で存在している」
・基本方針
・年度方針
「会社はその目的を実現するために
こういう方針を立てた」
経営方針
（目標）
＝
ビジョン
・中長期計画
・年度計画
「会社の目的を実現させるために
どういう行動をすべきかの計画を
立てた（行動計画）」
【経営戦略】
・投資計画・資金計画・人事戦略
経営計画
人材育成
計画
「いつまでに、どのような能力・
技術・経験・資格を備えた社員
が必要になるか？」
「会社が求める社員像」

■図表３-45　経営理念実現のための教育プログラムを設計

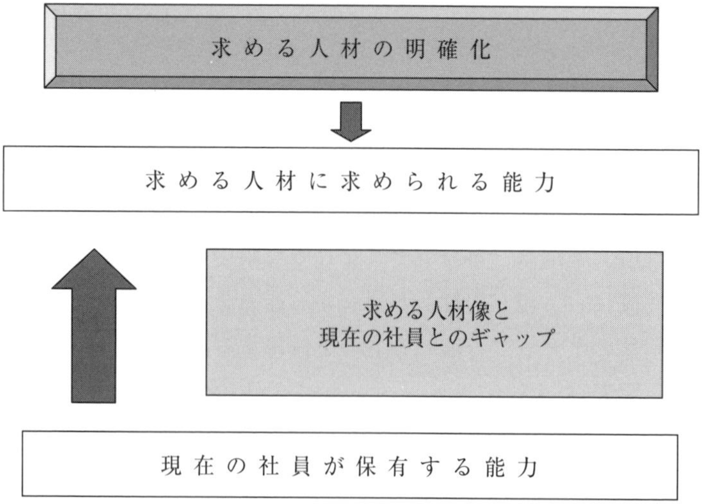

求める人材の明確化
求める人材に求められる能力
求める人材像と
現在の社員とのギャップ
現在の社員が保有する能力

しかし、本来は、経営方針、経営計画に基づいた人材育成計画に基づき「このような役割を果たせる管理職になってもらう研修をしてほしい」であるべきではないでしょうか。たとえ一般的な管理職研修をするにしても、どの研修機関に依頼するのか、どんな講師がいいのか、求める人材像によって変わってきます。人材育成にも理念が必要です。せっかく時間と費用をかけて研修に行かせても、会社の方向性と合っていなければ組織の中で活かされないことになってしまいます。

　社内でOJT（＊後述）を行う場合も同じです。自分が指導する部下または後輩が、今どんな状態でどうなってほしいのか、何を身につけてもらいたいのか、指導を行う目的を明確にし、教える側と学ぶ側が共有していることが大切です。

⑶　計画性と継続性を持つ

　「研修をしたいのはやまやまだが、とてもそんな時間がとれない。もう少し余裕ができたらしたい」という声をよく耳にします。筆者がある企業団体で実施した調査でも、研修を実施できない理由の一番に「時間的に余裕がない」という回答が挙がってきました。しかし、時間を言い訳にしていては計画的な人材育成はできません。先の事例のように1回きりの接遇研修を思いつきのようにしても効果につながりにくいということになりかねません。どの職種のどの段階の社員にどんな能力をつけてもらうのかをキャリアパスに沿って、計画的に継続して教育を行うことが必要になっています。

　必要なときに必要な人材はいないものです。なぜなら人材育成には時間がかかるからです。人はすぐには育たないものだと心得ておきましょう。樹木を育てるように、毎日毎日、水や養分を計画的に継続的に与える必要があるのです。

⑷　人事制度との関連をおさえる

　第5章でお伝えしたように、人事評価制度は人を育てるための制度です。人事制度によって、それぞれの職群における必要な能力や役割

などが明確になっています。昇格や昇給を目指して計画を立ててもらい、達成に向けてサポートすることが会社が求める人材を育てることになります。

　また、人事制度による上位等級への昇格基準に一定の研修を修了していることを要件として関連づけると、研修を受ける目的も明確になり、その等級に求める人材像がより明確になります。

　図表3-46は、通信教育により、必須研修のうちどれかを一つを修了していることを昇格の要件としている事例です。

　また、人事評価制度による目標設定や評価のフィードバックは、現状の確認と次の挑戦目標を明確にし、上司がその間のサポートをすることになりますから、大変有効な人材育成のツールになります。社員は、皆一人ひとり、成長段階も個人特性も、持っている能力も発揮されている能力も異なります。つまり、人によって育て方が違うので、

■ 図表3-46　昇格のための必須研修（通信教育）総合職用

等級	適合役職	○○教育総合研究所	日本○○○協会
1級 →2級	一般	・わかりやすく説明する技術 ・「実践」クレーム対応マスターコース ・ビジネス常識 AtoZ コース ・ロジカルコミュニケーション	・業務の効率化 ・仕事の基本フォローアップコース ・後輩指導ステップアップ
2級 →3級	薬局長	・マネジメントの基本 ・リーダーシップ開発プログラム ・コーチングの基本	・ほめ上手・叱り上手・教え上手 ・管理職基本コース ・課題解決のための手法
3級 →4級	エリアマネージャー	・マネジメント上級 ・実践リーダーシップ ・コーチング実践 ・やる気を引き出し、人を動かす技術	・実力管理者コース ・問題発見・解決力をのばす ・ビジネス心理学ゼミナール
4級 →5級	部長	・管理者実践コース［戦略マネジメン編］	・上級管理者コース

本来人材育成は、1対1であるべきです。本気で人を育てようと思えば、その一人に全力を注ぐ必要があります。例えば、子育てがそうであるように。さすがに、会社で1対1の教育はできませんが、少なくとも直属の上司は、個別に部下一人ひとりの成長に合わせて育成計画を立てましょう。

⑸　3本柱の教育機会を連動させる

教育の実施方法としては、次の3本柱があります。

①　Off-JT（Off the Job Training＝職場外の教育）

Off-JTは、実際の職場を離れて行う教育のことです。外部の研修機関が行う研修会等に派遣したり、講師を招いて接遇研修を行ったりするなどのケースです。一般化された技能や知識についての教育ということになります。

②　OJT（On the Job Training＝職場における教育・指導）

その名の通り、日常業務を通じて上司や先輩などが行う研修です。実際に仕事をしながら業務上必要な知識や技術を実地で学ぶので、分かりやすく直接業務に結びつきます。

③　SD（Self Development＝自己啓発）

会社が業務として指示するのでなく、本人の自発性に基づいて、自ら学び啓発していくことです。自宅で専門誌を読んだり、仕事で教わったことをさらに深めたりとOff-JT、OJTを支えるものです。教育の施策としては、側面から援助し、促進していくことが重要です。

この3本柱の教育機会は、関連づけて体系化する必要があります。例えば、新入社員がOff-JTで接遇研修を受けてきたとします。学んできたことを職場で実践できるよう先輩や上司がサポートし、どの程度できているか1か月ごとに本人にフィードバックします。そして、1年後に現場での課題を持って、もう一度Off-JTで研修を受講しスキルアップを図ります。このサポート役としては、身近な先輩を一人につき一人つけるのが効果的です。

　また、よくあることなのですが、このOff-JT研修のフォローが職場でできず、せっかくの研修が研修中だけの別物になっていることがあります。コミュニケーション研修で「話を聞くときは相手の顔を見る」「相手の話は最後まで聞く」と学んだのに、いざ職場に戻るとあいさつをしても、パソコンに向かったままの上司から返事が返ってくる、先輩が患者さんの話をさえぎって、薬局側のペースで業務をこなしているといった現場を目にするとせっかくの研修が台無しになります。新入社員研修の場合は、職場に対しても受け入れ研修を行うことがありますが、Off-JTの場合、少なくとも直属の上司は、部下がどのような研修を受けてきたのかを把握しておくべきでしょう。また研修内容について、レポートを提出させ、できればその内容を勉強会で発表するなど、他のメンバーとも共有しておくと効果的です。

　OJTの場合は、「上司側の教える力量」が大きく影響してきます。業務遂行に必要な技術や能力だけでなく、部下は上司の背中を見ています。「根」の部分にある仕事に対する姿勢や考え方は、上司自身の言動に現れ、部下にそのまま引き継がれます。つまり、育てる側である上司の役割は、人材育成においても最も重要なのです。企業において管理職研修が最も重要視されるのはそのためです。

　SD（自己啓発）については、資格取得や研修会への参加に対して会社が費用を負担したり、研修の情報を提供したりすることが多いようです。

★資格取得や能力開発のための会社の支援策の例

- ◆　**受験料の会社負担**
- ◆　**資格取得合格祝金**
　　業務に直接関係のない周辺知識の資格取得については、資格手当でなく、合格祝金により資格取得を奨励します。
- ◆　**eラーニングや通信教育のプログラム紹介や受講料の一部負担**
　　専門知識を手軽に学べるeラーニングの活用が最近増えています。

◆　**外部講習への受講支援**

受講料の負担（一部または全部）や研修会出席のための特別有給休暇の付与などを行います

◆　**組織内勉強会の開催**

会社の業務として研修等に参加した場合に、参加者が講師となって他のメンバーに内容を教えます。参加者は、教えることでより理解が深まり、他のメンバーも情報や資料を手に入れることができます。

　上記5点を踏まえた上での人材育成計画を立て、社員を育てていきます。**図表3-47** は、ある調剤薬局の教育制度体系です。このように体系を構築し、継続的、段階的に研修等を組み込んでいきます。

■ 図表 3-47　教育制度体系

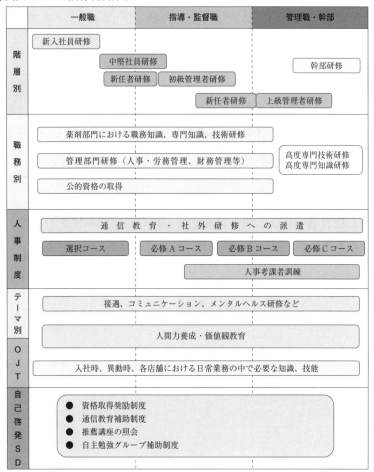

第7章 自立した人材を育てる マネジメント

　一般的な調剤薬局では、一つの職場が小規模となり、比較的狭い空間で、毎日同じメンバーが顔を合わせて働くことになります。そのような職場では特に、対患者のコミュニケーションだけでなく、上司、同僚、部下との人間関係をいかに良好にし、互いに協力し合える職場環境をつくるかが重要になってきます。一人でも不機嫌な社員がいたり、ギクシャクした人間関係があると薬局内の空気感は重いものになります。患者が入ってきたときにその空気感は、そのまま伝わり、薬局のイメージになってしまいます。

　また、報告・連絡・相談等がスムーズにできなければ、思わぬクレームやトラブルを引き起こすなど業務に支障が出てきます。ちょっとした遠慮で言えなかったこと、聞けなかったことが後で重大な事故につながることもあります。

　人間関係によるイライラやコミュニケーションギャップは、業務の非効率化を招くだけでなく、今社会問題となっている、うつ病等のメンタルヘルス障害を引き起こすきっかけにもなりかねません。

　では、患者さんが入ってきたときに、いい雰囲気だなと感じる薬局であるためには、どんな職場であればいいのでしょうか。明るく笑顔と活気にあふれ、一人ひとりがやる気を持って自分の持つ能力を十分に発揮し、お互いに協力し合って、それぞれが自分の役割を果たすことができている。そんな職場・組織・会社ではないでしょうか。

　そのような組織にするためには、社員一人ひとりが自分自身が今の薬局をつくっているのだという当事者意識を持っていることが必要です。今の職場の状況は、自分たちがしていることの結果だという意識です。

　筆者が所属しているNPO法人マザーズサポーター協会では、その当事者意識を持っていることを"自立"と表現し、自立型支援方法と

いう関わり方を組織に取り入れる提案をしています。ここでは自立を次のように定義しています。

　「自立」とは
・自らの人生や仕事において、「自分が選択している」という意識があり、その選択に責任を持っていること。

　「自立力のある人」とは
・自分で考えた上で、納得のいく選択をし、壁を乗り切る力を身につけている人。
・何か問題が生じたとき、他人への責任転嫁（他責）ではなく、常に当事者意識を持って当たれる人。

　自立した組織とは
・一人ひとりの能力が十分に発揮され、組織自体に問題解決する能力があり、協働の意識で必要なときに改善に向けて話し合うことができる組織

　常に自分が選択しているという認識があり、自分の行動に責任を持つことのできる自立した人材が育つと、失敗したり、悪い報告があっても、他人（上司、部下、同僚）のせいにせず、改善に向かって自主的に話し合い、協力し合う組織ができるのです。この意識が備わっていれば、コミュニケーションもスムーズにいくでしょう。

　この自立型支援方法は、人を育てる立場にある人に身につけていただくことを目的としています。会社であれば上司や先輩にあたります。薬剤師にとっても、「患者が健康を取り戻すことを自分ごととしてとらえてくれること」つまり患者に当事者意識を持ってもらうことが必要なので、患者に対しても効果的な関わり方です。そのため医療・介護・保健指導といった場面でも活用されています。

　ここでは、この自立型支援方法の中から、マネジメント力を高めるための土台となる関わり方とスキルについて取り上げます。

1　マネジメント力を高めるための土台

　自立した人材を育てるためのマネジメントの土台となる考え方をこ
こで確認しておきましょう。

| 土台 1 | 「人は皆違う」ということを忘れない |
| 土台 2 | 「過去と他人は変えられない。未来と自分は変えられる」 |

> ■土台1　「人は皆違う」ということを忘れない
> 　　〜コミュニケーションは伝わったことがすべて〜

　「私たちは皆違います」こう聞けば「当たり前のことだ」「そんなこ
と分かっている」と思われるかもしれません。しかし、人はついそれ
を忘れてしまいがちです。

　自分が言ったことが自分の想像通りに相手に伝わると考えたり、同
じ場所で同じ物を見たら、自分が見たことを相手も同じように見てい
るものだと思い込んでしまったりすることがあるのです。

　例えば、「これこれこのように作ってください」と細かく指示した
書類がまったく違ったものが仕上がってくる、というような経験は誰
にでもあるのではないでしょうか。そんなとき、「あんなに丁寧に説
明したのに、いったい何を聞いていたの」とか「注意力が足りない」
等と言いたくなります。おそらくそれが、忌憚のない人の感情ではな
いかと思います。

　でも、人は「同じ言葉」を聞いたとしても、立場や年齢、経験、価
値観は、一人ひとり違うので、受けとめ方もそれぞれ違っても当然な
のです。たとえ、自分が言ったことと違うように伝わっても、相手が
受け取ったことがすべてです。**コミュニケーションは「伝えたこと」
でなく「伝わったことがすべて」**なのです。

　仕事をする上では、この「違い」によるコミュニケーション・ギャップをできるだけなくすために、

　◎　口頭だけでなく文書にして示す

　◎　5W1H という要素をもらさず伝えるようにする

　◎　指示を復唱させる

などいろいろと工夫し、ルールづくり等をしていることと思います。

　しかし、ここで伝えたいのは、そういうことだけではありません。

　うまく伝わらなかったとき、相手を責める前に「伝わったことがすべてなのだ」と一度ここに戻ってみてください。これで、変わることは何でしょうか？

◆ひとつは……

　　自分の「言葉が足りなかったかな」「声が小さかったのかもしれない」「こう言えばよかったかな」という考えが浮かんでくるかもしれません。そうすれば、次に伝えるときには、改善が加わるでしょう。

◆もっと大事なことは……

　相手が『自分が尊重されている』と感じることです。

　たとえ、自分が伝えたことを相手が間違えて受け取ったとしても、相手にとっては自分が聞いたことが真実なのです。

　「人は皆違う」を意識することは、

　　| 自分が正しい |　という姿勢から、

　　　　↓

　　| 相手も正しい |　という姿勢へシフトするということなのです。

　人は、誰しも自分が正しいと思っています。それは、人は、自分を通すことでしか物ごとを見ることも判断することもできないからです。価値観（良いと思う人、物、状況、信条）は、人によって違います。それを他人に押し付ける傾向があると人間関係に問題が生じま

す。逆に自分の価値観を大切にしてくれる人には、好感を持ち、この人の言うことなら聞いてみようと思うものです。大切なのは、「どう伝わったのだろう」と相手の立場に立ってみることです。その配慮が伝われば、相手は自分を尊重してくれていると感じ、コミュニケーションがとりやすくなります。

　職場では、契約社員、パート、派遣など雇用形態は多様化しており、また外国人労働者も増えています。そのためダイバーシティという考え方が企業でも取り入れられるようになっています。多様性を自然に受け容れる力が求められます。

　人に言うことを聞いてもらうことは難しいですが、聞いてもらうためには、まず受け入れてもらえる関係づくりが必要なのです。

【基本原則1】のポイント

> 「人は皆違う」「伝わったことがすべて」という原則を意識する
> ⇩
> マネジメントが機能する関係を構築することができる

？　はてなワード解説　『ダイバーシティ』

　⑴　ダイバーシティって？

　　　"Diversity"＝"多様性"と翻訳されます。

　　　英語の"Diversity & Inclusion"を省略。本来は"多様性の受容"を意味する

　⑵　ダイバーシティの考え方

　　　外見上の違いや内面的な違いに関わりなく、すべての人が各自の持てる力をフルに発揮して組織に貢献できるような環境をつくること。

　　　人種、性別、年齢、身体障害の有無などの外的な違いだけでなく、価値観、宗教、生き方、考え方、性格、態度、などの内面も皆違い

ます。『こうあるべし』と画一的な型にはまることを強要するのでなく、各自の個性を活かし能力を発揮できるような組織をつくる。それは、個人にとってプラスであるだけでなく、組織自体にとっても大きなプラスである。」という考え方です。

■　土台2　過去と他人は変えられない
　　　　　　　　　　未来と自分は変えられる

　土台の二つ目は、自分がコントロールできるものとできないものを区別して対処するということです。表にまとめると次のようになります。人と関わるとき、自分がコントロールできるもの（変えられるもの）に目を向けることが大切です。

コントロールできるもの	コントロールできないもの
自分の行為・行動 自分の考え	自分の感情 自分の生理反応
	他人の行為・行動 他人の感情・生理反応
未来	過去

過去は変えられない➡未来は変えられる

　相手（部下）が何か失敗をしたとき、上司は「なぜ間違えたんだ」「どうして、もっと早く報告してくれなかったの」などと過去を責め、詰問しがちです。でも、本人も失敗したくてしたわけではないのです。戻れない過去を責められてもどうしようもないので、「元々無理だった」とか「忙しかったから仕方がない」などと開き直るか、自分を守るために弁解や言い訳をしようとします。同じミスを犯さないためには、原因となった事実の分析は必要です。しかし、人に焦点をあてて

過去の原因を追究しても、そこからは何も生まれません。

　相手と関わるときは、過去ではなく、未来に焦点を当ててサポートします。なぜなら、作り出したい結果は、未来にあるからです。変えられる未来に焦点をあて、過去を学びに変え、次に失敗をしないための方法を見つける支援をすることが大切です。

　部下との関わりの中では、責めたり怒ったりする代わりに下記のような質問をしてみてください。言い訳でなく、解決策や新しいアイデアに頭を使ってもらうことができるでしょう。

〈未来に向けた質問の例〉

　「何があればうまく行く？」「考えられる解決策は何？」

　「どうすればこの状況を改善できる？」「どんな助けが必要？」

　「もう一度同じ事をするとしたら何を変える？」

他人は変えられない⇨自分の行動・考えは変えられる

　「言われたことしかしない」「報告・連絡・相談がない」「あいさつさえまともにできない」「することをしないで自己主張ばかりする」上司から部下への不満でよく耳にすることばです。そして「言うことをきかない」と悩みます。しかし、いくら叱っても説教しても他人を変えることはできません。コントロールすることができない他人（部下）に変わってもらうためには、コントロールできる「自分の行動と思考」を変え、「この人のいうことなら聞いてみよう」と思ってもらえる関係を作るしかないのです。そこがスタートです。他人は変えられませんが、自分が変わることで相手に影響を与えることはできるのです。

　また、自分の感情は直接にはコントロールできませんが、行動や思考を変えることで、コントロールできることがあります。例えば、「感情」として苦手な上司や部下に対しては、積極的に話しかけ接触の機会を作るという「行動」をとることで、お互いに親しみが湧き自然と

苦手意識が薄れていくことがあります。また、「思考」を変え、チームの目的を果たすためにその人とどう関わるかという観点で考えなおすことでも人間関係をスムーズにすることができます。

　人と関わるとき「過去と他人は変えられない」ということを忘れないようにします。

【基本原則2】のポイント

◆コントロールできるものに目を向ける

　他人は思うように動いてくれない

　　　　　でも……動いてもらわないと困る

過去と他人は変えられない	⇨	未来と自分に目を向ける

　部下は、上司が語っている内容よりスタンスや行動を見ている（率先垂範が自立の基本）。

　「この人の言うことなら聞いてみよう」いう「関係づくり」から始まる。

2 マネジメント力を高める3つのスキル

　次に、信頼関係を築くための3つの基本スキルをご紹介します。

(1) 相手のために聴く

　人の話を聞くには、「自分主役」で聞くときと「相手が主役」で聴くときがあります。

　例えば、部下が相談をもってきたとき「その考えは甘いね」「仕事とはそういうもんだよ」という言葉がすぐに出てくるような場合は、たいてい「自分が主役」で聞いています。聞く側が自分の経験や価値

観に照らし合わせて、答えを持って、相手の話を**判断・評価しながら**聞いています。相手から知識や情報を得たいときなど、自分の必要性を満たすために相手の話を聞いているときも「自分が主役」です。

　それに対して「相手が主役」で聴く場合は、相手の話を**判断・評価をせずに**、そのままの相手をしっかりと受け止める聴き方をすることが大切になってきます。誰でも、自分の意見や経験値を持っていますから、自分の評価軸を持たずに聴くということは、意外と難しいものです。しかし、自分の考えや価値観、思い込みをいったん外して、「そんな風に感じているのだな」「なるほどそういう考え方や見方もあるのだな」と、話していることをそのまま真摯に受け止めて聴くようにします。言葉の意味だけでなく、その発言の背後にある考えや気持ちを相手の立場からとらえてみます。つまり相手が持っている本質的な価値を心から認めます。この積極的傾聴により、相手は、「自分の話を分かってくれている」「理解してくれている」「自分が尊重されている」と感じます。その結果、相手の中に自己肯定感と安心感が生まれます。

　そうなってようやく、「この人にもっともっと話したい」「この人を信頼しよう」という気持ちになってくれるのです。この関係を築くことができて初めて、相手に「この人の言うことなら聞いてみよう」と受け入れられる体制が整います。つまり、相手との間に「橋」が架かるのです。

　人事評価制度における面談でも、提案を聞き入れてもらい、評価を素直に受け入れてもらうためには、まさにこの「橋」が架かっていることが必要なのです。信頼関係を築く第一歩は、相手が、自分の話を聞いてくれていると感じる聴き方を身につけることになります。

《相手のための聴き方のポイント》

1. 心構え……主人公は常に相手である。
   ・思い込み、先入観、偏見、決めつけを外しまず受け止める。
   ・自分の価値観で評価や判断をしない。

　　　・自分の意見や考えはいったん別のところへ置く。

　　　・言葉にとらわれず、相手の真意・本心を理解するという意識を持つ。

　2.　態　度……聴いているということが相手に伝わるようにする。

　　　・相手の顔を見る。

　　　・うなずいたり、あいづちを打ったりする。

　3.　環　境……自由に考えることができる場を作るよう意識し、相手
　　　　　　　　　にリラックスしてもらえるような雰囲気を作る。

《聴くことのメリット》

・聴いてくれる相手への信頼感が増す。

・仕事への参画意識が向上する。

・相手に話すことにより自分への気づきが生まれ、考えが明確になる。

・先に聴いてもらうことで相手は、その後の意見やアイデアを受け入れやすくなる。

⑵　効果的な質問を投げかける

　人は、質問されたことに対して考える習性があります。質問されることで相手は自分を確認し、可能性や自分の中にある本当の価値観、大切にしたいこと、目指す方向などを発見し、答えを見つけることができます。上司は経験が豊富ですし、自分が通ってきた道ですから、ついアドバイスやお説教をしたくなります。しかし、与えられた目標や方法はしょせん人のものです。うまくいけば常に頼ってくるようになりますし、うまくいかなければ、アドバイスをした相手を責めます。良い質問をすることで、相手は自分に合ったより効果的な方法を考えます。また、自分で考え決めたことは実行されやすくなります。大切な部分を察知し、しっかり良い質問を投げましょう。

《質問する時のポイント》

◎ 主人公は相手であることを常に忘れず、相手のための質問をする。

◎「本質的に手に入れたい未来をつくり出すために、あなたはどうすればよいか」ということに焦点を合わせ、当事者意識を高める質問をする。

◎「どのように質問すれば、相手の「今ここの状態」から納得のいく行動と思考が生まれるのかを意識し、詰問にならないように相手にとって効果的な選択を促す。

⑶　承認する

　「人は、認められるとうれしくなり、やる気が出てくるもの」ということは、経験的にご存じだと思います。承認とは、相手の存在を認めることです。ほめることも承認の一つですが、「おはよう！」「元気？」「がんばってるね」などとあいさつをしたり、声をかけたりすることも承認のメッセージになります。

　相手に関心を持って関わり、相手に現れている違いや変化、成長や成果に気付いたらそれを言葉で伝えます。「今日も元気だね」「早くできるようになったね」「この報告書の書き方はすっかりマスターしたね」。ほめることが照れくさい、苦手だという人でもこれならできそうではありませんか。これは「ほめる」以上に相手に届く「承認・認知」となり、相手のエネルギーの素となります。

　一般的に人は、欠点やできていないことのほうに目が行きがちです。そこを意識して、プラスの視点で相手をとらえるようにします。部下の「今ここまで」の過程、取り組む姿勢をプラスの眼鏡をかけて見てみましょう。もしくは、部下の立場で部下を見てみてください。その部下に入れ替わったつもりになってみてください。いかに部下が頑張っているか見えてきませんか？

　ここまで、マネジメント力を高めるための2つの基本原則（土台）

と3つのスキルをお伝えしてきました。次に、「あり方（心構え、姿勢）」を踏まえた上で、いろいろな場面での関わり方のコツを具体的にお伝えします。

3 ほめるときのコツ

　子育てや部下育てで「人は、ほめて育てろ」とよく言われます。しかし「人をほめよう」と思ってはみたものの、意識すればするほど不自然になったり、わざとらしくなったりと意外と難しいものです。

　「ほめる」とは、事や人に対して「優れている」と評価、判断しそれを相手に伝えることを言います。つまり、評価の基準を自分が持ち、それを相手に当てはめて言葉にすることになります。

　では、改めて意識してほめる理由を考えてみましょう。

　①　相手の自信を呼び覚まし、成長の糧にしてもらうため

　②　ほめて相手を動かすため

　大きく分けてこの2点になりますが、自立した部下を育てるための関わり方としては、①を重視します。ほめることでモチベーションが上がり、相手が動くことはありますが、その時だけで長続きしなかったり、逆に「ほめられなければ動かない」という現象を生む可能性もあります。①を意識したほめ方をすることで、部下は自信を持つようになり、継続的に自発的に動く人間に育つのです。

　先に述べたように、人を認めプラスの思考で相手をとらえ伝えることは、人間関係を円滑にし、何より相手のモチベーションが上がりやすいものです。率直に、作為的にならず常に自分自身が相手をプラスに見て伝えていくことが重要なのです。

　表現方法による違いを知る

　メッセージを伝えるときの表現の違いで、相手に伝わるものが違うので、よく知った上で使います。

YOU メッセージ	I メッセージ
★　主語が「あなた」のメッセージ	★　主語が「私」のメッセージ
・あなたは優秀だ	・おかげで助かった
・良い仕事をしたね	・あなたに任せて良かった
・君は偉い	・信頼している
・大変よくできました	・一緒に仕事ができてよかった
・素晴らしい発表だった	・感謝している
	・私も勉強になった

★ YOU メッセージ

　YOU メッセージは、伝える側に評価の基準があり、自分の価値観で相手を評価・判断して伝えることになります。結果が求められる組織では、評価は非常に大切であり、モチベーションの源にもなります。しかし、一方で、自分が尊敬する人や心を開いている人から「評価」されるとうれしくても、相手や場面によっては、評価的な言葉が受け入れにくい場合もあります。また、人に評価されないと自己肯定できなくなるといった現象が生じることもあります。

★ I メッセージ

　I メッセージは、自分が相手から受けた影響を伝える言葉です。例えば、「君は面白いね」と言うと、ほめたつもりでも相手は不愉快に感じることがあるかもしれません。しかし「一緒にいて楽しかった」と自分の気持ちを伝えると受け入れられやすくなります。I メッセージを受け取った側は、相手に対する自分の影響力を確認できるので、自信がつき成長の糧になる効果は大きくなります。

心の持ち方

　相手を動かすという目的のために相手をほめると、わざとらしくなったり、言葉がうわついて不自然になったりしやすくなります。人は、言葉よりもその根底にある心を受け取ります。心が伴わないほめ

方は、かえって不誠実に映り、ほめることが逆効果になることもあります。日ごろからプラスの思考で相手（部下）の良い所を探し、本当に良いと思ったことだけを伝えるようにします。

> タイミング

　どのようなタイミングでもかまいません。声をかけられた人はいつでも嬉しいものです。

> ほめる場所を見極める

　バランスが大切になってきます。例えば、子育てで兄弟の一方だけを目の前でほめるともう一方がすねてしまうというようなことがあります。職場でも、大勢の前で言葉をかけることは、とても効果的なことがありますが、同時に他のメンバーの勇気をくじかないことも重要です。常に、自分が発する言葉の影響に気を配りましょう。

4　叱るときのコツ

　人が人を叱るということはどういう場合でしょうか。「ルール違反をしたときに叱る」「失敗やミスを犯したときに叱る」「しつけのために叱る」などいろいろな場合が考えられますが、叱るとは、相手を正し、よい方向に向かってもらうためにすることです。つまり、叱るときは常に、相手の成長を意図においていなければならないのです。よかれと思って叱ったことが相手の自信をなくすだけに終わっては、目的を果たせません。

　そこで、「過去の変えられない事実」を叱るときは、本人にとって未来への学びになるように意識して伝えます。やりがちなのは怒ってしまうこと。「怒る」と「叱る」は混同されがちですが、まったく違うものです。怒るというのは相手のためではなく自分本位の感情をぶつけることです。もし、感情的になり怒ってしまったときは謝罪する勇気も必要です。自分の非をしっかり認める姿勢が相手の心を開き、

叱っても相手に響くようになるものです。

叱るときの言葉のかけ方

　何が効果的でなかったかをしっかり伝え、その理由も具体的に分かりやすく話しましょう。相手の人格を否定する表現は避け、相手が改善できる「行動」に焦点を当てるようにします。叱る前に、日ごろ頑張っていることを承認する言葉等を伝えると、その後の言葉を受け入れやすくなります。締めくくりには、相手が改善しやすくなるように支援する言葉を添えるのも良いでしょう。

◆相手の改善をくじく言葉：例
　「何をやっているんだ！君は！」
　「ダメじゃないか！そんなことでは！」
　「何をしでかしてくれるのだ！」
　「なってない！」
◆相手の改善を支援する言葉：例
　「君がしたことの〇〇はよくなかったね。今後のためにどのように責任を取れるか一緒に考えよう！」
　「今回の〇〇には、非常にがっかりしている。どうしたら次にそうならないか考えてみて」
　「〇〇は残念だったけれど、全力で挽回して欲しい」

心の持ち方

　自立型支援方法の原則に、「人は常に最善を選択しているという前提で人と関わり続ける」という項目があります。どのような失敗もその人にとっては、最善の選択をした結果だと考えて改善に向けて支援します。そうすることで、叱られることになった事実を受け入れ改善に素直に対峙してくれるようになります。相手が部下であったとしても、尊重されるべき「人」であると思う心で関わりましょう。

タイミング

　叱る場合は、できるだけ時間を置かないほうがよいと思われます。時間が経つと日ごろの思いや他のことも積み重なって、叱る側に思い込みが生じやすく、包括的、抽象的になりがちです。また、叱られる側も記憶があいまいになる可能性もあり、効果的でなくなります。ここぞとばかりに過去の失敗を持ちだして、くどくどと同じことで何度も叱るようなことは避けましょう。

叱る場所に配慮する

　決して大勢の前では叱らないことです。見せしめになると考える人もいますが、自尊心を傷つけ、叱る側への信頼を失うばかりです。他の人への注意喚起を目的とする時は、叱るのではなく事例として取り上げ、共に改善すべき課題とします。原則としては個別にしっかりと話ができる場所を選びます。

　マネジメントの中では、叱ることは、非常に重要です。人は誰でも失敗や間違いを犯します。最近は、叱れない上司が増えていると耳にするようになりました。しかし、真に相手の成長を思えば、叱ることも必要です。叱るときには、効果的に叱って、改善のための支援をしましょう。

5　やる気を促すコツ

　やる気とは、目の前の目標や問題・課題に対して自ら取り組む気持ちを言います。「やる気を出しなさい！」と叱咤激励したからといって出るものでなく、言われた本人も出したほうがいいと分かっていてもなかなか出せるものではありません。部下のやる気を促すためのサポート方法のヒントをお伝えします。

やる気を促すサポート3つのヒント

①　やる意義を見出すサポートをする

　人は、「自分の得になる」と思うことには積極的に動く気になります。目の前の目標や、問題に対して「自分はできるかもしれない」「これをやり遂げたら、仕事がもっと楽しくなる」など、やる意義を感じることができれば、エネルギーが上がります。

　もし、質問を投げかけてサポートするのであれば、次のようなものになるでしょう。

「目標または願望が実現すると何が得られますか？」

「達成すると周りにどんな影響がありますか？」

「それができたらときあなたはどんな気持ちになりますか？」

「どうなりたいですか？」

②　できそうなことに目を向けてもらう

　少しの変化でも前進すると思えるように、今すぐできそうなことをまず一つ、第一歩が踏み出せるようにサポートします。大きな壁にぶち当たると、大きな変化をしなくてはいけないという思いに駆られます。人は、本質的に変化には抵抗感があり、変化には勇気が要ります。やる気を出すには、小さいことからでもいいのだと思えることが重要です。

　また、自分が持っていない能力や苦手なことより、現在持っている力を少しアップしたり、うまく行っていることをもっと活用すればよいのだと分かってもらうことも効果的です。新しいことをするより、第一歩が踏み出しやすくなります。

③　自己肯定感が高まるような関わりをする

　「私なんてだめだ……」と自己否定に入っている場合は、その根底にある希望を引き出すことが必要になってきます。例えば、「なぜ、こんなに自分はできないのか……」と考えているということは、できるようになりたいと望む自分がいるからこそできない自分に悩んでいるということです。どうでもよければ、できないということを悩んだ

りしません。自分がダメだとも思いません。つまり、悩んでいるということは、止まっているのでなく進んでいるのです。そのことを自覚できれば前に進めます。

6 アドバイスをするときのコツ

　新しい仕事を覚えるときや、できないことを身につけてもらうときには指導が必要ですし、業務上どうしても従ってもらわないといけないというときは、責任の範囲や役割を認識して、明確に指示することになります。ここでは、指導や指示でなくアドバイスをするときのコツをお伝えしたいと思います。

　おぼつかないやり方や、明らかに効率が悪いやり方をしている状況を目にすると、上司である経験者は、相手のためを思って、自分のやり方や経験を伝えたくなります。しかし、相手も、それが良いと思って一生懸命に頑張っていたり、自分の行動に信念を持っていたりするのです。そのため、アドバイスの仕方を間違えてしまうと、せっかく良いアドバイスをしても、聞いたふりをされたり、その場限りの納得感に終わってしまうことになります。

　相手のために、ひいては組織のために、どうすれば相手が受け入れやすいアドバイスができるのかのポイントをお伝えします。

何のためにアドバイスをするのか、その意図をもう一度確認する

　一般的に「相手のスキルアップのために伝える」というのがアドバイスの理由ですが、もう少し先を考えてみましょう。「このスキルアップは、いったい何のためなのか」「自分の価値観の押し付けをしようとしているのではないか」「相手の価値観、個性、資質を尊重しているだろうか」。アドバイスする側がもう一度振り返ってみる必要があるかもしれません。

タイミングをみる

　自分で工夫して何とかしようとしているときに、先回りしてアドバイスをするとせっかくのやる気をそいでしまうことになりかねません。アドバイスが一番機能するのは、「相手もアドバイスが欲しい」と思っているときです。このとき、相手にはアドバイスを受け取る準備が十分にできているので、じっくり自分を振り返って改善してもらえます。

許可をもらう

　逆に、相手が「アドバイスを必要としていない」ときに、こちらがアドバイスをする必要がある場合は、相手にアドバイスをしてもいいか、許可をもらうようにします。

　「少し気が付いたことがあります。参考になるかもしれないので伝えていいですか？」相手は、自分が尊重されていることを心の底で感じて、聞く耳を持つ準備をしてくれるのです。

　せっかくのアドバイスが、余計なお世話になるか、素晴らしい糧（リソース）になるかは、アドバイスする側次第ともいえるでしょう。

フィードバックを活用する

　ビジネスシーンにおけるフィードバックとは、相手の言動に対して、自分がどのような影響を受けたかを伝えることを指しています。この、フィードバックは、改善に向けてのアドバイスともなります。

　フィードバックのコツを、南山大学の津村俊充（南山大学人文学部心理人間学科）教授のレポートから抜粋して紹介させていただきます。

---

　① **記述的であること**
　相手に伝えるメッセージは、評価的に言ったり、一般的に言うよりは、その人のとった行動をできる限り記述するように伝えることが大

切になります。

例えば、「あなたは、誠実さに欠けますね」とか、「あなたは集中力がありませんね」といったように評価的または一般的にフィードバックを送るよりは、「私があなたの質問に答えようとしたら、あなたは他の方を見てしまいますね」といった行動を記述するように心がけたいものです。

② 「私は……」のメッセージであること

「普通の場合には……です」とか「本によると……です」といったように一般論で伝えるのではなくて、「私は……のように考えました」とか「私は……のように見ました」といったように「私は……」で始まるメッセージで伝えるようにします。それは、伝える側がフィードバックしていることに責任を持つことにつながります。

特に、相手が行った行動によって自分自身が感じたことを伝えることは意味があるでしょう。フィードバックを受けた人は少なくとも自分の行動が相手にそのような気持ちを抱かせていること、影響を与えていること、を知ることができるからです。

さらに、フィードバックはあくまでも本人が伝えることが大切です。第三者が言っていたようには伝えないように留意することも必要です。

③ 行動の変容が可能であること

フィードバックは、それを受ける人が、聞いたことから自分自身の行動を修正することができたり、コントロールすることができる内容であることが大切です。例えば、受け手自身にとって何ともできないような身体の欠陥を指摘されても困るだけです。

④ 適切なタイミングであること

フィードバックを伝えるときは、できる限りそのタイミングが適切であることが大切です。一般的に言って、フィードバックは、指摘される行動があった直後、できるだけ早い時点でなされるのが最も有効です。

ときとして、「今は言うのを止めて相手が今度同じことをしたら

言ってやろう」などと思って自分の気持ちや感じていることを蓄えておく人がいます。そして、ずいぶん時間がたった後に、この時とばかりに爆発したように過去のことを吐き出す人がいますが、こうした行為はあまり有効なフィードバックにならないものです。フィードバックを受けた人にとってみたら、思いがけないことであって、かえって反発を感じさせるだけで終わる可能性があるからです。

いかがでしょうか？　アドバイスは、相手が求めているときは、容易に伝わりますが、相手が「自分には問題はない！」と思っているときに受け入れてもらうためには、いろいろと工夫が必要になってきます。

最後にまとめとして、この章のもとになっている自立型支援方法から、「自立した人材を育てるための関わり方」をご紹介しておきます。

《自立型支援方法》

1. 「人はいつも最善を選択している」という前提で人と関わり続ける。
2. 自分の思い込みをいったんはずし、そのままの相手をしっかり受け止める。
3. 相手が尊重されていると思う聴き方をする。
4. 相手の中の答えを、効果的な質問で引き出す。
5. 評価的な表現でない言葉で相手を承認、認知する。
6. コミュニケーションの意図について、いつも意識を向ける。
7. 自分の成功体験、情報を押し付けにならないように提案する。
8. 「他人の能力、可能性は決められない」ことを知っている。
9. 過去と他人は変えられない、人はみな違う（人は見たいようにみるし聞きたいように聞く）ことを知っている。
10. 人間関係を破壊する7つの習慣を使わないように意識する。
　①批判する　②責める　③がみがみ言う　④文句、苦情を言う

　　⑤罰する　　　⑥脅す　　　⑦コントロールするためにほうびで釣る

11. 信頼関係を構築するために、いつも安心感のある安全な場を作り
　　出す。

12. 相手を常に勇気付け、責任を取る権利を奪わない。

13. 失敗したと感じることも、常に学びの種に変える。

（NPO法人マザーズサポーター協会「ミッションブック」より）

第8章 職場活性化への取組み事例集

1 プロジェクトによる職場改善活動

相談事例

> 顧　客：先日退職した薬剤師がいるのですが、日ごろから「ここ
> には学ぶものは何もない。もっと活気のある職場で働き
> たい」とこぼしていたと聞きました。トラブルの報告等
> が上がってこない店舗なので、満足していると思ってい
> たのですが……。
>
> 社労士：問題が上がってこないというのは、うまく回っている
> ケースもありますが、下の意見が本部まで届いていな
> かったり、問題意識がなくマンネリ化しているといった
> こともありますよね。
>
> 顧　客：どうすれば問題が分かるでしょうか？
>
> 社労士：問題が分かるだけでは、活気は生まれませんよね。簡単
> なアンケートを使って、職場の課題を明確にし、社員自
> らが職場改善に取り組むことで、活性化を図る例をご紹
> 介しましょう。

　第2章で現状把握のためのES調査について取り上げましたが、こ
こでは簡単なアンケートで、職場の課題を明確にし、社員自らがプロ
ジェクトや委員会を作って改善に取り組む方法をお伝えします。

　取組みは全社で行いますが、調剤薬局では、一店舗につき一チーム
とし店舗ごとの取組みにするほうがやりやすいでしょう。複数の店舗

展開をしている会社では、年に一度発表会を実施してお互いの実施内容や成果を紹介し合う機会を設けます。お互いに刺激になりますし、成功事例は、全社的な取組みとして実施すると全社的な成長につながります。

　プロジェクトの流れとしては、下記のサイクルを回していくことになります。

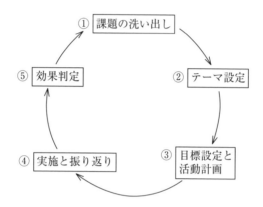

　ここでは、店舗ごとにテーマを決めて取り組む流れでご説明します。

① 　課題の洗い出し （現状把握）

　全員に対して、店舗ごとに現状の課題についてアンケートをとります（図表3-48）。アンケート内容は、「今、○○薬局○○店で課題だと思っていることは何ですか？　問題点、困っていること、改善点等を書いてください」といった簡単なもので構いません。一人につき5点以上挙げてもらうことがポイントです。一つ二つであれば、表面的なこと、つまりアンケートをとらなくても想像がつくことが上がってきますが、5点挙げようとすると、本音や隠れている課題、より具体的な内容が出てくる可能性が高くなります。

② 　チームで取り組むテーマを設定

　アンケートの結果を集計し、課題をカテゴリー化します。アンケート用紙を、図のように5等分した形式にしておき、切り離して分類すると便利です。また、大きめの付箋に書いてもらうとそのまま使えま

■ 図表 3-48　課題の洗い出しアンケート（例）

○○薬局○○支店で課題だと思っていることは何ですか？（問題点、困っていること、改善点等）

○○薬局○○支店で課題だと思っていることは何ですか？（問題点、困っていること、改善点等）

○○薬局○○支店で課題だと思っていることは何ですか？（問題点、困っていること、改善点等）

○○薬局○○支店で課題だと思っていることは何ですか？（問題点、困っていること、改善点等）

今、○○薬局○○支店で課題だと思っていることは何ですか？（問題点、困っていること、改善点等）

す。この作業もできれば、会議の場などで、全員で行うのがベストですが、無理な場合は、できるだけ社員が書いた表現をそのままにして、課題ごとに一覧表にまとめます。

　分類すると「人員体制、患者対応、サービスの向上、人材育成、情報の共有、連携、業務処理の効率、職場環境・設備に関すること」などの課題が挙がってきます。

　この中から、店舗ごとに全員で取り組むべきテーマを決めていきます。このときその課題解決することにどういう意義があるのか、経営理念やクレドとの結びつきを必ず確認しておきます。例えば「待ち時間の改善」と上がった場合は、「これは、うちのクレドの『常に相手の立場に立って考え、コミュニケーションを大切にします』」につながるよね」といった具合にです。そうすることで、課題に取り組む目的が明確になり、実効性が高まります。同時にクレドがただの文章から生きた信条になっていきます。

　今回の取組みテーマとして取り上げなかった課題についてもそのままにしてはいけません。会社として取り組むべきことについては、誠実に対応策を考え、方向性や実施時期などを明確に示します。人員不足という課題はよく上がってきますが、増員や配置換えの予定があればその計画を、会社の人員計画から増員が必要ないと思われるのであればその旨を説明し、現状の人数で業務がうまく進む方法を考えて欲しいという方針を示します。一方、ちょっとした備品の購入等、会社としてすぐに解決できる課題が出てきた場合は、できるだけ迅速に対応します。5点挙げてもらうと○○が壊れかけているとか、レイアウトをこう変えたほうがいいとか、書類を効率的に整理できるファイルケースに買い換えたいとかいったようなことも出てきます。

　出てきた課題を放置せず、できることは迅速に行い、できないことは方針を示すなど誠実に対応することで、会社が本気で取り組んでいることが伝わり、後の改善活動を推進する力になります。

③　**目標設定と活動計画**

　この段階からは、パートなども含むその店舗の社員全員で行いま

す。「職場環境改善プロジェクト」として月に一度、ミーティングを開催して取り組んでいきます。

　目標設定について、例えば「待ち時間が長い」という課題に対して、「待ち時間を短縮する」「待ち時間を快適に過ごしてもらう」という解決策が挙がったとします。これらについて、できるだけ具体的な目標設定をします。「待ち時間の短縮」であれば何分短縮するのかなど具体的で計測可能な数値目標にします。「待ち時間の快適さ」の改善等の場合は、直接の数値目標は設定しにくいですが、患者さんの声を聞くアンケートをプロジェクトの前後で実施すれば、快適度何％アップという目標設定ができるようになります。患者アンケートも気軽に簡単に答えてもらえるように工夫します。患者からの感謝のことばが書いてあったりするとそれ自体が楽しいものになります。アンケートによらず、改善案を何点実施するという目標なども考えられるでしょう。

　大切なのは、どうなったらOKなのかということを共通の目標として見える化することです。

　目標設定ができたら、いつまでに誰が何をするのかという活動計画も定めていきます。

④　実　施

　活動計画に沿って、実行していきますが、目標達成のためには継続的に各人が自分の役割を果たしていく必要があります。定期的なミーティングにおいて、チーム、個人それぞれにふり返りチェックシートで進捗状況を確認します。

■図表3-49　達成状況チェックシート〈チーム〉

テーマ		達成基準	達成状況				
			第1週	第2週	第3週	……	最終週
	A						
	B						
	C						

■ 図表 3-50　待ち時間を快適に過ごしてもらうために私が毎日すること

8 月	1	2	3	4	5	6	7	8	9	10	11	12	13	14	15	16	17	18	19	20	21	22	23	24	25	26	27	28	29	30	31	判定
1 待ち人数が多いときはマメに声かけをする																																
2 笑顔で相手の顔を見てあいさつをする																																
3 子どもに声掛けをする																																
4 一日３回本を整理し読まれている本の統計をとる																																
5 患者さんの要望を薬剤師さんに伝える																																

○達成状況チェックシート〈チーム〉(図表 3-49)

　全体（チーム）目標は、どうなったら A なのか B なのかという達成基準を具体的に設定し、一定期間ごとに達成状況を確認していきます。

○チェックシート〈個人〉(図表 3-50)

　個人のチェックシートは、ABC の三段階で自己評価し、ミーティング時に振り返りを行います。自分の結果を発表して、次の目標をコメットメントすると実行性が高まり、周囲の協力も得やすくなります。事例は、毎日５項目にしていますが、取り組む課題に合わせて数やチェックサイクルは変更してください。

⑤　効果測定

　毎月チェックを行いながら実施し、目標設定した期間の末には、全体の検証を行います。目標達成できていない場合は、実施内容を再度検討、調整して継続して取り組みます。一定の目標を達成した場合は、次の課題に取り組みます。

　共通の目的も個人の目標もなく、ただ一人ひとりが目の前の業務をたんたんとこなししている状態では、やる気も冷めてしまい沈んだ組織になってしまいます。活性化している組織では、社員がやる気に満ちており、コミュニケーションが良く、職場が改善に向けて変化し

ています。チームの共通の目標に向かって、一人ひとりが自分の役割を認識し、お互いにコミュニケーションを取りながら協力し合う仕組みを取り入れることで、職場が活性化していきます。

　このプロジェクトは自社でもできますが、筆者が実施するときは、最初は、コンサルティングに入ります。ミーティングの進め方、チーム目標、個人目標の達成に向けてのモチベーションの高め方についても指導し、ファシリテーションやコーチングなどの基本的なスキルも身につけてもらうようにします。コミュニケーション能力の修得を目的とした社員研修を兼ねたプロジェクトとして位置づけるとよいでしょう。

2　クレドの活用

顧　客：勧めにしたがって、クレドを作成してみました。カード化して配布し、朝礼で唱和しているのですが、あまり意識が高まりません。

社労士：クレドを実践した朝礼での発表は？

顧　客：毎日一人ずつ発表はするのですが、必ずしもクレドと連動した内容にはなっていません。それに、発表の順番が回ってきたときだけで、日々の業務の中ではすっかり忘れられているように思います。日ごろから意識させるのは難しいですね。

社労士：そうですね。日ごろから意識してもらうための仕組みを作る必要がありますね。もう少し積極的な活用例をご紹介しましょう。

　第3章で経営理念に基づき「○○薬局らしさ」「自分たちらしさ」を作っていく手法としてクレドの活用について述べました。しかし、ただクレドを作ったというだけでは、日常業務の中でなかなか意識して行動することはできないかもしれません。日ごろから意識してもら

うためには、アンテナを立てて考えてもらうしくみづくりが必要です。

　ここでは、クレドを活用した社員表彰制度と人事評価制度へ反映する活用方法を取り上げます。

⑴　クレド実践ナンバーワン社員表彰制度

　「クレド実践ナンバーワン社員表彰制度」は、社内全員でお互いの評価を行いクレドの実践ができている社員を表彰するというものです。

　クレドというのは、信条ですから本来評価するものではありませんが、「できている人をほめる」という加点による表彰制度であれば評価の対象となりえるのではないでしょうか。

　実施に当たっての手順、注意点をお伝えします。

①　投票用紙の作成

　図表3-51のような投票用紙を作成し、全員に配布します。環境が整っていれば、メールやグループウェアを利用すると手軽です。

②　対象期間を設定し、全員で投票する

　評価対象期間を定め、その期間の社員の行動を観察してクレドの項目について誰が一番実践できていたと思うか、ナンバーワンだと思う人の名前を書いて全員が投票します。社員だけでなく、パートタイマー等も含めそこで働く全員で行うことが大切です。

　投票は何票でも構いませんが、集計の手間を考え「一人1回3票まで」等と決めておくとよいでしょう。自分が意識して行動しナンバーワンだと思う人は、自分の名前を書くことも認めます。

　期間は、1か月単位が取り組みやすいと思いますが、こだわる必要はありません。毎週末に自分の行動を振り返る機会として活用するのもよいでしょうし、会社の会議や行事のサイクルに合わせると運用がしやすいかもしれません。ただし、常に意識することが目的なのであまり長い対象期間はお勧めできません。

③　コメントの記入

　投票用紙には、なぜその人を選んだのかという理由をコメント欄にできるだけ具体的な言動で書いてもらうようにします。

　コメントは、「まじめで明るい人柄だから」「感謝の気持ちが行動にじみ出ている」など、評価期間を無視したイメージ評価になりがちです。○年○月○日から○月○日の間の評価であることを明確にし、この期間に実際に行った言動を書くということを徹底していきます。**投票用紙を書くためには、良いところを見つけようと、人を観察せざるを得なくなります。自然と社内の人間に関心を持つようになり社員同士の理解が深まります。**観察を続けることで、コメントの表現もだんだん具体的になってきます。

　日々の業務の中でクレドを意識することが目的なので、初めから完成度の高いものを求めず、だんだん精度を上げていくくらいの姿勢でまず始めてみて下さい。**人を「見る」でなく、「観る」という視点は、管理職の人事考課力を養うことにも役立ちます。**

④　表彰する

　評価期間ごとに投票用紙を集計して、一番多く名前が挙がった人を「クレド実践ナンバーワン社員」として表彰します。

　表彰された本人にとっては、人から認められる、頑張っていることをしっかり見てくれる人がいるということ自体がうれしいものです。表彰されること自体が心の報酬ですが、できれば、金一封とか商品が用意できればベストです。決して、高額である必要はありません。図書カードやハンカチ1枚でも構いません。女性の多い職場なので、その時流行している小物などが賞品になるとそれだけでも盛り上がります。

⑤　コメントの共有

　表彰をするときに、ナンバーワンが誰かという発表だけでなく、投票された具体的な行動を併せて紹介するようにします。コメントで挙がってきた内容を一覧にまとめて共有したり、投票用紙を全員で回覧するというのもよいでしょう。**投票されるに値する行動をお互いに共**

■ 図表 3-51　クレド実践投票用紙（例）

クレド実践ナンバーワン　投票用紙

クレドの項目について、一番実践できていると思う人の名前と、どうしてそう思っ
たのかを具体的な行動で記入してください。

評価期間：平成　年　月　日から　年　月　日（評価期間内における実践）

提出期限：平成　年　月　日（　）までに　メールで全員にお願いします。

評価者氏名	

クレド項目	ナンバーワンと思う人	コメント（評価した理由）
私は、周囲の人への感謝の気持ちを常に大切にします。		
私の笑顔は、出会う人を幸せな気持ちにします。	○○さん	○○さんの笑顔を見ていると元気になれると患者さんに言われていた。
常に相手の立場に立って考え、コミュニケーションを大切にします		
私は、医療人のプロとしての誇りをもち、使命を果たします。	△△さん	患者さんからの理不尽なクレームに対して、誠実に対応し、最後には患者さんが服薬指導の重要性を理解し、お礼を言って帰っていかれた。
私は、積極性と向上心を持ち、日々成長を目指してチャレンジします。		
私は、すべてのスタッフと協力し、チームワークを大切にします。		
私は、身の回りの整理整頓をし、薬局内と心をきれいに整えます。	＊＊さん	薬局内の観葉植物の枯れた葉を取りのぞき、きれいにしてくれていた。
私は、報・連・相を確実にし、効率的で質の高いサービスを提供します。		

★注意事項
・投票数は、一月につき3票までとします。
・該当すると思う人がいない場合は、無理に記入する必要はありませんが、
　できる限りアンテナをはって観察し投票してください。
・自薦歓迎！自分が実践した事例もどんどん記入してください。

有することで、クレドを実践するためにどうすればいいのかということの参考になります。

　クレドは、経営理念や社是に比べると具体的で分かりやすくなっていることが多いですが、実際にどのようなことがクレドに沿った行動なのか、結びつきにくいものもあります。このナンバーワンだと思う具体的な言動を共有することで、みんなが意識してできるようになっていきます。

　素晴らしい行いをした人を祝福することは、「あの人にできたことならば、自分も同じようにできるはずだという励みになります。表彰によるモチベーションアップと共に、全員が評価し、評価される立場になることで、自然とクレドを意識するようになるまさに一石二鳥の制度ではないでしょうか。

⑵　クレド評価を昇格要件に取り入れる

　クレドというのは、元々その会社の企業理念の実現へ向かっての信条であり、大切にしたい企業文化、いわば伝えていきたいDNAでもあります。そのため、管理職やその組織の核となっていく人物については、クレドを理解し、率先垂範し、さらには周囲への働きかけができていることが求められます。

　したがって、人事評価で行う職務評価とは別に、クレドによる評価を、昇格つまり役職につけるかどうかという判断に反映させることも必要なのではないでしょうか。

　分かりやすく整理するために「評価」と「評判」を事例に取り上げます。Aさんは、能力があり「職務評価」はいいけれども部下や仲間からの「評判」や「人望」はあまり良くない。一方Bさんは、職務評価はまあまあだが、周囲からの「評判」が良く人望がある。この場合、どちらを管理職にした方が、組織がうまくいくでしょうか？明確な根拠がないにも関わらず、Bさんと答える方が圧倒的に多いでしょう。つまり「評判」というのは、非常にあいまいで、目に見えるものではありませんが、組織運営にとって意外と重要だということで

す。クレドの中には、管理職にとって必要な人間力・資質が含まれていることもあり、この評判に当たるものを一部見える化したものと考えられます。

　調剤薬局では、数年勤務すれば評価に関係なく当然のようにその薬剤師が薬局長になることが多いようです。人材不足が続く中で、誰を薬局長にするか選択の余地がないというケースもあるでしょう。しかし、やはり部下を育て組織をうまくまとめて運営していくためには、人間力や資質は重要です。選別する余地がない場合でも、クレド評価を取り入れることで、当社として、求める人物像が明確になり、日々意識することで管理職になるべき人が育っていくことにもなります。

　例示のクレド評価シート（**図表３-52**）は、「クレドは加算評価」という考えに基づき、グループ分けしてグループ内全員で360度評価を行うものです。人数の少ない調剤薬局では、店舗社員全員で行うと良いでしょう。

　シンプルに○◎の２段階評価とし、例えばクレド項目ひとつにつき◎は５点、○は３点というようにポイント制にして評価の度に累計し、昇格するための要件の１つとして、等級に応じて一定以上のポイントが必要というシステムにします。

　通常の職務評価と同様に、考課者評価を行う方法も考えられます。その場合は、下記のような基準を作り、それぞれの項目を評価して点数をつける方法でよいでしょう。

クレドについて自らが実践できており周囲を巻き込み、実際にいい影響が広がっている	5
クレドについて自らが実践できており、周囲へ働きかけを行っている	4
クレドを理解し、ほぼ実践できている	3
クレドを理解し、意識しているができていないことがある	2
クレドを理解していない、もしくは実践していない	1

■図表 3-52　クレド評価シート（例）

クレド評価シート

評価対象期間　＿＿＿月　（　　　年　　月　　日　～　　　年　　月　　日　）

評価対象者氏名		評価者氏名	

この評価はクレドの項目がどれくらい日々実践できていたかを評価するものです。
評価対象者について、◎または○と思うクレドについて記入してください。
◎○をつけた項目について、そう思った具体的な行動をコメント欄に書いてください。
　（○○がついていてもコメントのないものは評価の対象になりません）

　　　○　……　クレドに基づいて行動していたと思う
　　　◎　……　クレドに基づいて自ら行動し、周囲へも働きかけを行なっていたと思う

No	評価	コ　メ　ン　ト
1		常に感謝の気持ちを大切にします
2		笑顔とおもてなしのこころで患者様をお迎えします
3		患者様の立場にたって考え、コミュニケーションを大切にします
4		お客様に安心と希望を提供し、元気になる一言を添えています
5		常に患者様の健康について一緒に考えます
6		状況に応じた迅速かつ的確な判断と行動をします
7		常に学び、医薬品知識と情報を習得し、質の高い医療サービスを提供します
8		お互いの個性を尊重し、チームワークを大切にします
9		出会いを大切にし、地域の一員として必要な存在でありたいと願っています
10		プロフェッショナルとしての誇りをもち、医療人としての使命を果たします

3　パート薬剤師戦力化への取組み

　第２部で述べたように、多くの調剤薬局においてパートタイマーの戦力化は必須課題となっています。日常業務を効率的にまわし、常勤薬剤師の負荷を過重にしないためには、優秀なパート薬剤師に活躍してもらうことが必要になってきます。パート薬剤師が抱える不安や悩みに焦点を当てながら、パート薬剤師を戦力化するための事例をご紹介していきます。

(1)　パート薬剤師のスキルアップ支援

顧　　客：先日、常勤薬剤師から、パート薬剤師への不満が出ましてね。知識が古くて忘れていることも多いのに、学ぼうという姿勢が見られない。分からないからどんなに忙しくても、鑑査、投薬、薬歴には一切関わろうとしない。注意しても聞いてくれないからなんとかしてくださいと言ってきたんです。

社労士：う～ん。いろいろな問題がありますね。パート薬剤師のスキルアップのための研修も必要でしょうし、仕事に対する意欲や姿勢も問題です。もしかしたら、訴えてきた社員さんのコミュニケーション方法にも問題があるかもしれませんね。

顧　　客：パート薬剤師は、出産・育児でしばらく業務から離れていた方でね、それに研修会は終業後にすることが多いので、子育て中のパート薬剤師は参加できないのですよ。

社労士：そうですか。でも薬剤師としての業務に携わる以上、専門知識の充実と向上は欠かせませんよね。参加できる時間帯に行うとか、他の勉強方法を支援するなどの対策が早急に必要ですね。

　薬剤師という専門職である以上、知識の更新は常に必要になってき

ます。パート薬剤師でも、仕事のない日に自宅で一生懸命勉強する人もいれば、何年もまったく仕事をしていないにも関わらず、まったく自己研鑽しない人もいるでしょう。子育てや介護など、勉強ができない理由はそれぞれあると思いますが、個人の事情に関わらず、日進月歩で進化する医療技術に対応するには日ごろの勉強が欠かせません。

スキルアップは個人の努力が基本といえ、本人のモチベーションにだけに頼って教育を怠っていれば、最終的には、患者に不利益が生じてしまいます。患者にとっては、薬剤師にパートと常勤の区別はありません。薬局は、常勤薬剤師と同様にパート薬剤師にもスキルアップの機会を与えて、適切な服薬ケアを提供する必要があります。

パート薬剤師のスキルアップへ向けて工夫している事例をご紹介します

①　研修会を子連れ参加 OK にする

A調剤薬局では、勉強会に子どもを連れてきてもよいことにしています。年齢にもよりますが、子どもは子どもで宿題をしたり本を読んだりと、比較的おとなしくしていて、進行上大きな問題になることはないようです。また、勉強会で交流が深まることで、若い薬剤師が、人生経験を積んだパート薬剤師から、患者対応やコミュニケーション、さらには仕事観などについて学ぶこともあり、仕事への取組み姿勢に変化が見られるようになってきました。

副次的な効果として、社員間に新しい絆が芽生えるといったこともあります。例えばお互いの子どもの顔を見ることで、相手への理解や親近感が深まります。子育て中のパート薬剤師は、子どもの急病や学校行事などでどうしても休まなければならないことがありますが、休暇取得や早退といった場面で、他の社員の子どもの顔やそれぞれの事情を知っていることでお互いが気持ちよく協力できるようになります。

また、親がどんなところで働いているのかを知ることは、子どもが親の仕事への理解を示すきっかけにもなり、家族からの協力も得やすくなります。

② 研修会を休日に開催する

　B調剤薬局では、パート薬剤師も参加しやすいように、研修会を薬局が休みの日曜日や土曜日の午後に行っています。初めは、休日に出勤することに抵抗があったようですが、あらかじめ全員の希望を聞き、計画的に早めに日程を決めて行うことで、子どもを家族に預けるなどの調整もスムーズにできるようになってきました。また、業務で疲れている平日の終業後より集中でき、まとまった時間がとれるので、研修で取り上げる内容も充実してきたということです。

③ 研修資料の共有など

　研修会に参加できない人、または欠席した人のために研修会の様子を録画したり、仕事の合間や休憩時間に研修資料の説明をするなどフォローする体制を整えているところもあります。

　正社員優先で、パート薬剤師が参加できない時間帯に開催することもあると思います。そんな場合でも、資料を渡しポイントを説明して読んでおいてほしいと伝えるだけでも、パート薬剤師への重要感は高まります。

　その場合、誰が誰をフォローするのかをきちんと決めておきます。休んでいる人に伝えてくださいねと言っても漏れてしまうことはしばしばあります。参加できない人の分も含めて資料を準備し、研修担当者を決めるか、ペアを決め、その相手には、必ず責任を持って伝えるようにするとよいでしょう。

④ 個人からの情報発信を奨励する

　薬剤師向けの専門誌やウェブサイトなどから入手した知識や情報で、これは他の人も知っておいた方がよいと思われる部分をコピーして渡したり、メールで送ったりして、個人が得た情報を他の社員（パート含む）と共有することを奨励します。

　この方法は一過性になりやすいので、継続性を高める工夫が必要です。

　　㋐　特に有益と思われる情報を、朝礼やミーティング等で取り上げて紹介する。「○○さんからの△△情報は、とても重要なので皆

も見ておくように。「○○さんありがとう」と言って拍手する。同時に追加情報や補足説明もすれば、理解も深まります。

　㋑　情報発信の回数を記録しておき、発信回数が多い人を表彰する制度を取り入れる。

　㋒　少なくとも上司は、発信者に対して感想やコメントを返すなど、必ず見ているというメッセージを返す。

「～してください」だけでなく、継続できるようなしくみを作ることが必要です。

⑤　eラーニング活用の支援

　eラーニングは、インターネットを使って教材を配信し、受講者がパソコン上で学習するシステムです。続々と新しいものが登場しており、日本薬剤師研修センターが認定している「研修認定薬剤師」もeラーニングのみでとれるようになっているようです。すぐに必要があるかどうかは別としても、認定をとることを目標にすることは勉強を継続するためのモチベーションになります。費用の一部または全部を、支援するというのもスキルアップ支援策として有効でしょう。

⑵　常勤とパート薬剤師のコミュニケーション

顧　客：どうも常勤薬剤師とパート薬剤師のコミュニケーションがうまくとれていないようなんです。最近積極的に取り入れている後発医薬品への変更の申し送りができていないようです。それに少しでも疑問に思ったことは必ず確認する必要がありますが、聞きにくいということなんです。

社労士：気楽にものが言えず、報・連・相がうまくいっていないのですね。シフト交替のときの申し送りはどうされているのですか

顧　客：申し送りノートを作ってはいるのですが、業務に追われて記入が徹底されていません。また、見ていない人もいるようです。

> **社労士：そうですか。決めたことを徹底するには、いつ、誰が、どのようにするのかを明確に決めておく必要があるということですね。**

　業務を円滑に効率良く進めるためには、報告・連絡・相談ができていることが基本になります。基本的なことこそ徹底が難しいのですが、報連相の漏れは、重大な事故につながる可能性もありますので、早速に改善する必要があります。

① 「朝礼日誌」の活用

　C社では、「朝礼日誌」を活用しています。連絡事項や新しい決めごとは朝礼で伝えることが多いのですが、時差勤務になっているため常勤でも参加できない人がいます。

　朝礼での連絡事項は、当日の司会役の社員がノートに記入します。そのノートを参加した全員が回覧し、読んだらサインをします。一緒に聞いていても、取り違えや聞き漏らしは起こることなので、そのくらいの確認が必要なのです。「朝礼日誌」は、事務所の入り口の決められた場所に置き、勤務時間が異なるため、参加できなかった社員は、出勤したら必ず朝礼日誌を読み、読んだら同じようにサインをすることを徹底しています。ぎりぎりに出社したときなど、見ていないこともあったのですが、全員がサインすることでお互いにチェックもでき、漏れがなくなってきました。

　朝礼に限らずすべての伝達事項は、必ず文書で行うようにします。メモは、途中で紛失したり、見たのか見ていないのか確認できないケースがありますので、申し送りノート等のほうがよいようです。内容によって、掲示版や回覧などの使い分けをします。

(3)　気軽に聞けるシステムづくり

　文書にすればすべて確実に伝わるかというと、そうではありません。関係者には、直接伝えたほうがいい重要な案件もあれば、補足説明が必要なこともあるでしょう。聞きたいことがあっても、忙しそうにしている人には誰しも声をかけにくいものです。また、こんなこと

を聞いてもよいのかという迷いが生じることもあるでしょう。

　ある薬局では、日替わりの当番で「何を聞いてもいい係」を作っています。当番に当たった人は、どんなに忙しくても、同僚に何か聞かれたら必ず答えなければなりません。当番なので気軽に声をかけることができます。日常的に聞いたり、聞かれたりすることで、コミュニケーションをとる機会が増え、風通しもよくなりました。

　また、常勤とパートでペアを組み、ペアの相手が不在のときに決まったことや連絡事項は、必ずペアの相手方に聞く、伝えるという体制にしているところもあります。ペアは、3か月とか半年といった単位でペアの相手を交替していくとよいでしょう。

　決めごとをしても守られない場合は、「誰が」ということを明確に決めると、当事者意識がぐっと高まり効果的に運用できます。

４　「仕事と家庭」両立へ向けての支援

> 顧　客：ご存じのように女性の多い職場です。せっかく育った社員には長く勤めてもらいたいのですが、出産・育児はやはり高い壁になっています。何か良いアイデアはありますか？
>
> 社労士：そうですね。育児休業制度の充実や短時間正社員制度の導入については、以前お話しましたよね（第2部参照）。
> 御社のように、全国規模で転勤も頻繁な会社では、社員が生活設計を立てやすいような情報提供をしてあげるのも一つの支援になりますよ。

　調剤薬局における女性の活用は、最も重要な課題の一つです。

　結婚・出産・育児、女性が働き続けるためには、会社の支援や家族の協力が欠かせません。両立支援のためにとても充実した社員向けのWebサイトを作っている会社があります。もう一例は、体調が変化しやすい妊婦が遠慮せず休めるように、狭いスペースをうまく活用し

て休憩スペースを設けた例です。

インタビューさせていただいた内容を紹介します。

⑴　社員 WEB サイトで両立応援

弊社では、社員用 WEB サイトに「仕事と家庭の両立支援」という
ページを作りました。特別休暇や育児・介護休業をはじめとする社内
規定の紹介、手続きの方法、届出書類の取出しができるようにしたほ
か、利用できる行政サービスの情報をまとめて提供しています。自治
体などから、子育て・介護等の情報は多く出ていますが、いざ調べる
となると情報がバラバラで意外と大変な作業になります。そこで、情
報を集約し、一つのサイトにまとめて、就業規則と合わせて情報提供
することで簡単に取り出すことができるようにし、社員から好評を得
ています。

「結婚してから」「子どもが生まれてから」調べるのでは、十分な準
備ができません。例えば、事前に待機児童数の少ない地域、学童保育
が条例化されている市などを良く調べて、保育事情の良いところに結
婚後の住居を選ぶことで、出産後の選択肢が広がり、働き続けやすく
なります。今後は、そういった経験者の体験談やアドバイスも掲載し、
内容を充実させていく予定だそうです。

就業規則は、社内に備え付けていますが、わざわざ見ることはあま
りありません。その点 WEB サイトなら社員の目に触れる機会が多
く、男性社員も気軽に見ることができるので啓蒙にも役立ちます。ま
た、薬剤師は採用も難しいですから、このような取組みをしているこ
とは、女子学生へのアピールにも役立ちます。

⑵　妊婦の休憩スペースを確保

きっかけは、妊娠した女性薬剤師が双子の出産前、ロッカールーム
の隙間の狭いスペースにうずくまって横になっていたのを目にしたと
きでした。狭い店舗内に休憩室を作ることはできませんが、なんとか
具合が悪い時にちょっと休憩できる場所を作ってあげたいと思いました。

　そこで、書庫を整理して、ぎりぎりソファーを置けるだけのスペースを確保しました。十分な広さはありませんが、書庫との境界は、木目のパーテーションにし、観葉植物を飾ってやすらぎの感じられる雰囲気に工夫しました。別の店舗では、階段の下のデッドスペースを利用しました。階段下なので、低い側は、頭がつかえるのですが、座るか横になるかなので、そう支障はありません。狭くてもその気になれば、工夫次第でなんとかなるものです。

　周りの目を気にすることなく、横になれるスペースがあるという安心感は、育児中のスタッフだけでなく、仕事と家事に追われて働く女性スタッフにとってうれしいことのようです。

　調剤は、立ったままの作業が多く、疲れやすい妊婦や、睡眠不足になりがちな育児中のスタッフには厳しいときもあります。かといって、急に休むことはできません。体調が悪いとき、ほんの少しの休憩を取ることで楽になり、患者に疲れた顔を見せることもなくなります。また、育児休業後復帰した者は、このスペースを搾乳するために使っています。

5　ACS 診断の活用による組織活性化

　個人の特性を生かして組織の活性化や人材活用を図る ACS 診断を使った事例を紹介します。ACS は「Analysis of Communication Structure」（コミュニケーション構造の分析）の略です。

　「会話はしているけど好きじゃない」「言わないが心では思っている」など、実際の"行動"と思うこと"発想"は別のものです。

　ACS 診断では、120 問の質問（日常の何気ない行動に基づく質問）によって、個別の行動の傾向を把握するのでなく、基本的な発想を測定することで、個人のコミュニケーションの改善や組織における適材適所に活用し、組織の活性化を図ることができます。

＊ACS 診断は、カップルカウンセリング先駆者の和田真雄先生が、「個性論」と

いう考え方のもと、計量心理学の権威である村上隆先生と日本心理学学会で発表している学術的根拠のある心理テストです。

■ 図表3-53　ACS診断結果と12の構成要素

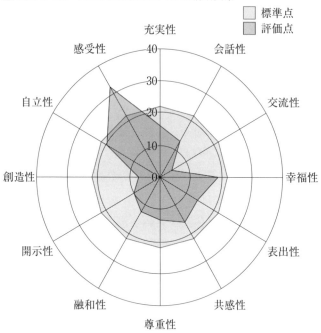

【充実性】　現在の自分の人生に対して充実感を持っているかどうか
【会話性】　他人との何気ない会話を楽しいと感じるか、苦手と感じるか
【交流性】　他人との付き合い（一緒にいること）を楽しいと感じるか、苦痛と感じるか
【幸福性】　物事を肯定的に考える傾向が強いか、否定的に考える傾向が強いか
【表出性】　自分の感情を素直に表に出して、なごやかな人間関係をつくることができるかどうか
【共感性】　他人の感情にどれだけ寄り添え、十分に受け止めることができるか
【尊重性】　自分とは違う他人の行動をそのまま尊重し受け入れようとするか、変えようとするか
【融和性】　自分の生活文化や考え方を変化させていくことにストレスを感じるかどうか
【開示性】　自分の内面を表に出すことにストレスを感じるかどうか
【創造性】　自分で考える傾向が強いか、他人に任せる傾向が強いか
【自立性】　周囲の評価や感想に縛られない自由な心を持っているか、自分を貫くことができるかどうか
【感受性】　いろいろな経験をしたときに、感動するこころ（喜びや悲しみ）を持っているかどうか

(1)　ACS 診断を構成する 12 要素

　ACS 診断（コミュニケーション指数）の 12 の構成要素は、対人交流において重要な影響を持つもので、0〜40 点で表されたグラフとして表現されます（図表 3-53）。グラフ化することで、「個性の見える化」が実現します。

(2)　ACS 診断の活用

①　採用時に欲しい人材を的確に判断

　適正のない人物、自社や職場に合わない人物を採用してしまうと、「すぐに辞める」「面接では印象よかったのに、長く続かない」「人間関係がうまくいかない」「思うように育たない」等の問題が起こります。薬剤師については、人材不足のため選択の余地が少ないのは、厳しいところですが、採用してから「しまった」と思うことは極力避けたいものです。採用においては欲しい人材像と判断基準を明確にしておくことが最も重要です。ACS 診断を活用することにより、エントリーシートや履歴書、職務経歴書では読み取ることのできない資質や潜在能力、適性をあらかじめグラフで知ることができるので、客観的な視点で必要な人材の判断と質の高い人材を選ぶことができます。

　これからの薬剤師に求められる能力として「コミュニケーション力」がトップに挙がっていることは、先にお伝えしました。では、薬剤師に求められる「コミュニケーション力」に必要なものは何でしょうか。筆者は、ACS の 12 要素（図 3-53）で言えば、共感性ではないかと思います。共感性とは相手の感情にどれだけ寄り添え、共感できるかということです。例えば、患者さんに対応するときに、共感性の高い人は、患者さんの辛い気持ちや状態に共感して、寄り添って説明ができるので、患者さんは自分の気持ちを分かってくれたと感じ信頼して話を聞くことができます。逆に共感性の低い人は、目の前の患者でなく薬や事柄などを重視し、感情を置き去りにしてしまう傾向があるため、事務的で理屈っぽくなり、患者さんには冷たく感じられる

かもしれません。

　それぞれの会社が目指すところは様々ではありますが、自社が大切にしたいものを採用基準に取り入れることは必要ではないでしょうか。

②　指導・育成・適材適所に活用する

　採用した人材を生かせるかどうかは、上司や職場環境に大きく左右されるのは言うまでもありません。社員一人ひとりの特性を分析し、指示の出し方、接し方を工夫することで、より高いパフォーマンスを引き出すことができるようになります。また、適材適所の発掘、個人の資質を理解することで、最短で最大の効果を出すことが可能です。

③　社員同士の人間関係改善

　社員が自分自身のコミュニケーションスタイルを知ることで、自分の長所と短所が明確になり、人間的に成長する道筋が具体的に理解できるようになります。また、他人との関係を良くするためにどのようにすればいいのかが分かり、職場の人間関係で悩むことが少なくなります。

(3)　ACS 診断の実施と研修でモチベーションアップ

相談事例

　10 店舗ほどの調剤薬局を営む M 社。ある社員のモチベーションの低下に悩んでいらっしゃるようです。

> 顧　客：○○店の雰囲気がどうもぎくしゃくしているようで。そのせいかどうか、4 年目になる A さんが、最近元気がないのです。○○店では、中堅的な存在で、以前は、積極的に提案などもしてくれていたのですが、最近は時間から時間、淡々と自分の仕事をこなしているといった様子です。とは言っても、仕事はまじめにしてくれているので特に問題があるわけではないのですが……。

> 社労士：そうですか。でも、できれば淡々とでなく、生き生きと
> 　　　　仕事して欲しいですよね。何か思い当たる原因や出来事
> 　　　　はありますか？
>
> 顧　客：退職による補充で、新しくBさんが入ってきてからの
> 　　　　ような気がします。でもBさんは、人間的に未熟な部
> 　　　　分はありますが、明るく愛想もよくて熱心ですし、私か
> 　　　　らは特に問題があるようには思えないのですが……。
>
> 社労士：なるほど。一人ひとりの人物に問題はなくても、相性が
> 　　　　悪いとか、それぞれの個性や関係性がお互いのストレス
> 　　　　になることはありますよね。ACSというコミュニケー
> 　　　　ション診断ができるツールがあるのですが、試してみま
> 　　　　せんか。「自分を知ること」「相手を理解すること」はと
> 　　　　ても重要ですが、それを目に見えるようにすることで理
> 　　　　解が深まりますよ。

　そこで、M社では、社員全員に対してACS診断を行い、その結果をもとに2回に分けてACS診断コミュニケーションについての研修を行いました。また、研修の中で、店舗ごとにグループ討議の時間をとり、お互いのコミュニケーション構造の特徴を理解し合う時間をもちました。

　Aさんは、まじめでとても感じの良い方ですが、交流性、会話性が低く、独りでいるほうが楽で、意味のない会話にはストレスを感じるタイプでした。それに対して、Bさんは、交流性、会話性、開示性が非常に高く、相手の興味に関係なく自分のことや家族のことなど、特に意味がなくても何でも話をするのが大好きです。また食事や休憩も誰かと一緒にしたいと思っています。そのため、Aさんは、Bさんがいろいろ自分のことを聞いてきたり、話しかけられたり、誘われたりすることにストレスを感じており、必要なこと以外は関わらないようにしていました。Bさんは、Aさんに反応がないので、自分のこと

が嫌いだから避けられていると思っていました。そのためぎくしゃくした雰囲気になっており、お互いに居心地の悪い場になっていたのです。

　ACS診断により、自分と相手の違いを視覚的に明確にすることで相手を理解し、自分とは異なる相手の価値観や行動を受け入れられるようになります。M社では、今回の分析結果により、良い悪いや好き嫌いといった問題でなく、お互いの個性による違いであることが分かり、お互いに配慮することができるようになりました。また、AさんとBさんでは、あまりにも開きがあるので、もう一人をクッション的な役割を果たすタイプの社員に配置転換し、バランスが取れるようにしました。その結果、自分の特性を生かして、○○店というチームにおいて自分はこのような役割を担うのだということが明確になり、職場の雰囲気もよくなりモチベーションも上がりました。

　コミュニケーションギャップは、事例のようなストレスによる人間関係の悪化だけでなく、業務の指示・命令がうまく伝わらないために効率が下がったり、報告・連絡の不十分さからクレームや、顧客の不満足につながったりすることが少なくありません。しかし、コミュニケーションがうまくいかないのは、誰かや自分の何かが悪いのではなく、ただ自分と相手の違いを知らないために生まれるすれ違いが原因になっていることがあります。また部下の特性を把握し、適切な指示の仕方に変えることで、ミスを防ぎ効率を上げることができるようになります。

　生まれ持った性格や性向はそう簡単に変わるものではありませんが、ACS診断により気づいた強みと弱みを活かし、環境を整えることで、人間関係ひいては職場環境を変えることができるのです。事例のケースはさほど深刻ではありませんでしたが、コミュニケーションギャップが精神疾患を引き起こすこともあります。このようなツールを用いて可視化し、お互いの理解を深め合うことは、強い組織づくりにもつながることでしょう。

⑷　ACS 診断による配置転換で職場の活性化

相談事例

　関西一円で調剤ドラッグストアと調剤薬局を経営するK社。本部からの方針や、指示・連絡事項が伝わらず混乱している店舗があるようです。

　社労士：その後、本部や各店舗間の情報共有の問題は改善しましたか？

　顧　客：いえ、それが……先日は、3か月も前に出したシフト体制やシステムの変更が、社員にまったく伝わっていない店舗がありました。伝えていなかったわけでないようですが、本部からの指示は、重要度に関わらず文書をそのまま回覧するかメールを転送するだけのようです。朝礼も一方通行で決められたプログラムを形式的に伝えるだけで、社員のやる気を引き出したり、仲間意識を高めたりすることにはまったく関心がないようです。

　社労士：困りましたね。店長、薬局長は、本部の方針を部下に伝えて、店舗の目標達成に向けて社員の力を結集するという重要な役割がありますよね。そんな状態では、また優秀な社員が辞めてしまうかもしれません。

　顧　客：もともと薬剤師は専門職なのでマネジメントは向いていないのでしょうね。

　社労士：本人の資質が影響している可能性も大きいでしょう。以前にもお話ししたように、必ずしも薬局長が薬剤師である必要はありません。先日ご紹介した、ACS診断で組織変革をしてみませんか？

　K 社では、本部やエリアマネージャからの指示や情報がほとんど部下に伝わらず、また部下からの提案や意見も一切本部に上がってこない店舗があることが以前から問題になっていました。そこで、まず組織の状態を把握するために ACS 診断を行いました。

　診断結果は、非常に明確なものでした。**図表 3-54** をご覧ください。グラフの大きさは、エネルギーの大きさを表します。グラフの大きい人は、エネルギーが大きく元気です。グラフの小さい人は、専門職タイプでエネルギーも小さく人と関わることが苦手です。

　上下からの情報が伝わらず、離職率が特に高い x 店、y 店、z 店の薬局長は、例外なく極端にエネルギー値が低く、コミュニケーションがとても希薄なタイプだったのです。そのため、エリアマネージャーからの情報や指示を部下に伝えようとしません。

　逆に主任クラスの薬剤師は、エネルギーが大きいので活発に動いて周囲の人と交流したり、色々考えて提案したりします。しかし、それが理解できない薬局長は、部下からの楽しい提案も自分には同じように楽しいと思えないので、聞くだけで、上に伝えるという発想には至りません。上下からの情報がここでブロックされてしまっていた原因が明確になりました。

　エネルギーが小さい上司にエネルギーが大きい部下がいるのは、組織としては最も弊害が起こりやすいパターンです。

　この結果を踏まえ、次のような対策をとりました。

①　x 店の薬局長 A さんを主任に降格し、マネージャー職に向いている D さんを薬局長にしました。

　　A さんは、調剤業務だけをしているほうが、自分に向いていると思っていたので、降格に対しても不満はありませんでした。元々マネージャー的な仕事は苦手で以前から負担に思っていました。エネルギーの小さい人が、適正に合わない慣れないことをすると疲れが蓄積し、ストレスがたまって精神疾患になることもあります。いつも難しい表情だった A さんは最近柔和な顔つきになってきました。

■図表 3-54 M社 ASC 診断結果

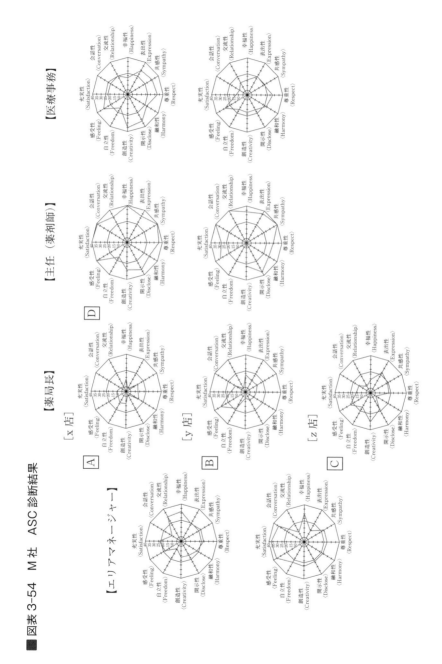

　Dさんは薬局長として、エリアマネージャーや他店の薬局長とも積極的に情報交換し、必要な情報は共有できるようになりました。また、他のスタッフの個性も尊重してうまくまとめています。コミュニケーションが円滑になり、店舗の雰囲気が明るくなりました。

②　y店、x店の薬局長は、コミュニケーションがあまり必要とされない情報システム部、経営企画部へそれぞれ異動しました。専門職タイプの人は、自分の得意な分野の業務にはまると非常にきちっとした堅実な仕事をします。それぞれの能力を活かした適材適所に配置することができました。

　自分の適正にあった業務につくと、大きなストレスなく成果を上げることができるのでやる気が出てきます。やる気が出てくると組織が活性化し、業績が向上します。人材活用には、このように人の個性を可視化するツールを使うことも有効です。ただし、根底にはどんな個性もできる限り生かすという理念があることはいうまでもないことです。

※資料提供：一般社団法人　コミュニケーションクオーシェント協会

クスリにまつわるお話

〈その3〉　坐剤について

　坐剤（坐薬）は、クスリの分類上、外用薬に入ります。口から体内にいれるのは内用剤（内服薬）ですが、同じ主成分のクスリで同じ作用（効き目）を期待して使われても、肛門から体内に取り込まれるのは、外用薬となるのです。もっとも、膣坐剤とか痔疾患の治療薬のように外用薬らしい坐剤もあります。

　ちなみに、トローチや吸入剤も内用剤にも思えますが、分類上は外用剤になります。

　坐剤の歴史は思いのほか古く、クレオパトラが使っていたという文

献があるそうです。

　では、口から飲めば済むものをなぜわざわざ坐剤にするのでしょう？まず第一に、胃腸に対する副作用が出やすい成分の場合、その予防のためです。また坐剤でしたら、食後とか食間に服用することといった制限もありません。さらに、その体内動態から薬効が注射並みに早く現れることが期待できるからです。

　漢字で稀に、「"座"薬」と間違って記載されることがありますが、決して座って飲むクスリではありません。作られた笑い話のようですが、実際に座って飲まれたという誤飲事故が起きているそうです。さぞ飲みにくく、気持ち悪かったことでしょう。笑うに笑えませんね。

　注意することがもう1点あります。坐剤は体温に近い、だいたい35℃前後で15分程度で融けてしまうよう設計されています。夏場だけでなく、冬でも直射日光や暖房器具のそばでその温度に曝されて融かしてしまうことがあります。いったん融けた場合は、先端や横っ腹に凹みができることがほとんどですからすぐに分かります。そのまま使っても問題がないことが多いのですが、主成分に偏りが生じていますので、半量使用（半分にカットして挿入すること）などを指示されている場合は使ってはいけません。

　また、融かさないように冷所保存するといっても、冷凍してはいけません。クスリがボロボロになってしまいます。薬の取扱いには、十分注意したいものです。

●著者略歴●

水田　かほる

合同会社のぞみプランニング　チーフコンサルタント。社会保険労務士。
1958 年神戸市生まれ。大手鉄鋼メーカー総務部に勤務の後、人材派遣会社で営業および派遣スタッフの労務管理などの実務経験を積み、平成 6 年社会保険労務士資格取得。医療・介護業界を中心に、就業規則作成・人事制度策定・社員教育などを通して「一人ひとりが生き生きと働く元気な職場づくり」と「人と企業の成長」をサポートすることに注力している。

山中　晶子

合同会社のぞみプランニング　チーフコンサルタント。特定社会保険労務士。
1980 年京都市生まれ。同志社大学法学部法律学科卒業。
薬局経営者の家庭に生まれ育つ。大学卒業後、大手総合電機メーカーの人事部に勤務した後、実父の経営する薬局のチェーン展開の際に、管理部門担当者として活躍。在職中に社会保険労務士資格を取得。現在は、医療機関、薬局、介護施設を主に担当し、就業規則を中心とした労務管理整備に力を注いでいる。

〈コラム担当〉

福田　秀昭

合同会社のぞみプランニング　業務執行社員。
1947 年愛知県春日井市生まれ。大手製薬メーカーに 40 年弱勤務。その間、主に営業・流通関係の業務に就く。大阪医薬品協会の薬価基準研究委員会の委員も経験。2009 年より現在の合同会社のぞみプランニングで登録有形文化財の管理業務に就いている。

合同会社のぞみプランニング

「健全な事業運営」「働く人々のやる気の向上」等を応援する、社会保険労務士を中心としたコンサルティング会社。
人に関する法律の専門家として、あらゆる相談、トラブル解決のサポートを行う。また、他士業（弁護士・公認会計士・税理士・中小企業診断士・行政書士・FP 等）との幅広いネットワークで、トータル的なバックアップも行っている。
〒530-0012 大阪市北区芝田 1 丁目 4-17-5F
TEL：06-6377-6177　FAX：050-3488-0145
理念：「共に学び、共に育み、共に分かち合う」
http://www.nozomiplanning.com/

| 改訂版 | 平成 26 年 2 月 20 日　初版発行 |
| 選ばれる調剤薬局の経営と労務管理 | 令和 2 年 5 月 1 日　改訂初刷 |

検印省略

日本法令®

〒 101-0032
東京都千代田区岩本町 1 丁目 2 番 19 号
https://www.horei.co.jp/

著　者	水 田 か ほ る
	山 中 晶 子
発行者	青 木 健 次
編集者	岩 倉 春 光
印刷所	倉 敷 印 刷
製本所	国 宝 社

（営 業）	TEL　03-6858-6967	Ｅメール	syuppan@horei.co.jp
（通 販）	TEL　03-6858-6966	Ｅメール	book.order@horei.co.jp
（編 集）	FAX　03-6858-6957	Ｅメール	tankoubon@horei.co.jp

（バーチャルショップ）	https://www.horei.co.jp/iec/
（お 詫 び と 訂 正）	https://www.horei.co.jp/book/owabi.shtml
（書籍の追加情報）	https://www.horei.co.jp/book/osirasebook.shtml

※万一、本書の内容に誤記等が判明した場合には、上記「お詫びと訂正」に最新情報を掲載
しております。ホームページに掲載されていない内容につきましては、FAX または E
メールで編集までお問合せください。